Managementdialoge – Zukunftsorientierte Unternehmensgestaltung

Lizenz zum Wissen.

Sichern Sie sich umfassendes Wirtschaftswissen mit Sofortzugriff auf tausende Fachbücher und Fachzeitschriften aus den Bereichen: Management, Finance & Controlling, Business IT, Marketing, Public Relations, Vertrieb und Banking.

Exklusiv für Leser von Springer-Fachbüchern: Testen Sie Springer für Professionals 30 Tage unverbindlich. Nutzen Sie dazu im Bestellverlauf Ihren persönlichen Aktionscode C0005407 auf www.springerprofessional.de/buchkunden/

Jetzt 30 Tage testen!

Springer für Professionals.
Digitale Fachbibliothek. Themen-Scout. Knowledge-Manager

- 🔍 Zugriff auf tausende von Fachbüchern und Fachzeitschriften
- ☺ Selektion, Komprimierung und Verknüpfung relevanter Themen durch Fachredaktionen
- ✎ Tools zur persönlichen Wissensorganisation und Vernetzung

www.entschieden-intelligenter.de

Springer für Professionals

Stephan Bille • Tomas Pfänder
Christoph Plass • Frank Thielemann
(Hrsg.)

Managementdialoge – Zukunftsorientierte Unternehmensgestaltung

Herausgeber
Stephan Bille
UNITY AG
Stuttgart, Deutschland

Tomas Pfänder
Christoph Plass
Frank Thielemann

UNITY AG
Paderborn, Deutschland

ISBN 978-3-662-43706-3   ISBN 978-3-662-43707-0 (eBook)
DOI 10.1007/978-3-662-43707-0

Die Deutsche Nationalbibliothek verzeichnet diese Publikation in der Deutschen Nationalbibliografie; detaillierte bibliografische Daten sind im Internet über http://dnb.d-nb.de abrufbar.

Springer Gabler
© Springer-Verlag Berlin Heidelberg 2014
Das Werk einschließlich aller seiner Teile ist urheberrechtlich geschützt. Jede Verwertung, die nicht ausdrücklich vom Urheberrechtsgesetz zugelassen ist, bedarf der vorherigen Zustimmung des Verlags. Das gilt insbesondere für Vervielfältigungen, Bearbeitungen, Übersetzungen, Mikroverfilmungen und die Einspeicherung und Verarbeitung in elektronischen Systemen.

Die Wiedergabe von Gebrauchsnamen, Handelsnamen, Warenbezeichnungen usw. in diesem Werk berechtigt auch ohne besondere Kennzeichnung nicht zu der Annahme, dass solche Namen im Sinne der Warenzeichen- und Markenschutz-Gesetzgebung als frei zu betrachten wären und daher von jedermann benutzt werden dürften.

Lektorat: Michael Bursik
Assistenz: Janina Sobolewski

Gedruckt auf säurefreiem und chlorfrei gebleichtem Papier

Springer Gabler ist eine Marke von Springer DE. Springer DE ist Teil der Fachverlagsgruppe Springer Science+Business Media
www.springer-gabler.de

Vorwort

Prof. Dr.-Ing. Jürgen Gausemeier

- Vorsitzender des Aufsichtsrats der UNITY AG
- Seniorprofessor am Heinz Nixdorf Institut der Universität Paderborn
- Vizepräsident von acatech – Deutsche Akademie der Technikwissenschaften
- Mitglied des Wissenschaftsrats
- Vorsitzender Clusterboard BMBF-Spitzencluster „Intelligente Technische Systeme Ostwestfalen-Lippe (it's OWL)"

Nachhaltig erfolgreiche Unternehmensführung beruht auf einer Vision, also auf einem Zukunftsentwurf. Sicher gibt es Situationen, in denen ausschließlich „auf Sicht gefahren" werden muss; aber wer nur auf Sicht fährt, gibt das Heft des unternehmerischen Handelns in der Wettbewerbsarena aus der Hand.

Unsere Leitlinie zur zukunftsorientierten Unternehmensgestaltung besteht aus den vier Ebenen Vorausschau, Strategien, Prozesse und IT-Systeme. Zukunftsorientiert ist das Ganze jedoch nur dann, wenn die Ebenen auch in der richtigen Reihenfolge bearbeitet werden: Zunächst gilt es, künftige Chancen und Bedrohungen für das etablierte Geschäft zu identifizieren. Auf dieser Basis werden Strategien entworfen, die beschreiben, wie die Chancen zu nutzen sind und eine unternehmerische Vision verwirklicht wird. Die Strategie ist getreu dem Motto „Structure follows Strategy" die Grundlage für die Entwicklung strukturierter Geschäftsprozesse. Diese müssen schließlich durch IT-Systeme unterstützt werden; nur dann kann die Informationstechnik ihre Möglichkeiten ausspielen.

Dieses 4-Ebenen-Modell der zukunftsorientierten Unternehmensgestaltung war 1995 eine der Gründungsideen von UNITY. Seitdem ist es sowohl Grundlage für die Arbeit beim Kunden als auch für die Weiterentwicklung der Managementberatung selbst. Der Erfolg des Unternehmens, das heute mit 200 Mitarbeiterinnen und Mitarbeitern weltweit Kundenprojekte durchführt, unterstreicht die Praxisrelevanz dieses Modells.

Welche Methoden und Instrumente sich für die Bearbeitung der einzelnen Ebenen eignen, haben wir im Buch „Zukunftsorientierte Unternehmensgestaltung – Strategien, Geschäftsprozesse und IT-Systeme für die Produktion von morgen" (J. Gausemeier, C. Plass; Carl Hanser Verlag 2014; 2., überarbeitete Auflage) erläutert.

Das vorliegende Buch „Managementdialoge" ergänzt das Buch „Zukunftsorientierte Unternehmensgestaltung" durch intensive Einblicke in die Managementpraxis. Die Vorstände von UNITY haben dazu 15 erfolgreiche Unternehmer- und Führungspersönlichkeiten in Interviews nach ihrem Umgang und ihren Erfahrungen mit den vier Ebenen Vorausschau, Strategien, Prozesse und Systeme befragt. Das Ergebnis zeigt, dass alle vier Ebenen die volle Aufmerksamkeit des Top-Managements erfordern und dass es auch auf die Kohärenz der entsprechenden Aktivitäten ankommt.

Auch im Namen der Autoren danke ich an dieser Stelle allen Unternehmern und Führungskräften, die sich an diesem Buchprojekt beteiligt haben und als Interviewpartner zur Verfügung standen. Es ist keine Selbstverständlichkeit, sich im Tagesgeschäft mit all seinen Hürden und Herausforderungen die Zeit für eine intensive Auseinandersetzung mit der täglichen Managementarbeit zu nehmen. Dafür herzlichen Dank. Ich bin sicher, dass nicht nur die Leser, sondern auch die Befragten selbst von den Gesprächen profitieren. Denn ein wesentlicher Erfolgsfaktor für zukunftsorientierte Unternehmensgestaltung ist die ständige Reflexion des eigenen Handelns. Denkanstöße von Dritten und die Betrachtung der eigenen Arbeit aus einem anderen Blickwinkel können hier neue Perspektiven eröffnen.

Neue Perspektiven bieten sich auch den Leserinnen und Lesern dieses Buches: Es gibt nicht nur Nachwuchskräften interessante Einblicke in die Managementpraxis, sondern richtet sich insbesondere an erfahrene Führungspersönlichkeiten. Ihnen gibt das Buch u. a. die Möglichkeit, über den Tellerrand zu schauen und von Unternehmen anderer Branchen zu lernen. Das Spektrum reicht von der Automobilindustrie, dem Maschinenbau, der Elektroindustrie und der Medizintechnik über die Pharma- und Chemiebranche, die Gesundheitswirtschaft, die Informations- und Telekommunikationsbranche und die Sportbranche bis hin zum Bankensektor. Es kommen sowohl renommierte mittelständische Unternehmen als auch weltweit agierende Großkonzerne zu Wort. Diese Vielfalt an Branchen, Unternehmen und

Persönlichkeiten erhöht die Zahl der Erkenntnisse und schafft einen Blick für Gemeinsamkeiten und Unterschiede bei der Bewältigung der anstehenden Herausforderungen.

Ich bin überzeugt, das Buch gibt Ihnen, liebe Leserinnen und Leser, gute Einblicke in die Managementpraxis, einen Eindruck von den Herausforderungen der Zukunft sowie Ideen und Ansätze, diesen zu begegnen.

Paderborn, im Dezember 2014   Prof. Dr.-Ing. Jürgen Gausemeier

Vorwort

Prof. Dr. Henning Kagermann

- Präsident acatech – Deutsche Akademie der Technikwissenschaften
- Vorsitzender der Nationalen Plattform Elektromobilität
- Sprecher der Promotorengruppe Kommunikation der Forschungsunion Wirtschaft und Wissenschaft
- Vorsitzender des Steuerkreises des Innovationsdialogs zwischen Bundesregierung, Wirtschaft und Wissenschaft
- ehem. Vorstandssprecher der SAP AG

Zukunftsorientierte Unternehmensgestaltung sollte heutzutage oberste Priorität im Management von Unternehmen haben. Ohne Frage galt dies auch in der Vergangenheit: Wer sich keine Gedanken über die Zukunft macht, konnte auch früher keine erfolgreichen Geschäftsmodelle etablieren. Dennoch gewinnt der Begriff „zukunftsorientierte Unternehmensgestaltung" im 21. Jahrhundert enorm an Bedeutung. Unsere Zeit ist geprägt von stetigem raschem Wandel, der neue, Erfolg versprechende Perspektiven eröffnet, aber auch die Volatilität vormals stabiler etablierter Geschäftsmodelle erhöht. Daher ist zukunftsorientierte Unternehmensgestaltung nicht mehr nur eine der Voraussetzungen für Erfolg, sondern die zentrale Herausforderung für Manager und Führungskräfte. Globalisierung, steigender Wettbewerbsdruck und die rasante technologische Entwicklung machen es heute schlichtweg unmöglich, langfristig mit einer einmaligen Innovation erfolgreich zu sein. Mehr denn je kommt es darauf an, Erfolgspotenziale der Zukunft frühzeitig zu erkennen und rechtzeitig zu erschließen. Das erfordert Vorausschaukompetenz und Wandlungsfähigkeit.

Mit der stetig steigenden Zahl der Möglichkeiten – sei es in Bezug auf Kommunikation oder auf Technologie – wächst auch die Komplexität der Herausforderungen. Erfolgreiches Management zeichnet sich deshalb in Zukunft noch mehr dadurch aus, diese Komplexität zu überblicken und die Menschen durch den Wandel zu führen. Damit gewinnt die Führungskompetenz stark an Bedeutung. Das Einbinden der Mitarbeiterinnen und Mitarbeiter in Veränderungsprozesse ist eine wesentliche Voraussetzung für eine nachhaltig erfolgreiche Ausrichtung von Unternehmen.

Das, was wir heute unter dem Begriff „Industrie 4.0" zusammenfassen, verdeutlicht beispielhaft, wie tiefgreifend solch ein Wandel sein kann: Durch die Vernetzung von Maschinen, Betriebsmitteln, Werkstücken sowie Lager- und Transportsystemen über das Internet kann sich die Produktion dezentral koordinieren und bei Bedarf flexibel rekonfigurieren. Individualisierte Produkte können so in einem Hochlohnland wirtschaftlich produziert werden. Diese Entwicklung wird die industrielle Produktion auf ein neues Leistungsniveau bringen, das durch den Begriff der Vierten Industriellen Revolution zum Ausdruck kommt. Vor diesem Hintergrund sind in der Unternehmensführungspraxis Vorausschau, Zukunftsentwürfe und Konsequenz bei deren Umsetzung gefragt. Insbesondere dafür liefert das vorliegende Buch Denkanstöße.

Ich freue mich über Unternehmerinnen und Unternehmer, die den Wandel als Chance begreifen und bereit sind, sich mit neuen Möglichkeiten auseinanderzusetzen und diese selbst mitzugestalten. In diesem Buch erläutern 15 Führungspersönlichkeiten unterschiedlicher Branchen, wie es ihnen gelingt, tiefgreifenden Veränderungen erfolgreich zu begegnen. Ich bin sicher, die Managementdialoge werden den Leserinnen und Lesern spannende Einblicke und wertvolle Erkenntnisse ermöglichen.

Berlin, im Dezember 2014   Prof. Dr. Henning Kagermann

Herausgeber

Vorstand UNITY (v.l.): Stephan Bille, Tomas Pfänder, Christoph Plass, Dr.-Ing. Frank Thielemann

Über UNITY

UNITY ist die Managementberatung für zukunftsorientierte Unternehmensgestaltung. Wir steigern die Innovationskraft und die operative Exzellenz unserer Kunden. Seit 1995 haben wir mehr als 1.000 Projekte zum Erfolg geführt. Kunden der Branchen Automotive, Luft- und Raumfahrt, Gesundheitswirtschaft und Medizintechnik, Energie sowie Pharma und Chemie vertrauen unserer Expertise – vom renommierten mittelständischen Unternehmen bis hin zum Global Player. Wir sind an weltweit 13 Standorten vertreten und führen rund um den Globus Kundenprojekte durch.

Der Vorstand
Die Vorstände von UNITY beraten ihre Kunden nach den Methoden und Prinzipien der zukunftsorientierten Unternehmensgestaltung und sind persönlich in den Projekten aktiv. Mit dieser Praxiserfahrung haben sie die Managementdialoge geführt. **Tomas Pfänder**, geb. 1969, und **Christoph Plass**, geb. 1970, gründeten die UNITY AG 1995 gemeinsam mit dem Aufsichtsratsvorsitzenden Prof. Dr.-Ing. Jürgen Gausemeier. Tomas Pfänder ist Mitautor des Buches „Industrielles Klinikmanagement". Christoph Plass zählt zu den Autoren der Buchpublikationen „Zukunftsorientierte Unternehmensgestaltung" und „Chefsache IT". **Dr.-Ing. Frank Thielemann**, geb. 1969, wurde nach seiner Promotion am Heinz Nixdorf Institut der Universität Paderborn 2001 in den Vorstand berufen. Thielemann ist Senatsmitglied von acatech, der Deutschen Akademie der Technikwissenschaften. **Stephan Bille**, geb. 1969, ist seit 2011 Mitglied des Vorstands und verantwortet das Automotive-Geschäft.

Interviewpartner

Folgende Manager wurden von UNITY zum Thema „Zukunftsorientierte Unternehmensgestaltung" interviewt:

Univ.-Doz. Dr. med. Alex Blaicher, MBA
Malteser Sachsen Kliniken
Geschäftsführer

Dr. Hugo Blaum
GEA Refrigeration Technologies GmbH
President

Dr. Jens Effenberger
VW Nutzfahrzeuge
Exportleiter

Heiner Faust
BMW Motorrad
Leiter Vertrieb und Marketing weltweit

Dr. Emanuele Gatti
Fresenius Medical Care
Vorstand

Jan Geldmacher
Vodafone Global Enterprise
CEO

Prof. Klaus Hekking
SRH Holding
Vorstandsvorsitzender

Wolfgang Holzhäuser
Bayer 04 Leverkusen
Geschäftsführer

Interviewpartner

Simone Kirf
Volvo Construction Equipment
Director P&S Process Harmonization

Dietmar König
BHW Bausparkasse AG
Vorstand

Laurie Miller
Bayer MaterialScience
CIO

Prof. Dr. Gunther Olesch
Phoenix Contact
Geschäftsführer

Hannes Schwaderer
Intel GmbH
Geschäftsführer

Cord Friedrich Stähler
Siemens Healthcare
CTO

Peter Vanacker
Treofan Group
CEO

Inhaltsverzeichnis

Teil I

Einleitung 3

Teil II Managementdialoge

Prof. Dr. Gunther Olesch, Geschäftsführer Phoenix Contact,
im Gespräch mit Christoph Plass 13

Dr. Emanuele Gatti, Vorstand Fresenius Medical Care,
im Gespräch mit Dr.-Ing. Frank Thielemann 31

Heiner Faust, Leiter Vertrieb und Marketing BMW Motorrad weltweit,
im Gespräch mit Stephan Bille und Prof. Dr. Hans H. Jung 47

Cord Friedrich Stähler, CTO bei Siemens Healthcare,
im Gespräch mit Tomas Pfänder 59

Hannes Schwaderer, Geschäftsführer Intel GmbH,
im Gespräch mit Christoph Plass 75

Peter Vanacker, CEO Treofan Group,
im Gespräch mit Dr.-Ing. Frank Thielemann 93

Simone Kirf, Director P&S Process Harmonization bei
Volvo Construction Equipment, im Gespräch mit
Stephan Bille und Philipp Wibbing 109

Wolfgang Holzhäuser, Geschäftsführer Bayer 04 Leverkusen,
im Gespräch mit Christoph Plass und Thilo Böhm 125

Dr. Hugo Blaum, President GEA Refrigeration Technologies GmbH,
im Gespräch mit Dr.-Ing. Frank Thielemann
und Dr. Michael Herbst 139

Prof. Klaus Hekking, Vorstandsvorsitzender SRH Holding,
im Gespräch mit Tomas Pfänder 155

Laurie Miller, CIO Bayer MaterialScience, im Gespräch mit
Dr.-Ing. Frank Thielemann und Prof. Dr. Hans H. Jung 173

Jan Geldmacher, CEO Vodafone Global Enterprise,
im Gespräch mit Christoph Plass und Dr. Michael Herbst 187

Dr. med. Alex Blaicher, Geschäftsführer der Malteser Sachsen Kliniken,
im Gespräch mit Dr.-Ing. Frank Thielemann und Meik Eusterholz . . . 205

Dr. Jens Effenberger, Exportleiter bei VW Nutzfahrzeuge,
im Gespräch mit Stephan Bille und Prof. Dr. Hans H. Jung 219

Dietmar König, Vorstand BHW Bausparkasse AG,
im Gespräch mit Tomas Pfänder und Dr. Ulrich Deppe 235

Teil III

Fazit 251

Mitwirkende 259

Teil I

Einleitung

Systematisches Vorgehen nach dem 4-Ebenen-Modell der zukunftsorientierten Unternehmensgestaltung

Langfristig Erfolg sichern – das gelingt unserer Ansicht nach nur dann, wenn man zum einen die Innovationskraft des Unternehmens und zum anderen die operative Exzellenz steigert. Diese beiden Ziele müssen fokussiert werden, will man dem Wettbewerb stets einen entscheidenden Schritt voraus sein.

Basis unserer Arbeit als Managementberatung ist das 4-Ebenen-Modell der zukunftsorientierten Unternehmensgestaltung – bestehend aus Vorausschau, Strategien, Prozessen und Systemen (vgl. Abb. 1). Im Buch „Zukunftsorientierte Unternehmensgestaltung – Strategien, Geschäftsprozesse und IT-Systeme für die Produktion von morgen" (2. überarbeitete Auflage, Carl Hanser Verlag, München 2014) erläutern wir das 4-Ebenen-Modell ausführlich und gehen auf die relevanten Methoden und Instrumente aller Ebenen anhand konkreter Projekte aus der industriellen Produktion ein.

Das 4-Ebenen-Modell entstand als Ergebnis von Forschung und enger Kooperation mit führenden Industrieunternehmen und wurde unter der Leitung von Prof. Dr.-Ing. Jürgen Gausemeier am Heinz Nixdorf Institut der Universität Paderborn entwickelt. Wir sind davon überzeugt, dass das systematische Vorgehen nach diesem Modell langfristigen Erfolg sicherstellt. Im ersten Schritt – der Vorausschau – gilt es, Entwicklungen von Märkten, Technologien und Geschäftsumfeldern zu antizipieren, um mögliche Chancen der Zukunft, aber auch Bedrohungen für das bereits etablierte Geschäftsmodell frühzeitig zu erkennen. Auf Basis dieser Vorausschau werden anschließend Geschäfts-, Produkt- und Technologiestrategien ent-

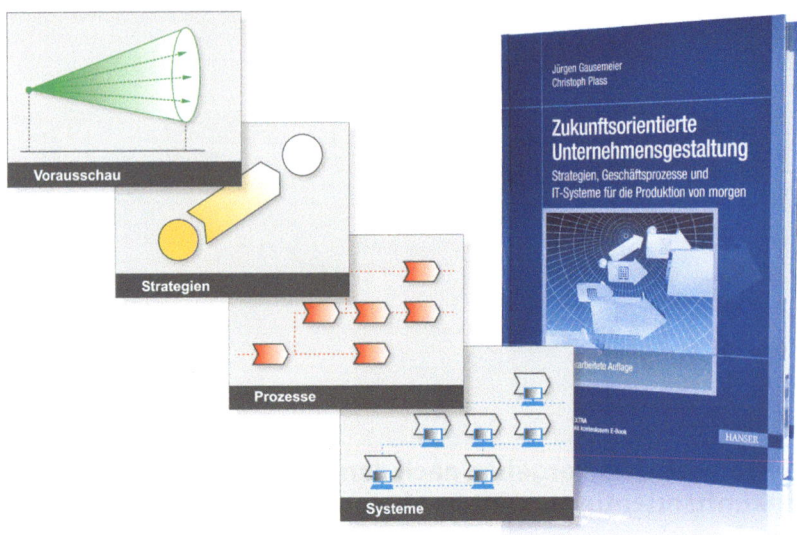

Abb. 1 Das 4-Ebenen-Modell der zukunftsorientierten Unternehmensgestaltung

worfen, um die erkannten Chancen zu nutzen. Strategien sind wiederum Grundlage für die Entwicklung strukturierter Prozesse. Nur wenn die Geschäftsprozesse konsequent auf die in der Strategie beschriebene Zielsetzung ausgerichtet sind, ist effektives Arbeiten möglich. Schließlich unterstützen IT-Systeme die wohlstrukturierten und strategiekonformen Prozesse und sorgen für Effizienz.

Konsequente Kundenausrichtung in den wertschöpfenden Prozessketten

Neben diesem methodischen Vorgehen nach dem 4-Ebenen-Modell gestalten zukunftsorientierte Unternehmen ihre wertschöpfenden Prozesse end-to-end – das heißt, von der Kundenerwartung bis zur Kundenzufriedenheit. Die wesentlichen Prozessketten sind dabei „Produktentstehung", „Marketing, Vertrieb und Service" sowie die „Auftragsabwicklung" (vgl. Abb. 2). Eine exzellente Aufstellung in diesen Bereichen ist Voraussetzung für eine nachhaltige Sicherung des Wettbewerbsvorsprungs. Darüber hinaus gilt es, die Verwaltungs- und Support-Prozesse eines Unternehmens schlank zu gestalten, um auch hier maximale Produktivität und Effizienz zu gewährleisten – Stichwort „Lean Administration".

Abb. 2 Konsequente Kundenausrichtung in den wertschöpfenden Prozessketten

Unsere Motivation zu diesem Buch

Der Erfolg unserer Kunden, den wir mit Hilfe des 4-Ebenen-Modells und der effizienten Gestaltung der wertschöpfenden Prozessketten erzielen, belegt, dass das Vorgehen geeignet und zielführend ist. Unsere Motivation zu dem vorliegenden Buch „Managementdialoge – Zukunftsorientierte Unternehmensgestaltung" ist eine Art Praxis-Check des 4-Ebenen-Modells anhand strukturierter Interviews mit Führungspersönlichkeiten erfolgreicher Unternehmen. Damit ergänzt dieses Buch die bereits erschienene Publikation „Zukunftsorientierte Unternehmensgestaltung" um vielfältige Praxiserfahrungen führender Manager und Managerinnen. Wir sind der Meinung, dass diese erfolgreicher sind, weil sie – bewusst oder unbewusst – nach dem Grundprinzip des 4-Ebenen-Modells arbeiten. Uns interessiert, wie die Führungskräfte auf den Ebenen Vorausschau, Strategien, Prozesse und Systeme vorgehen und wie sich zukunftsorientierte Unternehmensgestaltung im Management der Prozessketten ausdrückt. Für die Managementdialoge haben wir bewusst Unternehmen verschiedener Branchen und Größen ausgewählt. Ziel ist es, Gemeinsamkeiten, aber auch mögliche Unterschiede bei der Unternehmensgestaltung herauszufiltern.

Ausgehend von diesen Vorüberlegungen und unseren täglichen Erfahrungen in der Beratung haben wir zehn Thesen herausgearbeitet, die beschreiben, welche Aspekte zukunftsorientierte Unternehmensgestaltung heute ausmachen. Die ersten fünf Thesen beziehen sich dabei auf das Managementwissen aus dem 4-Ebenen-Modell – sprich: notwendige Kompetenzen zur erfolgreichen Unternehmensführung. Die Thesen sechs bis zehn betreffen die Gestaltung der Prozessketten und das Thema Corporate Management (vgl. Abb. 2).

Zehn Thesen zu zukunftsorientierter Unternehmensgestaltung

Systematisches Vorgehen nach dem 4-Ebenen-Modell

1. **Vorausschau-Kompetenz schafft Wettbewerbsvorteile.**
   Globalisierung, technologischer Wandel und Diskontinuitäten in der Entwicklung von Märkten, Technologien und Geschäftsumfeldern sind wesentliche Phänomene unserer Zeit. Unternehmen, die systematisch vorausschauen, Trends analysieren und sich frühzeitig mit zukünftigen Entwicklungen auseinandersetzen, sind ihren Wettbewerbern deshalb gerade heute einen entscheidenden Schritt voraus. Ziel ist es, verschiedene Zukünfte vorauszudenken. Auf dieser Basis können Innovationen entwickelt werden, die den Unternehmen einen nachhaltigen Wettbewerbsvorteil verschaffen.

2. **Das Denken in Geschäftsmodellen ist wesentliche Voraussetzung für die Strategieentwicklung.**
   Die zunehmende Dynamik in der Wettbewerbsarena zwingt verstärkt zum Denken in Geschäftsmodellen. Dies ist auch bei der Strategieentwicklung zu berücksichtigen: Geschäftsmodelle machen eine Strategie konkret und fördern eine konsequente Markt- und Kundenorientierung.

3. **Kommunikation und Führung sind der Schlüssel zur erfolgreichen Strategieumsetzung.**
   Eine Strategie bündelt die Kräfte im Unternehmen; sie vermeidet Verzettelung. Für die Strategieumsetzung müssen die Mitarbeiter gewonnen werden. Das setzt die Wertschätzung der Mitarbeiter voraus und erfordert ein hohes Maß an Kommunikation, Führungsstärke und Präsenz des Managements.

4. **Basis für langfristigen Erfolg sind wandlungsfähige und auf die Kunden ausgerichtete Prozesse.**
Im Vordergrund des Denkens und Handelns der Akteure im Unternehmen muss der zufriedene Kunde – sowohl der interne als auch der externe – stehen. Dementsprechend sind auch die Geschäftsprozesse auszurichten. Daneben ist es insbesondere in Großunternehmen wichtig, Prozesse und Strukturen wandlungsfähig zu gestalten, sodass auf Marktveränderungen schnell reagiert werden kann. Durch unterstützende Kommunikationsmedien und die Arbeit in virtuellen Teams kann Flexibilität auch auf der Mitarbeiterseite gesteigert werden.

5. **IT wird zum Enabler – und die Gestaltung der IT-Systeme zur Managementaufgabe.**
Mit den Trendthemen Social Media und Cloud Computing wächst die IT immer mehr in die Rolle eines „Enablers" hinein, der Innovationen, neue Geschäftsmodelle und eine Differenzierung von Wettbewerbern ermöglicht. Eine konsequente Automatisierung von Prozessen ist zudem Grundvoraussetzung für effiziente Abläufe und damit ein wichtiger Wettbewerbsfaktor.

Konsequente Kundenausrichtung in den wertschöpfenden Prozessketten

6. **Produktentstehung: Innovationsmanagement ist Chefsache.**
Innovationen sind der Schlüssel für die Erschließung von Wachstumspotenzialen und die langfristige Sicherung des Unternehmenserfolgs. Sie werden als Maß für die Erneuerungsfähigkeit von Unternehmen angesehen. Damit gehört Innovationsmanagement zu den Kernaufgaben der Unternehmensführung.

7. **Marketing, Vertrieb und Service: Das Servicegeschäft bietet Unternehmen neue Möglichkeiten, Wachstum zu generieren.**
Der Weg vom Produkt- zum Servicegeschäft ermöglicht es Unternehmen, Umsatz und Profitabilität zu steigern und sich vom Wettbewerb zu differenzieren. Mit Service-Innovationen können Unternehmen erfolgreich wachsen. Ergänzende Services sind sowohl ein Mittel zur Bindung als auch zur Neugewinnung von Kunden. Zudem erkennen immer mehr Unternehmen die Bedeutung von Customer Centricity: Indem Unternehmen ihr Geschäft auf die Bedürfnisbefriedigung der Kunden ausrichten, schaffen sie für die Kunden und damit letztlich für sich selbst einen Mehrwert. Der Ansatz basiert auf einem umfassenden Kundenverständnis. Darauf aufbauend fokussiert ein kundenzentriertes Unternehmen seine Geschäftstätigkeiten und entwickelt entsprechende Lösungen. Die Befriedigung der Kundenbedürfnisse spielt dabei eine zentrale Rolle.

8. **Auftragsabwicklung: Die vernetzte Produktion (Industrie 4.0) ist ein zentraler Erfolgsfaktor der Zukunft.**
   Die starke Individualisierung der Produkte erfordert unter den Bedingungen einer hochflexibilisierten Großserienproduktion eine intelligente Automatisierungstechnik, die den Menschen bei seiner zunehmend komplexen Arbeit unterstützt. Industrie 4.0 hat das Potenzial zur Erneuerung der klassischen Industrien durch intelligente und wandlungsfähige Produktionstechnik. Ein hoher Automatisierungsgrad ist jedoch nicht nur in der Produktion erforderlich, sondern auch in der gesamten Supply Chain. Hier ist die systemübergreifende Durchgängigkeit von Prozessen und Datenströmen eine Grundvoraussetzung für Effizienz in der Auftragsabwicklung.

9. **Corporate Management: Zukunftsorientierte Unternehmen setzen verstärkt auf Lean Administration, um die Effizienz in ihren Verwaltungs- und Support-Einheiten zu steigern.**
   Die hohe Geschwindigkeit, mit der sich Markt-, Technologie- und Geschäftsumfelder verändern, verlangt von Unternehmen die Fähigkeit zur schnellen Transformation. Oft gilt: Je größer und komplexer die Organisation, desto geringer die Veränderungsgeschwindigkeit. Um diese zu steigern, haben Unternehmen in der Vergangenheit vor allem ihre Produktion effizienter gestaltet. Dabei blieben die Verwaltungs- und Support-Einheiten häufig außen vor. Doch gerade dort verbirgt sich ein enormes Optimierungspotenzial. Hier gilt es insbesondere, Operational Excellence in den Prozessen sowie im Denken und Verhalten der Mitarbeiter zu verankern. Der Lean-Gedanke aus der Produktion ist beim Thema Effizienzsteigerung Vorbild für andere Unternehmensbereiche.

10. **Internationalisierung: Die Ausgestaltung des Global Footprints ist für Unternehmen aller Branchen und Größen ein wichtiges strategisches Instrument.**
    Vor dem Hintergrund der Globalisierung ist jedes Unternehmen gezwungen, sich mit dem Thema Internationalisierung auseinanderzusetzen. Es muss entscheiden, wie es die Produktentstehung, Marketing, Vertrieb und Service, die Auftragsabwicklung sowie die Support-Prozesse organisiert. Zentral ist dabei die Frage: Wo mache ich was? Insbesondere Asien und Südamerika gewinnen international zunehmend an Bedeutung: Die aufstrebenden Schwellenländer Südamerikas bieten Unternehmen neue Entwicklungsmöglichkeiten. Auch ist Asien von einer überwältigenden Entwicklungsdynamik geprägt, die sich unter anderem in der hohen Innovationsgeschwindigkeit der Unternehmen ausdrückt. Zum einen wird Asien als Absatzmarkt immer wichtiger, schon

allein aus demografischen Gründen. Zum anderen gewinnt der Kontinent nicht mehr nur als Produktionsstandort an Bedeutung – was auch die Bereiche Logistik und Supply Chain beeinflusst –, sondern auch als Entwicklungsstandort. Demzufolge wächst auch die Bedeutung des Themas Produkt- und Know-how-Schutz.

Im Anschluss an die 15 Interviews[1] wird überprüft, ob die Thesen von den befragten Managern bestätigt werden und welche Einschränkungen sowie branchenspezifischen Besonderheiten es dabei gibt.

---

[1] Die Interviews wurden im Zeitraum von Oktober 2012 bis Juli 2013 geführt.

Teil II
Managementdialoge

Prof. Dr. Gunther Olesch, Geschäftsführer Phoenix Contact, im Gespräch mit Christoph Plass

„Zukunftsorientierte Unternehmensgestaltung zielt immer auf das, was übermorgen sein wird."

Zentraler Baustein für zukunftsorientierte Unternehmensgestaltung ist für Prof. Olesch eine Vision, ein langfristiges Ziel, das Orientierung gibt. Quartalsmäßiges Denken dient nicht der langfristigen Sicherung des Unternehmenserfolgs. An zahlreichen Beispielen erläutert er zudem, dass ethisches Verhalten, Vorleben durch Führungskräfte und Kommunikation auf allen Ebenen eine wichtige Rolle spielen. Die Ergebnisse der jährlich durchgeführten Mitarbeiterbefragungen bei Phoenix Contact zeigen, dass derzeit ein Wertewandel stattfindet: Work-Life-Balance und ethische Führungskultur sind heute die ausschlaggebenden Faktoren bei der Bewertung der Arbeitgeber – nicht das Gehalt. Auf strategischer Ebene erklärt Olesch, dass Phoenix Contact seine Zukunft im Lösungsgeschäft sieht, da das Komponentengeschäft vor allem durch die Konkurrenz aus Asien nicht zukunftsfähig ist.

Zukunftsorientierte Unternehmensgestaltung

▶ Was verstehen Sie unter dem Begriff „zukunftsorientiert"?

Henry Ford hat einmal gesagt: „Wenn ich die Menschen gefragt hätte, was sie wollen, hätten sie gesagt: schnellere Pferde." Er hat jedoch ein Auto gebaut. Das Beispiel zeigt: Es geht nicht primär darum, die aktuellen Kundenwünsche zu erfüllen. Vielmehr gilt es, über die momentanen Bedürfnisse hinaus zu denken – also viel langfristiger.

Zukunftsorientiert bedeutet für mich also zunächst, dem Unternehmen eine Vision zu geben. So hatte Bill Gates beispielsweise die Vision, dass irgendwann jedem Haushalt ein Computer zur Verfügung steht – und heute sind es im Durchschnitt drei Computer pro Haushalt.

Visionen sind auch deshalb so wichtig für die zukunftsorientierte Unternehmensgestaltung, weil man auf dem Weg der Vision auch Niederlagen erlebt. Beispiel Steve Jobs: Der Mann hatte seine Firma verloren, er hatte alles verloren. Trotzdem hat er sein Ziel vor Augen gehabt und ist über Umwege dann wieder in sein Unternehmen eingestiegen. Eine Vision gibt einem langfristig Kraft, auch bei den Niederlagen.

Eine Vision gibt einem langfristig Kraft, auch bei den Niederlagen.

Zukunftsorientierte Unternehmensgestaltung

▶ Was ist die Vision von Phoenix Contact?

Unsere Mission, Vision und Werte haben wir 1999 entwickelt. Unsere Mission lautet „Wir gestalten Fortschritt mit innovativen Lösungen, die begeistern." Deshalb existiert dieses Unternehmen – nicht etwa, um möglichst viel zu verdienen oder zu wachsen. Wir gestalten Fortschritt, wir blicken in die Zukunft, sind innovativ. Unsere Produkte dürfen noch nicht auf dem Markt gewesen sein. Wir bieten Lösungen, die begeistern.

Unsere Vision lautet: „Phoenix Contact ist eine Unternehmensgruppe, die in jedem ihrer Geschäftsfelder eine weltweit bedeutende und technologisch führende Position erreicht." Mit Geschäftsfeldern sind nicht nur unsere technologischen Produkte gemeint. Wir wollen auch in den Bereichen IT und Human Resources (HR) „bedeutend und führend" sein.

Dies muss messbar sein: In unserer HR-Strategie steht, dass wir bei Wettbewerben um den besten Arbeitgeber immer unter den ersten drei sein wollen. Das erreichen wir nicht immer. Aber man braucht diese Visionen, damit sie Kraft geben, immer darauf hinzuarbeiten.

Auch unsere kulturellen Werte haben wir schriftlich festgehalten:

„Unabhängigkeit: Wir handeln stets so, dass unsere unternehmerischen Entscheidungsfreiräume gesichert bleiben." Diese Unabhängigkeit bewahren wir uns z. B., indem wir Investitionen aus eigenen Mitteln finanzieren und uns nicht von einer Bank abhängig machen.

„Innovativ gestaltend: Wir verstehen Innovation als wegweisenden Brückenschlag in die Zukunft; so entwickeln wir vorausschauend das Unternehmen." Auch der Faktor Innovation ist messbar: Unser Ziel ist es, immer mehr neue Produkte vorzustellen als der Wettbewerb.

„Partnerschaftlich vertrauensvoll: Unser Tun wird von wechselseitig verpflichtendem Geist, von Freundlichkeit und Aufrichtigkeit getragen. Unsere Beziehungen zu Kunden und Geschäftspartnern sind auf beiderseitig nachhaltigen Nutzen ausgerichtet. Unsere Unternehmenskultur fördert Vertrauen und die Entwicklung der Mitarbeiter zum Erreichen vereinbarter Ziele." Das heißt, wir wollen fair miteinander umgehen. Wir setzen uns mit unseren Mitarbeitern zusammen und wollen unsere Strategien gemeinsam umsetzen.

All das ist quasi unsere Bibel. Das werden wir nie zu 100 % erreichen, aber diese Sätze geben uns Orientierung. Sie bilden unser Leitbild.

> „Zukunftsorientiert" beinhaltet, wie Sie bereits gesagt haben, auch Werteorientierung. Welche Bedeutung kommt Werten generell in der Wirtschaft zu?

Ich halte ethische Werte in der Unternehmensführung für ganz wichtig. 2009 haben wir gesehen, wozu unethisches Verhalten führen kann: Die amerikanischen Banker, die die Krise verursacht haben, waren hochintelligent und top ausgebildet. Es mangelte nur an moralischen Werten. Ihnen ging es nur um den persönlichen Profit – und dadurch hatten wir die größte Wirtschaftskrise seit dem Krieg. Nicht Inkompetenz, sondern unethisches Verhalten war die Ursache.

Zukunftsorientierte Unternehmensgestaltung hat sehr viel mit Ethik zu tun. Welche Rolle Werte und Unternehmenskultur spielen, sehen wir bei unseren Mitarbeiterbefragungen. Bei der jüngsten Befragung war ich ganz erstaunt: Auf die Frage, was das Unternehmen für die Mitarbeiter so attraktiv macht, wurde das betriebliche Gesundheitsmanagement an dritter Stelle genannt. An zweiter Stelle wurde das Thema Work-Live-Balance genannt – also Arbeitszeitmodelle, die viel Freiraum lassen. Aber an erster Stelle haben die Mitarbeiter die ethische Führungskultur genannt. Das Gehalt kam übrigens nur auf den 19. Platz.

Das Fraunhofer-Institut hat neulich eine Untersuchung veröffentlicht, bei der Vorgesetzte aus DAX-Unternehmen auch nach den Prioritäten ihrer Mitarbeiter befragt wurden. Das Ergebnis war, dass die meisten davon ausgehen, dass an oberster Stelle das Gehalt steht. Das ist aber gar nicht so. Die Mitarbeiter wollen in erster Linie Anerkennung, einen erfüllten Job und einen Chef, der sie dabei unterstützt.

Werte spielen also eine ganz zentrale Rolle. Auch deshalb führen wir diese jährlichen Befragungen durch – um eine Art HR-Bilanz zu bekommen. Jedes Unternehmen muss eine betriebswirtschaftliche Bilanz ziehen. Wir wollen jedoch zusätzlich wissen, was unsere Mitarbeiter über ihr Unternehmen denken, was sie gut finden und wo wir uns noch verbessern können. Um nämlich etwas verbessern zu können, müssen wir erst einmal wissen, wo Verbesserungsbedarf besteht.

Das Resultat unserer Anstrengungen kann sich sehen lassen: Wir sind bereits mehrfach bester deutscher Arbeitgeber geworden. Wir haben auch keine Schwierigkeiten, Ingenieursposten zu besetzen – und das trotz schwieriger Rahmenbedingungen: Zum einen haben wir als B2B-Unternehmen kein „sexy" Produkt, wie beispielsweise Automobilhersteller. Wir stellen Investitionsgüter her, die eigentlich niemand kennt. Zum anderen sind wir in solchen „Megacities" wie Blomberg, Lüdenscheid und Pyrmont ansässig. Und dennoch konnten wir im vergangenen Jahr 88 % der Top-Positionen besetzen, während der Durchschnitt in Deutschland bei 67 % lag. Die Fluktuationsrate betrug deutschlandweit 7,2 % – bei uns nur 0,6 %. Auch das spricht für unsere gute Unternehmenskultur und unsere Werte. Gerade die sind für die Generation Y von Bedeutung.

Für unsere Großelterngeneration war Arbeit noch eine Bürde. Da hat man gearbeitet, um irgendwie seine Familie ernähren zu können – weniger wegen der Selbsterfüllung. Unserer Generation, der sogenannten Generation X, ging es vielmehr um Karriereentwicklung. Wir haben eine Ausbildung, ein Studium absolviert, um uns dann immer weiterzuentwickeln. Der Generation Y ist hingegen das Thema Work-Live-Balance besonders wichtig. Sie legt Wert auf ein zufriedenes Privatleben. Heute fragen Bewerber nach flexiblen Arbeitszeitmodellen, nach genügend privatem Freiraum. Das hätte vor zehn Jahren niemand gefragt. Hier findet gerade ein Wertewandel statt – und das ist auch gut so: Wir entwickeln uns von einer Wohlstands- zu einer Wohlergehensgesellschaft.

Wir entwickeln uns von einer Wohlstands- zu einer Wohlergehensgesellschaft.

▶ Ich bin davon überzeugt, dass eine Work-Live-Balance für Unternehmer und Mitarbeiter Voraussetzung dafür ist, überhaupt geistiges Potenzial zu haben, um innovativ zu sein. Unternehmer, die 150 % operativ arbeiten, haben für die Beschäftigung mit der Zukunft, für Strategieentwicklung oder gesellschaftliches Engagement einfach keine Zeit.

Deshalb ist es gut, dass dieser Wertewandel gerade stattfindet. Auch für die Industrie ist das von großer Bedeutung. Der Zukunftsforscher Prof. Horst W. Opaschowski, mit dem wir auch zusammenarbeiten, hat mir neulich gesagt, dass sich wegen dieses Wertewandels beispielsweise die Automobilindustrie stark verändern muss. Denn Mercedes, Porsche und BMW werden in 20 Jahren keine großen Statussymbole mehr sein.

Die Menschen wollen einfach gut leben können. Der Wertewandel ist einer der Megatrends, die wir verfolgen. Wir können nicht so, wie wir heute denken, auch in zehn oder 20 Jahren denken. Auch die Berücksichtigung solcher Faktoren gehört zu einer zukunftsorientierten Unternehmensgestaltung.

> Es geht also um visionäre **Kraft**, Innovationsfähigkeit und gesamtheitliches Denken. Welche Rolle spielen Kommunikation und Begeisterung, um die eigene Mannschaft mitzunehmen, für zukunftsorientierte Unternehmensgestaltung?

Wir wollen Produkte anbieten, die begeistern. Aber Gleiches gilt auch für unsere Mitarbeiter. Wenn unsere Manager nicht begeistern können, dann fehlt ihnen etwas. Begeisterungsfähigkeit ist ein wichtiges Auswahlkriterium.

Ein wichtiger Aspekt in der Führungskultur ist auch „Vorbild sein". Das fängt bei Kleinigkeiten an: Wenn ich als Geschäftsführer irgendwo Abfall sehe, werfe ich ihn in einen Abfalleimer. Wenn das vorgelebt wird, machen das die Mitarbeiter auch. Es ist nicht wichtig, ob und in welcher Verfahrensanweisung das steht, es muss gelebt werden. Wir haben auch ein Betriebsrestaurant, in dem die Geschäftsführer genauso essen gehen wie alle anderen. Da werden keine Unterschiede gemacht.

Vorausschau

▸ Was tut Phoenix Contact im Bereich Vorausschau?

Primär orientieren wir uns an Megatrends, wie z. B. Urbanisierung, demografischer Wandel, regenerative Energien oder Elektromobilität. Wir sprechen z. B. jährlich mit dem Zukunftswissenschaftler Prof. Opaschowski, um herauszufinden: Was sind die Megatrends? Wo wird die Welt in zehn, 20 und 30 Jahren sein? Je weiter man in die Zukunft blickt, desto nebulöser wird natürlich das Bild. Dennoch ist es notwendig, diesen Blick zu wagen. Dann fragen wir uns: Welchen Beitrag können und wollen wir dazu leisten? Diese Grundlage benötigen wir, um entscheiden zu können, in welche Märkte und welche Branchen wir mit welchen Produkten gehen wollen.

Ich denke, in großen Kapitalgesellschaften ist es sehr schwierig, zukunftsorientiert zu denken. Dort gibt es das systemimmanente Problem des quartalsmäßigen Denkens. Am Ende eines Quartals müssen die Zahlen berichtet werden – und da wird jede Menge geschönt. Aber nur langfristiges Denken ist der Schlüssel zum Erfolg. Zukunftsorientierte Unternehmensgestaltung zielt immer auf das, was übermorgen sein wird. Ein Stahlkonzern, der nicht frühzeitig erkannt hat, dass der Leichtbau die Zukunft der Automobilindustrie bestimmt, wird mit seinem Produkt auf lange Sicht keinen Erfolg haben können. Nur durch neue Produkte – und nicht, indem man immer das Gleiche noch ein bisschen schöner macht – wird Erfolg langfristig gesichert.

Der Blick in die Zukunft ist notwendig, um entscheiden zu können, in welche Märkte wir mit welchen Produkten gehen wollen.

▸ Die Megatrends – und eben nicht das Quartalsdenken – geben Orientierung und eine gewisse Stabilität innerhalb der diskontinuierlichen Entwicklung am Markt.

Das ist richtig. Die durchschnittliche Verweildauer eines DAX-Vorstands in Deutschland beträgt 3,8 Jahre. Das ist doch ein systemimmanentes Problem, durch das langfristiges und vorausschauendes Denken behindert wird. Es ist nicht zielführend, die Leute am monatlichen Erfolg zu messen. Da haben privat geführte Unternehmen einen entscheidenden Vorteil. Hier wird der Erfolg nicht allein an den Zahlen gemessen.

▶ Wie läuft diese Vorausschau, also die Strategievorphase, bei Ihnen konkret ab? Wichtig ist ja, dass das Bewusstsein für die Megatrends, also ein konkretes Bild von der Zukunft, bei allen geschaffen wird. Erarbeiten Sie dieses mit der gesamten Führungscrew?

Ja, genau. Wir, die fünf Geschäftsführer, tagen jeden Montag. Unsere Hauptthemen sind dann Vorausschau, Strategieentwicklung und -überprüfung – weniger das Tagesgeschäft. In diesen Runden formen wir die Grundgedanken zur Entwicklung des Unternehmens – wir entwickeln sozusagen den Rohdiamanten. Diese Grundgedanken berichten wir an die Gesellschaft, um zu überprüfen, ob die Bereitschaft vorhanden ist, diese Ideen weiterzuentwickeln. Dann treffen wir uns drei Mal im Jahr im Marktstrategieausschuss und darüber hinaus noch einmal am Strategiewochenende, um diesen Rohdiamanten zu schleifen.

Ungefähr alle drei Jahre kommt dann ein weiterer Entwicklungsschritt: Ein halbes Jahr lang führen wir Geschäftsführer jede Woche einen Workshop mit unseren Führungskräften aus allen Standorten weltweit, um die Strategie zu vermitteln und aufzuzeigen, wo die Reise die nächsten fünf bis zehn Jahre hingeht. Das geschieht in kleinen Gruppen à 20 Personen. Dann wird gemeinsam darüber diskutiert und gegebenenfalls modifiziert – denn die Führungskräfte vor Ort, ob in China, Südkorea oder Brasilien, sind an der Basis und können die Situation in den Regionen oft natürlich besser einschätzen als wir. Diese Workshops sind extrem wichtig, denn diese Arbeit funktioniert nur im direkten Dialog. Wir produzieren ja für die Zukunft, da geht es nicht um Wissen, sondern um Überzeugungen. Es ist ein großer Unterschied, ob mir jemand sagt: „Ja, ich glaube schon, dass wir das schaffen werden, wir haben ja alle Maßnahmen ergriffen" oder: „Das wird ein Knaller! Das werden wir schaffen!" Diese Arbeit kann nicht schriftlich, per Mail gemacht werden. Deshalb führen wir solche Workshops durch.

Strategie

▶ Wie ist Phoenix Contact strategisch aufgestellt?

Die Komponenten, die wir herstellen, werden sehr stark von den Asiaten kopiert. Diese können die gleichen Produkte zu 70 % des Preises anbieten, denn sie brauchen weder eine Entwicklungs- noch eine Marketingabteilung zu bezahlen. Sie zahlen lediglich für die Herstellung bei extrem niedrigen Lohnkosten.

Darauf mussten wir strategisch reagieren: Wir hatten die Möglichkeit, in den Preiskampf einzusteigen, die Produkte billiger herzustellen und Arbeitskräfte auszulagern. Aber wir haben uns für eine andere Ausrichtung entschieden und verstärken jetzt unser Lösungsgeschäft – dort sind wir der Konkurrenz aus Asien deutlich überlegen.

Wir haben ein riesiges Produktportfolio, dass uns ermöglicht, kundenindividuelle Lösungen zu erarbeiten. Bei uns erhält der Kunde alles aus einer Hand, die komplette Lösung. Er muss sich nicht für jedes Teilproblem an ein anderes Unternehmen wenden. Einem Automobilhersteller ist es letztendlich egal, aus welchen Komponenten die Produktionsanlage für den Golf besteht. Ihm ist wichtig, dass sie funktioniert. Auf dieses Lösungsgeschäft, also z. B. komplette Produktionsanlagen, wollen wir uns fokussieren. Dadurch heben wir uns wieder von der Konkurrenz ab.

Wir verstärken jetzt unser Lösungsgeschäft – dort sind wir der Konkurrenz aus Asien deutlich überlegen.

▶ Kommen die Kunden dann mit einem konkreten Problem auf Phoenix Contact zu, für das eine Lösung erarbeitet werden muss? Oder geben Sie bei Ihren festen Kunden aktiv Impulse in der Entwicklung, um dieses Lösungsgeschäft voranzutreiben?

Sowohl als auch. Natürlich setzen wir Impulse. Man kann, wie Steve Jobs das getan hat, Dinge entwickeln, von denen die Kunden noch gar nicht wissen, dass sie sie brauchen werden. Beispiel E-Mobility: Wir entwickeln Ladesäulen für Elektroautos. Die sind hierzulande zurzeit noch gar nicht gefragt. In Peking fahren aber bereits alle Omnibusse elektrisch. Da ist China viel fortschrittlicher als Europa. Diese Ladesäulen sind eine Lösung – bestehend aus vielen einzelnen Komponenten von uns – die in zehn Jahren wahrscheinlich auch hier sehr gefragt sein wird.

Ein Vorteil des Lösungsgeschäfts gegenüber dem Komponentengeschäft ist auch, dass nicht über den Preis jeder Komponente verhandelt wird. Wer eine Ladesäule kauft, dem ist es egal, was das Steuerungsgerät und der Analog-Digital-Converter kosten. Er zahlt nur einen Gesamtpreis für die komplette Säule. Das Lösungsgeschäft ist allerdings teurer und erfordert gegenüber dem Kunden viel mehr Beratung, da komplexere Produkte erklärungsbedürftiger sind. Demzufolge muss auch die Qualifikation unserer Mitarbeiter höher sein. Das heißt, wir investieren in teureres Personal und intensivere Beratung und profitieren am Ende von höherem Wachstum – das ist unsere These. Das Lösungsgeschäft ist unser Herausstellungsmerkmal, mit dem wir uns von vielen Konkurrenten abheben.

▶ Die Energiewirtschaft ist ja de facto seit dem Beschluss zum Atomausstieg 2011 in einer Krise. Das ist natürlich auch eine große Chance, Innovationen in der Energiebranche und der Elektroindustrie hervorzubringen. Wir sehen aber deutlich: Die Bereitschaft zum Querdenken ist bei den Energieunternehmen noch nicht überall vorhanden. Hier ist nur wenig Innovation zu spüren. Ergeben sich bei diesem Thema nicht auch für Phoenix Contact besondere Marktchancen?

Strategie

Auf jeden Fall. Unsere Marktchancen im Energiesektor sind sehr vielfältig, beispielsweise im Bereich Elektromobilität – hier kommen u. a. Tankstutzen und Ladesäulen für Elektroautos von uns. Die sogenannten Wall-Boxes, mit denen ein Elektroauto zu Hause in der Garage aufgeladen werden kann, führen dazu, dass wir uns mit ganz neuen rechtlichen Rahmenbedingungen auseinandersetzen müssen. Früher hatten wir ein reines B2B-Geschäft. Das ändert sich jetzt mit solchen Produkten. Diese Ladegeräte mit Starkstrom hängen ja dann in privaten Haushalten – frei zugänglich, auch für Kinder. Wir müssen plötzlich Sicherheitsvorkehrungen treffen, mit denen wir uns vorher nie beschäftigt haben. Auch versicherungstechnisch sind das ganz neue Rahmenbedingungen, die diese Technologie mit sich bringt.

> **Früher hatten wir ein reines B2B-Geschäft. Das ändert sich jetzt mit solchen Produkten.**

▷ Es gibt ja hier in Deutschland noch kein einziges fertiges, funktionierendes Smart Grid. Die Innovationsgeschwindigkeit in diesem Bereich ist nicht sehr hoch. Da trifft die Energiewirtschaft, die eigentlich 40 Jahre nicht innovativ sein musste, auf Chiphersteller, die alle sechs Monate etwas Neues, Schnelleres auf den Markt bringen. Diese beiden Welten müssen nun zusammenkommen. Wie stark können denn Unternehmen wie Phoenix Contact in solchen Innovationsfeldern marktprägend sein?

Gerade in Deutschland hat man derzeit gute Chancen, marktprägend zu sein. Solche Themen muss man besetzen und nach vorne gehen. Es gehört Mut dazu, neue Wege zu beschreiten. Das Entscheidende dabei ist zunächst, die Mitarbeiter für das Neue zu begeistern, wie Antoine de Saint-Exupéry sagte: „Wenn Du ein Schiff bauen willst, dann trommle nicht Männer zusammen, um Holz zu beschaffen, Aufgaben zu vergeben und die Arbeit einzuteilen, sondern lehre die Männer die Sehnsucht nach dem weiten, endlosen Meer."

Ich, als Mitglied der Geschäftsführung, bin auch kein Technologe. Aber ich bin jemand – und das sehe ich als meine Aufgabe an –, der Mitarbeiter anregen kann, neue Entwicklungen voranzubringen. Das ist mein Job, und dazu gehört es anzuregen, neue Innovationsfelder zu erschließen. Natürlich muss man damit rechnen, dass nicht jede Produktidee ein Markterfolg wird. Wir gehen davon aus, dass 70 % erfolgreich sind und die restlichen 30 % Flops.

Es gehört Mut dazu, neue Wege zu beschreiten. Das Entscheidende dabei ist zunächst, die Mitarbeiter für das Neue zu begeistern.

Prozesse

> Am Ende kommt es auf schlanke Prozesse an. Hier spielt die Vorbildfunktion der Führungskräfte ebenfalls eine wichtige Rolle. Wenn man selbst Sauberkeit, Ordnung, Sparsamkeit und Sicherheit vorlebt, dann ist ja der oft erwähnte Lean-Gedanke viel einfacher umzusetzen. Zertifizierungen, wie Six Sigma oder CMMI, sind ja nur Hilfsmittel, die einen organisatorischen Rahmen bieten. Im Wesentlichen geht es aber auch hier um Kultur und Kommunikation. Wie sehen Sie das?

Nicht nur das „Was", auch das „Wie" ist entscheidend. Ein Messer können Sie benutzen, um Brot zu schneiden, Sie können aber auch jemanden damit erstechen. Das heißt ja nicht, dass das Messer schlecht ist. Atomenergie können Sie nutzen, um Tausende Menschen umzubringen. Sie können damit aber auch Krebs heilen. Nicht die Atomenergie ist schlecht, sondern der Mensch, der sie entsprechend nutzt. Die Krise 2009 wurde auch durch menschliches Fehlverhalten hervorgerufen.

Prozesse 25

Das kann nicht nur auf das System geschoben werden. Das hat hauptsächlich etwas mit Ethik zu tun. Wenn Führungskräfte in Unternehmen korrupt sind und betrügen, darf sich niemand wundern, wenn ein Normalbürger den Fliesenleger schwarzarbeiten lässt. Die Dimensionen sind zwar unterschiedlich, aber das Prinzip ist das gleiche. Dass so etwas nicht zustande kommt, erreicht man nur durch gutes Vorleben.

▶ Sie haben bereits erläutert, dass Sie die Strategie in Ihren Kommunikationsrunden erarbeiten, überprüfen und anpassen. Führen Sie solche Runden auch durch, um Prozesse und Abläufe zu optimieren?

Genau. Deshalb führen wir diese Runden auch regelmäßig durch. Es ist sehr ungewöhnlich, dass eine Geschäftsführung jede Woche zusammensitzt. In vielen Unternehmen passiert das nur einmal im Monat. Kommunikation ist das Wichtigste. Dieses Vorgehen macht uns sehr schnell. Bestimmte Entscheidungen muss eben die Geschäftsführung treffen. Beispielsweise haben wir unsere Geschäfte mit dem Iran abgebrochen, als Ahmadinedschad an die Macht kam – aus ethischen Gründen. Das ist eine Entscheidung, die von der Geschäftsführung getroffen werden muss. Das kann ja der Vertrieb nicht leisten.

▶ Wie sieht das konkret auf der Prozessebene aus? Wie stellen Sie fest, wo etwas gut strukturiert ist und wo es noch hakt? Wie lange dauert es, die Prozesse zu optimieren?

Wir haben eine Targetcard. Dort werden Jahresziele in konkreten Zahlen vorgegeben. Ein Ziel im Bereich Innovationen ist zum Beispiel, dass wir 33 % des Umsatzes mit Produkten machen, die nicht älter als fünf Jahre sind. So wird der Vertrieb motiviert, unsere neuen Produkte, die ja anfangs noch erklärungsbedürftig sind, in den Markt zu bringen – und nicht nur die altbekannten Produkte zu vertreiben. Gleichzeitig werden die Entwickler angeregt, neue Produkte zu entwickeln. Wir haben die fünf wichtigsten Ziele von Phoenix Contact aus der Targetcard in alle Bereiche des Unternehmens, für alle Mitarbeiter in konkrete Ziele heruntergebrochen.

Diese Ziele werden dann je nach Erreichungsgrad variabel vergütet. Wichtig ist immer, dass alles messbar ist. Beispielsweise wollen wir in unseren Prozessen pro Jahr drei Prozent Rationalisierung erreichen. Das heißt nicht, dass wir Mitarbeiter entlassen, sondern dass Prozesse optimiert werden und dann schneller laufen. Im Maschinenbau bedeutet diese Zielvorgabe etwas anderes als in der Produktion oder in der Logistik usw. Wie diese Zielvorgabe in jedem Bereich konkret umgesetzt wird, ist Aufgabe unserer Mitarbeiter. Auch im Bereich HR gibt es messbare Ziele. Wir führen jedes Jahr eine Mitarbeiterbefragung durch. Unser Ziel ist es, uns immer um zwei Prozent gegenüber dem Vorjahr zu verbessern.

Wir wollen in unseren Prozessen pro Jahr drei Prozent Rationalisierung erreichen.

Systeme

▶ Wenn Sie sich in Ihrer Unternehmenskultur mit der Systemebene, sprich EDV etc., beschäftigen – haben Sie auch den Eindruck, dass das Innovationstempo in der IT-Industrie nur sehr langsam ist? Ich denke oft, dass der Vertriebsgedanke dort immer noch viel zentraler als die Realisierung ist.

Die Herausforderung auf der Systemebene ist ganz klar: Simplify the complexity! Das ist der Schlüssel für die Zukunft. Eine hochkomplexe Technologie muss man vereinfachen und nicht, wie viele Softwarehersteller es tun, immer noch komplexer machen, sodass es niemand mehr überschauen kann. Was IT-Geräte und -Programme heute leisten können, ist unglaublich. Entscheidend ist aber, dass diese Komplexität für den Anwender vereinfacht wird. Apple ist das sehr gut gelungen. Für diese Produkte gibt es keine 200-seitigen Handbücher, die schlecht aus dem Koreanischen übersetzt wurden. Die Nutzer haben Spaß daran, sich mit den Produkten zu beschäftigen, weil es Apple gelungen ist, die Komplexität für den Anwender extrem zu minimieren. Das ist auch eine wesentliche Aufgabe unserer IT.

▶ Das heißt, Sie sehen die Vereinfachung des Komplexen – was mit Sicherheit eine sehr komplexe Aufgabe ist – als Erfolgsfaktor auf Systemebene.

Genau. Man könnte es auf Systemebene auch Standardisierung nennen, aber das Wort „Standardisierung" hat in unserer hoch individualisierten Gesellschaft immer einen etwas negativen Touch. Apple-Produkte sind im Prinzip alle ziemlich standardisiert. Hätte Steve Jobs aber von einem „standardisierten System" geredet, hätte es niemand haben wollen. Ein Standardprodukt möchte niemand haben. Es kommt immer auch darauf an, wie man es verkauft.

▶ Standardisierung bedeutet ja nicht, dass man nicht unternehmerisch denken und tätig sein darf.

Absolut. Das Unternehmerische ist ja etwas ganz anderes. Da geht es um Überlegungen wie „Wo wird die Welt in vielen Jahren sein?", „Was kann ich für einen Beitrag leisten?" etc. So ein IT-System ist nur ein Instrument, das mir Daten bereitstellt, die mich bei den unternehmerischen Überlegungen unterstützen.

Ich beobachte häufig, auch bei uns im Unternehmen, dass die IT zu sehr den individuellen Wünschen der „Kunden" entspricht. Letztendlich stellt der Kunde jedoch fest, dass zwar alle seine Einzelwünsche erfüllt worden sind, er aber gar keinen Überblick mehr hat, weil das System viel zu komplex geworden ist. Deshalb ist es Aufgabe der IT, den Kunden vorausschauend zu beraten, damit dieser auch in Zukunft noch zufrieden ist. Dieser Gedanke „Simplify the complexity" muss immer präsent sein. Die IT-Systeme eines Unternehmens müssen möglichst standardisiert sein, um sie durchgängig, homogen und schneller zu machen.

Die Herausforderung auf der Systemebene ist ganz klar: Simplify the complexity.

▶ Nur wenige Systemanbieter erkennen, welche Prozesse in Unternehmen Standard sind. Häufig versuchen sie es über Dienstleistung und Individualisierung. Viel komplizierter ist es dann, das Komplexe wieder zu vereinfachen.

Dieses Vereinfachen ist aber ganz wesentlich für Prozesse und IT-Systeme. Beispiel Microsoft: Anwender von Office-Programmen, wie z. B. Excel, nutzen im Schnitt nur zwölf Prozent des Programms. Die Software-Ingenieure haben hier völlig am Kunden vorbei entwickelt. Der Kunde nutzt nur zwölf Prozent der Möglichkeiten, muss aber den Preis für das komplette Programm zahlen. Warum gibt es hier keine günstige Version mit weniger Features für den Durchschnittsnutzer? Manchmal führt die Komplexität von Programmen dazu, dass die Anwender extra geschult werden müssen, um effektiv damit arbeiten zu können.

Eine weitere Herausforderung auf der Systemebene ist beispielsweise, eine Kommunikationsplattform zu schaffen, über die alle Mitarbeiter weltweit über die Strategie und die Entwicklung des Unternehmens informiert werden. Wir sprachen schon über die Strategie-Workshops mit unseren Führungskräften – das sind 800 Leute, die auf diesem Weg informiert werden. Wir haben aber 13.000 Mitarbeiter. Wir arbeiten gerade an einer Kommunikationsplattform, die jedem Mitarbeiter die Informationen auf dem Smartphone zur Verfügung stellt, die er benötigt. Dafür braucht man letztendlich auch Redakteure, die darauf achten, welche Informationen auf die Plattform gehören.

▶ Ich denke, wer eine gute Unternehmenskultur hat, der braucht sich vor Kommunikationsportalen, wie wir sie vor allem in den sozialen Medien finden, nicht zu fürchten.

Richtig. Deshalb ist es wichtig, dass Industrieunternehmen bei solchen Themen am Ball bleiben. Wenn ein Mitarbeiter sich früher negativ über sein Unternehmen geäußert hat, dann hatten vielleicht fünf Menschen aus seinem Bekanntenkreis ein schlechtes Bild von der Firma. Wenn sich heute jemand auf Facebook beklagt, dann wissen das gleich eine Million Menschen. Das ist so – daran müssen sich auch Unternehmen gewöhnen. Das ist ein Lernprozess, durch den auch wir gehen mussten: Im Arbeitgeberbewertungsportal „Kununu" hatten wir immer Top-Bewertungen. Plötzlich schrieb dort jemand anonym eine sehr negative Beurteilung mit völlig falschen Behauptungen rein, z. B. dass wir 120 Arbeitsprozesse gegen unsere Mitarbeiter führen, und noch weitaus größere Verleumdungen. Nichts davon hat gestimmt – nun ist die Frage: Wie reagiert man als Unternehmen darauf? Im Prinzip müssen wir damit leben, dass das passieren kann, und darauf vertrauen, dass die Besucher des Portals einer negativen Stimme von hunderten positiven keine Bedeutung zuschreiben.

▶ Das ist ja auch grundsätzlich ein Problem im Marketing. Man muss dabei oftmals einfach die Ruhe bewahren. Ein kleines Feuerchen geht auch wieder aus, wenn man nicht selbst noch ein dickes Scheit nachlegt.

Unsere Social-Media-Experten haben uns damals auch geraten, besonnen zu reagieren. Wir haben dem Verfasser dann ein Gesprächsangebot gemacht, um die Missverständnisse aus der Welt zu räumen – natürlich hat er darauf nie reagiert.

Es gibt auch Beispiele, bei denen Unternehmen wütend reagiert haben – auch alles öffentlich und für jeden einsehbar. Das ist dann dieser sogenannte Scheit, den man nachlegt und damit alles nur noch schlimmer macht. Wenn man, wie wir damals, so ein Gesprächsangebot macht, dann zeigt das Stärke. Das Unternehmen öffnet sich. Ich gebe zu, das musste ich auch erst lernen. Das ist ein anderes Wertesystem, als es meine Generation noch hatte.

▶ Vielen Dank, Herr Olesch, dass Sie sich die Zeit genommen haben für dieses Gespräch!

Prof. Dr. Gunther Olesch
Prof. Dr. Gunther Olesch, geboren 1955, Studium und Promotion in Wirtschaftspsychologie, war von 1979 bis 1985 als Mitarbeiter einer Personalberatung tätig. Aufgabenschwerpunkte waren Personalauswahl und -training. Von 1985 bis 1989 war er für den Aufbau und die Leitung der Weiterbildung bzw. Personalentwicklung bei der Thyssen Edelstahlwerke AG verantwortlich. Seit 1989 ist er bei Phoenix Contact tätig. Als Geschäftsführer ist er für die Bereiche Personal, Informatik und Recht verantwortlich. Von ihm sind mehrere Bücher und über 130 Veröffentlichungen zu den Themen Human Resources Management, Unternehmensführung und Informatik erschienen. Prof. Dr. Olesch ist Lehrbeauftragter an einer Hochschule für das Thema Personalmanagement.

Phoenix Contact
Phoenix Contact ist weltweiter Marktführer für Komponenten, Systeme und Lösungen im Bereich der Elektrotechnik, Elektronik und Automation. Das Familienunternehmen beschäftigt heute 12.800 Mitarbeiter weltweit und hat im Jahr 2012 einen Umsatz von 1,59 Mrd. € erwirtschaftet. Der Stammsitz ist im westfälischen Blomberg. Zur Phoenix-Contact-Gruppe gehören neun Unternehmen sowie 50 eigene Vertriebsgesellschaften. Die weltweite Präsenz wird zusätzlich durch 30 Vertretungen in Europa und Übersee verdichtet.
Weltweit wird in acht Ländern mit einer hohen Fertigungstiefe produziert. Nicht nur Schrauben, Kunststoff- und Metallteile, sondern auch hoch automatisierte Montagemaschinen werden selbst gebaut.
Phoenix Contact erhielt mehrfach Preise für gutes Personalmanagement, z. B. 2008 und 2011 Bester Arbeitgeber des Jahres (Top Job). Das Unternehmen gehört 2013 laut „Focus" zu den zwei besten Arbeitgebern der Elektrotechnik.

Dr. Emanuele Gatti, Vorstand Fresenius Medical Care, im Gespräch mit Dr.-Ing. Frank Thielemann

„Es gibt keinen Widerspruch zwischen guter Behandlungsqualität und wirtschaftlichem Erfolg."

Wesentlich für eine zukunftsorientierte Unternehmensgestaltung ist für Dr. Emanuele Gatti die Zufriedenstellung aller Stakeholder. Dazu gehören u. a. die Patienten, die Mitarbeiter, die Aktionäre und Investoren sowie die Gesellschaft im Allgemeinen. Erfolg versprechende Geschäftsmodelle für die Zukunft sieht Gatti zum einen in der Kombination aus Produkt und Service, zum anderen in Produkt- und Therapieinnovationen, beispielsweise im Bereich der regenerativen Medizin. Besonders interessant ist Gattis Forderung nach einem Wandel der generell üblichen Input-orientierten Denkweise hin zu einer Output-orientierten Betrachtung. Reformen sind – insbesondere in der Gesundheitswirtschaft – nur dann sinnvoll, wenn vom eigentlichen Ziel, nämlich der Gesunderhaltung des Menschen, ausgehend Maßnahmen ergriffen werden. Nur wenn die Patientenfürsorge im Mittelpunkt aller Handlungen steht, ist eine zukunftsorientierte und nachhaltige Unternehmensgestaltung gewährleistet.

Zukunftsorientierte Unternehmensgestaltung

▶ Was verstehen Sie unter zukunftsorientierter Unternehmensgestaltung? Welche Bilder oder Vorstellungen haben Sie dazu im Kopf?

Zunächst bedeutet zukunftsorientierte Unternehmensgestaltung für mich, dass das Geschäftsmodell eines Unternehmens auf eine gewisse Weise beständig sein muss. Gleichzeitig muss es allerdings absolut flexibel und anpassbar sein, um den Bewegungen und Veränderungen im Markt begegnen zu können.

Für uns als Fresenius Medical Care bedeutet zukunftsorientierte Unternehmensgestaltung konkret, dass wir die Interessen aller Stakeholder einbeziehen – das sind die Patienten, unsere Mitarbeiter, die Gesellschaft und natürlich auch die Aktionäre und Investoren. Mit Hilfe einer „Balanced Scorecard" versuchen wir, die Zufriedenstellung dieser Stakeholder-Gruppen zu messen: Wir definieren Ziele für jede Stakeholder-Gruppe. So ist es beispielsweise unser Ziel für die Patienten, ihre Lebensqualität zu verbessern und ihre Lebenserwartung zu erhöhen. Dann definieren wir klare Kennzahlen, sogenannte Key Performance Indicators (KPIs), für jedes Ziel, die wir jeden Monat messen. Für den Stakeholder Gesellschaft ist es z. B. relevant, wie viel Wasser oder wie viel Energie wir verbrauchen. Anhand qualitativer und quantitativer KPIs messen wir regelmäßig, ob wir unsere Standards auch einhalten. In jeder einzelnen Klinik gibt es monatlich einen Bericht zu den Balanced Scorecards. So können wir Kliniken in einzelnen Ländern, aber auch länderübergreifend vergleichen.

Wir sind natürlich ein Unternehmen, das sich auch an wirtschaftlichen Gesichtspunkten orientieren muss. Aber wir haben neben unseren Aktionären und Investoren auch andere Stakeholder, die auf ihre Weise zu unseren Ergebnissen beitragen. Am wichtigsten sind uns hierbei die Patienten. Deshalb haben in unseren Auswertungen die Ziele für die Patienten eine besondere Gewichtung: Die Ergebnisse der Patientenwerte fließen mit bis zu 40 von 100 Punkten in das Endergebnis ein – eine deutlich höhere Gewichtung als für die anderen Stakeholder-Gruppen. Die Idee dahinter ist „Doing well by doing good". Wir glauben, dass es keinen Widerspruch zwischen guter Qualität bei der Behandlung und wirtschaftlichen Ergebnissen gibt – vielleicht kurzfristig, aber nicht langfristig.

Ein Geschäftsmodell muss absolut flexibel und anpassbar sein, um den Bewegungen im Markt begegnen zu können.

▶ Wir sehen in vielen Branchen, z. B. in der Telekommunikations- und der Automobilbranche, dass die Märkte sehr unruhig sind. Wie ist das in Ihrer Branche? Gibt es da eine gewisse Stabilität oder haben auch Sie mit ständigen Veränderungen zu kämpfen?

Zunächst muss man sagen: Unsere Branche ist vergleichsweise konjunkturunabhängig und leidet immer erst nach einer volkswirtschaftlichen Krise, weil sie durch Abgaben und durch die Arbeitgeber finanziert wird. Zumindest gilt das für das Bismarck-System „Krankenkasse" – wie es in Deutschland, in der Schweiz und auch in Frankreich existiert. Anders ist es im Beveridge-Modell, wie z. B. in Italien oder Großbritannien, wo man über allgemeine Healthcare-Services versichert ist. Hier hat eine Krise sofortige Auswirkungen: Wenn die Steuern niedriger sind, wird auch versucht, im Bereich Gesundheit die Kosten zu senken.

Der ausschlaggebende Erfolgsfaktor für uns ist, frühzeitig auf die richtige Technologie zu setzen. Wir müssen sehr vorausschauend planen. Denn die Entwicklung von Medizinprodukten bis zur Markteinführung dauert im Vergleich zu anderen Branchen, wie beispielsweise der Automobil- oder Telekommunikationsindustrie, sehr lange. In der Zwischenzeit hat sich die Technologie vielleicht schon längst wieder verändert. In unserem Kerngeschäft bleiben die Maschinen sehr lange, manchmal bis zu zehn Jahre, auf dem Markt. Deshalb müssen wir garantieren, dass wir alle notwendigen Ersatzteile auf Lager haben, um die Maschinen reparieren zu können oder an neue Software anzupassen. Für uns ist die langfristige Perspektive also sehr viel wichtiger als die kurzfristige.

Ausschlaggebender Erfolgsfaktor für uns ist, frühzeitig auf die richtige Technologie zu setzen.

▸ Welche radikalen technologischen Innovationen gibt es in Ihrer Branche?

In der Vergangenheit haben wir vor allem Qualität und Anwenderfreundlichkeit unserer Produkte stark verbessert. Wir messen das anhand der Rückmeldungen, die bei uns eingehen. Unser System erfasst außerdem alle auftretenden Schwierigkeiten mit Produkten. Deshalb sind die Werte, die wir messen, korrekt und aussagekräftig.

Außerdem investieren wir sehr viel in Technologie – sei es für Automation, für Sicherheit oder um unsere Produkte noch kosteneffizienter anzubieten. Für den Preis, den Sie vor 30 Jahren für 50 Dialysefilter gezahlt haben, erhalten Sie heute wahrscheinlich 1.000 oder sogar 2.000 Stück. Und das, obwohl sich an der Komplexität des Produkts und der Fertigungsprozesse nichts geändert hat. Das zeigt, welche radikalen Veränderungen wir in der Produktionstechnologie eingeführt haben.

Vorausschau

▶ Die erste Ebene unseres 4-Ebenen-Modells ist die Vorausschau. Wenn wir von Vorausschau reden, dann denken wir an eine Perspektive von mindestens fünf bis zehn Jahren. Was macht Ihr Unternehmen im Bereich Vorausschau? Nutzen Sie Trendanalysen, Szenarien oder Ähnliches?

Wir haben eine Multifaktoranalyse, ein sogenanntes Business Simulation Model, erarbeitet. Dabei haben wir zunächst den geografischen Einfluss betrachtet. Mit anderen Worten: Wo werden wie viele Patienten in fünf bis zehn Jahren zu versorgen sein? Hier wird es drastische Veränderungen geben. In Indien, China, auf den Philippinen und in Vietnam werden Millionen Menschen leben, die behandelt werden müssen. In anderen Regionen wird sich die Anzahl der Patienten nicht so stark verändern.

Das kann positive, aber auch negative Auswirkungen für uns haben. Positiv könnte sein, dass mehr Patienten Zugang zur Sekundärversorgung, wie z. B. Dialyse, haben. Negativ könnte sein, dass die Quantität uns unter Druck setzt, da die Preise auch völlig anders sind. Die Konsequenz wäre beispielsweise, dass wir lokal produzieren müssen. All diese Faktoren analysieren wir im Moment.

In Indien, China, auf den Philippinen und in Vietnam werden Millionen Menschen leben, die behandelt werden müssen.

▶ Welche Märkte oder Regionen sind für Fresenius Medical Care im Jahr 2020 am vielversprechendsten?

Demografisch gesehen ist China am interessantesten – einfach aufgrund der großen Anzahl an Patienten. Das Problem ist, dass es über zehn Jahre dauern wird, die Infrastruktur dafür zu schaffen: Ärzte, Krankenhäuser usw.

Natürlich muss man dann die Dimensionen des Geschäfts im Vergleich zu den Preisen bedenken und vor allem die Möglichkeit, die Dialysedienstleistungen mit einzuführen. Bei einer Dialysesitzung fällt rund ein Drittel der Kosten für medizinische Produkte an. Das heißt, durch den reinen Produktverkauf ist das Marktpotenzial deutlich kleiner. Wenn Sie mich also fragen, welcher Markt wirtschaftlich am interessantesten ist, dann würde ich immer noch die USA nennen. Die Vereinigten Staaten sind unser größter Markt – mit der größtmöglichen Integration. Zwar steigen dort im Vergleich zu China die Patientenzahlen deutlich langsamer, dennoch haben wir höhere Einnahmen pro Patient, weil wir neben Produkten auch Dialysedienstleistungen verkaufen können.

▶ Welche Risiken für das Geschäftsmodell von Fresenius Medical Care sehen Sie?

Zum einen gibt es geopolitische Risiken in bestimmten Märkten. Denken wir z. B. an Lateinamerika. Dort gibt es immer Bestrebungen, bestimmte Bereiche wieder zu verstaatlichen. In Bolivien zum Beispiel wurden die Gasunternehmen wieder verstaatlicht. Wir sind stark in solche „Öffentlich oder privat"-Diskussionen eingebunden. Das ist ein Risiko, das wir, wie jedes andere Unternehmen auch, bedenken müssen.

Ein anderes Risiko für uns ist „Non-fair-trade". Auf diese Problematik sollte man in der Pharma- und Medizintechnikindustrie sehr viel mehr achten, denn die Vorschriften sind sehr asymmetrisch. Ich habe das Gefühl, dass es in bestimmten Ländern kein „fair-trade" gibt. Damit ist die Eintrittsbarriere für uns ziemlich hoch.

Daneben besteht noch ein weiteres Problem: Unsere Welt hat sich in den vergangenen 20 Jahren viel weiter und schneller entwickelt, als wir dachten. Die Globalisierung ging sehr schnell voran. Nicht alle unsere Vorschriften sind optimal darauf ausgerichtet. Als zum Beispiel vor langer Zeit unsere Kartellgesetze eingeführt wurden, ging es um Deutschland gegen Italien, Italien gegen Frankreich usw. Heute denken wir in anderen Dimensionen, z. B. Europa versus Asien. Vor dem Hintergrund, dass Europa in Konkurrenz zum Rest der Welt steht, müssen wir die strategischen Optionen der Industrie in Europa stärken. Die Industrie benötigt eine sehr viel längere Einführungszeit als andere Sektoren. Deshalb muss sie sich jetzt auf diese Wettbewerbssituation vorbereiten, sonst wird sie in zehn Jahren an Bedeutung verlieren.

Ein anderes Risiko liegt in der Gesundheitsbranche selbst. Meistens wird das Gesundheitswesen als ein Kostenfaktor gesehen. Natürlich geht es hier um Kosten – aber eben nicht ausschließlich. Die Gesundheitsbranche ist eine Industrie, die verschiedenen, sehr qualifizierten Fachleuten tausende Arbeitsplätze bereitstellt. Die meisten Arbeitnehmer in unserer Branche haben sehr hart für ihre Qualifikation gearbeitet. Wenn wir nicht in diese Qualifikationen investieren, ist das ein großer Verlust an Talenten.

Meistens wird das Gesundheitswesen als ein Kostenfaktor gesehen. Natürlich geht es hier um Kosten – aber eben nicht ausschließlich.

Als Frank-Walter Steinmeier Kanzlerkandidat war, sagte er: „Ich möchte eine Million mehr Arbeitnehmer in der Gesundheitsbranche." Daraufhin wurde ich von einem Journalisten gefragt, ob das eine angemessene Zahl ist. Meiner Meinung nach wäre es ein gutes Ziel für die Gesellschaft, die Gesundheitsbranche als Arbeitgeber zu profilieren und nicht als reinen Kostenfaktor. Aber wenn für ein Medizinstudium ein Numerus clausus erreicht werden muss, kann man das mit einer Million neuer Arbeitnehmer vergessen. Zurzeit liegt Deutschland nicht nur geografisch im Mittelpunkt Europas, sondern auch wirtschaftlich. Deswegen sind wir in der glücklichen Situation, dass Menschen aus anderen Ländern zu uns kommen. Aber in naher Zukunft wird das nicht mehr funktionieren: Dann wird es keine Einwanderung aus Polen mehr geben, weil sich Polen selbst gut entwickelt, genauso wie viele andere Länder auch.

Strategie

▶ Wir haben bereits kurz über Innovationen in der Produktionstechnologie gesprochen. Welche Innovationen sehen Sie auf Geschäftsmodell-Ebene?

Neben Innovationen auf der Seite der Produktionstechnologie glauben wir an die Zukunft in der Prävention und in der „regenerativen Medizin". Regenerative Medizin ist die Produktion von Stammzellen für die Regeneration von zerstörtem oder nahezu zerstörtem Gewebe, um letztendlich die Funktion dieser Organe bzw. Gewebe wiederherzustellen.

▶ Ist das ein neues Geschäftsfeld für Sie?

Prävention ist ein sehr wichtiges Thema in unserem Geschäft. Wenn ein Organ beschädigt ist, ist es nahezu unmöglich, es zu rekonstruieren. Aber wenn die Beschädigung bereits in einem frühen Stadium erkannt und behandelt wird, dann kann man versuchen, das Organ zu regenerieren.

Ich denke also, nicht der Weg, wie die Patienten behandelt werden, wird eine radikale Innovation sein. Es wird immer Dialysezentren geben; es gibt immer etwas, wenn es zu spät ist. Aber ein neues Diagnose-Tool für die Früherkennung von Nierenerkrankungen wäre ein Instrument, das vom Patienten zu Hause genutzt werden könnte – ohne die Hilfe von Krankenschwestern und Ärzten. Dann könnte man sofort mit der Behandlung des Patienten beginnen und so versteckte Epidemien, wie Nierenleiden und Diabetes, verzögern oder vermeiden.

Die regenerative Medizin ist für uns ein neues Betätigungsfeld. Wir haben die Forschung vor ungefähr zehn Jahren mit mehr Niederlagen als Erfolgen begonnen. Inzwischen haben wir aber ein Zentrum für Translationale Medizin in Turin gegründet. Dort entwickelt eine Gruppe von Forschern eine sehr zukunftsweisende Plattform, die bei akuten Leber- und Nierenleiden angewendet werden soll. In noch entfernterer Zukunft könnte sie möglicherweise auch für andere Applikationen genutzt werden.

Ein Diagnose-Tool für die Früherkennung von Nierenerkrankungen wäre eine radikale Innovation in unserer Branche.

▶ Welche strategischen Handlungsfelder leiten Sie aus der Multifaktoranalyse, die Sie auf der Vorausschau-Ebene durchführen, ab?

Wir glauben stark daran, dass der Erfolg in der Gesundheitsversorgung zukünftig in der Kombination von Produkten und Service liegt. Mit unserer Erfahrung in der Behandlung chronischer Leiden glauben wir, dass eine vertikal integrierte Firma das Geschäftsmodell der Zukunft ist.

▶ Was meinen Sie mit „vertikal integriert"?

„Vertikal integriert" heißt, wir entwickeln das Rohmaterial, also die Produkte, und den Service. In Zukunft werden wir dann eine Art Versicherungsunternehmen für unseren speziellen Bereich. Damit meine ich ein Geschäftsmodell, in dem wir z. B. in einer Stadt von jedem Bürger einen bestimmten Beitrag erhalten und uns im Gegenzug um alle Kosten, die mit einer Nierenkrankheit zu tun haben, kümmern.

So bieten wir bereits heute in unseren Dialysekliniken statt einer Behandlung eine Therapie an, sodass wir mit der Kombination von Produkt und Service in der Lage sind, viel stärker das „Outcome", also den Therapieerfolg unserer Patienten, zu beeinflussen.

Wir glauben, dass der Erfolg zukünftig in der Kombination von Produkten und Service liegt.

▶ Also eine Art Full-Service-Dienstleistung?

Genau. Wir nennen es „Versicherung", weil ein Erkrankter nicht mehr zahlen muss als ein Gesunder. Das ist in bestimmten Märkten die Zukunft, weil die Gesundheitssysteme nicht das Managementpotenzial haben, dies zu tun. Ein weiterer Vorteil ist, dass wir sofort die besten Maßnahmen einleiten könnten, sobald die Krankheit entdeckt wurde. Dem Modell liegt die Idee zugrunde: „Je besser es dem Patienten geht, desto besser geht es dem Unternehmen."

Wir haben diese Geschäftsidee bereits in einem Experiment in den USA getestet – mit technologischem und wirtschaftlichem Erfolg. Die Ergebnisse haben wir veröffentlicht. Aber natürlich ist es eine große Herausforderung, dies in größeren Regionen einzuführen. Selbst in den USA braucht das seine Zeit. In anderen Ländern wäre die Einführung noch schwieriger. Eigentlich versteht jeder, dass es ein gutes Modell ist, aber der Teufel liegt im Detail.

▶ Fresenius Medical Care bedient hunderte Länder in verschiedenen Weltregionen. Dabei haben alle Länder ihre eigene Infrastruktur, Vorschriften und Mechanismen. Wie managen Sie das?

Im Prinzip versuchen wir, uns anzupassen. Dennoch sagen wir: Mit unseren Produkten werden Patienten bestmöglich behandelt. Da jeder gern die bestmögliche Behandlung möchte, gelingt es uns ganz gut, mit all den verschiedenen Vorschriften umzugehen. Ländern, die nicht für diese bestmögliche Behandlung zahlen können oder möchten, verdeutlichen wir, welche Konsequenzen das haben kann. Die Konsequenzen für schlechtere Behandlungen sind z. B. längere Krankenhausaufenthalte, längere Krankmeldungen der Arbeitnehmer usw. – alles versteckte Sozialkosten.

Wir versuchen, die Zahlenden und die Aufsichtsbehörden von unserer Mission zu überzeugen: Im Zentrum all unserer Bemühungen steht die Fürsorge für den Menschen. Danach ist unser Geschäftsmodell ausgerichtet.

Im Zentrum all unserer Bemühungen steht die Fürsorge für den Menschen. Danach ist unser Geschäftsmodell ausgerichtet.

Als Fresenius Medical Care 1996 mit der Übernahme von National Medical Care gegründet wurde und damit gleichzeitig der Einstieg in den Bereich der Dialysedienstleistungen erfolgte, habe ich meinem Team ein simples Bild präsentiert, das sagte: Wir erweitern die Perspektive unseres Unternehmens ganz erheblich. In der Vergangenheit standen Technologie und Produkte im Mittelpunkt, ab sofort steht an dieser Stelle die gesamte Therapie des Patienten.

Bezogen auf die wirtschaftlichen Ergebnisse haben wir bewiesen, dass sich durch diese Wende keine Widersprüche in unserem Geschäft ergeben. Unsere Garantie für eine nachhaltige Entwicklung ist dabei nicht zuletzt auch unsere Stiftung.

▶ Ich denke, das hat viel mit gesellschaftlicher Verantwortung zu tun.

Richtig. Natürlich gibt es keinen Zweifel daran, dass wir als Unternehmen Geld verdienen möchten. Aber als Manager darf man nicht nur die aktuelle Situation im Blick haben. Denn um dauerhaft positive Ergebnisse erreichen zu können, braucht man einen längeren Atem als nur bis zu den nächsten Quartalszahlen. Auch die Stiftung sorgt für die nötige Stabilität und Kontinuität.

▶ Es klang vorhin bereits an, dass der Fachkräftemangel ein ernstes Problem in der Gesundheitsbranche ist. Wie können Sie dieser Herausforderung erfolgreich begegnen?

Unsere Branche muss viel mehr betonen, dass sie etwas Sinnvolles, etwas Nützliches tut. Wenn die Branche ein positives Image hat, möchte man dort auch arbeiten. Das heißt, als Erstes muss die Gesundheitsbranche definieren, dass sie gebraucht wird. Im zweiten Schritt muss man gute Konditionen für die Arbeit in der Branche schaffen.

Wenn momentan von der Gesundheitsbranche geredet wird, dann geht es nur um Kosten, Krankenkassengebühren usw. Dann möchte natürlich niemand in der Branche arbeiten. Natürlich gibt es auch Probleme, die diskutiert werden müssen – auch Kostenprobleme. Wenn aber nur die schlechten Aspekte und die Skandale betrachtet werden, dann leidet das Image dieses wichtigen Sektors – der nicht nur mit Kosten zu tun hat, sondern auch mit der Lebensqualität der Menschen. Das muss angesprochen werden. Um das zu erreichen, muss man erst einmal Transparenz schaffen. Wir kämpfen für einen sehr transparenten Bericht über die medizinische Leistung unserer Zentren. Wir versuchen kontinuierlich, jeden davon zu überzeugen, dass dies eine gute Sache für jeden von uns ist – für Steuerzahler, für Patienten, für Unternehmer, für Angestellte usw.

Die einzige Transparenz, die es derzeit in unserer Branche gibt, bezieht sich auf die Anzahl der Publikationen, die ein Arzt veröffentlicht hat. Diese Information bekommt man im Internet. Ob der Arzt Katzen, Hunde oder Menschen behandelt hat, ist für die Anzahl der wissenschaftlichen Publikationen nicht relevant. Es ist jedoch nur selten möglich, Informationen darüber zu bekommen, wie gut Patienten in einem Zentrum behandelt wurden. Ich finde, dies ist der falsche Weg. Was wir fordern, ist eine Output-orientierte Regulierung.

Europa hat mehr als zehn Jahre damit verbracht, zu definieren, was ein Schwein fressen darf, damit man es zu Parmaschinken weiterverarbeiten darf. Aber niemand hat untersucht, wie viel Parmaschinken man im Jahr essen sollte, um gesund zu bleiben. Man hat also einen sehr guten Parmaschinken, aber wenn man ein Kilogramm davon pro Tag isst, wird man höchstwahrscheinlich nicht gesund leben – egal, was das Schwein vorher gefressen hat. Dieses Beispiel soll zeigen, dass es sehr wichtig ist, den Output zu betrachten. Was möchten wir eigentlich erreichen? Wir möchten die Menschen gesund erhalten.

Anstatt zuerst den Output zu betrachten, wird fast immer der Input fokussiert. Input-Faktoren im Gesundheitswesen sind z. B.: Wie viel möchte man ausgeben? Wie viele Ärzte möchte man in Deutschland haben?

Wenn man Werte für Bürger generieren möchte, für die Mitglieder der Krankenkassen, dann muss man Werte generieren, die die Menschen auch wollen. Sie möchten gesund bleiben, eine gute Lebensqualität haben, nicht ins Krankenhaus müssen, zu Hause behandelt werden usw. Von diesem „Output" muss man ausgehen und dann rückwärts das System definieren. Zusätzlich braucht man ein Feedback-System, da sich die Einstellungen und Interessen der Leute auch ändern können.

Sehen Sie sich die vielen Gesundheitsreformen an, die es in den vergangenen zehn Jahren in Deutschland gab. Sie werden nicht einen Titel in den Reformen finden, der den Patienten erwähnt. Ich glaube, was wir brauchen, ist eine Kooperation aller Beteiligten, um sicher zu gehen, dass der Gesundheitssektor eine Branche ist, die sauber reguliert werden muss. Ich bin für Regulierung – aber bitte die richtige.

Wir fordern eine Output-orientierte Regulierung.

▶ Die deutsche Politik befasst sich meist damit, „woher das Geld kommt", und zerstört dadurch relativ viel, wenn es um die Weiterentwicklung des Gesundheitsmarktes oder die Produktivitätssteigerung geht.

Absolut. Ein weiteres Beispiel für mangelnde Output-Orientierung ist die Diskussion um das MVZ, das medizinische Versorgungszentrum. Das MVZ ist, wenn es gut umgesetzt ist, meiner Meinung nach eine fantastische Idee. Die Diskussion, die in den vergangenen Jahren zum MVZ geführt wurde, drehte sich um die Frage, wem das MVZ gehört – den Ärzten, einem Unternehmen, …? Doch das ist völlig irrelevant. Die Frage müsste lauten: Ist der Patient glücklicher oder nicht, wird er besser behandelt oder nicht? Aber diese Frage stellt niemand, weil niemand verstanden hat, wie wichtig Transparenz ist. Das deutsche Gesundheitssystem könnte das beste der Welt werden. Es ist bereits in einer sehr guten Position. Aber wir diskutieren über unbedeutende Sachen. Die richtigen Veränderungen sind möglich, wenn sich der Fokus von den Input-Parametern wegbewegt.

> Das ist eine sehr interessante Perspektive. Das Ganze hat vor allem etwas mit kultureller Mentalität zu tun. Es muss verstanden werden, dass der Gesundheitssektor nicht nur eine Kostenkomponente, sondern auch eine Chance zur Entwicklung hat.

Genau. Wonach suchen Menschen, wenn sie arbeiten? Natürlich möchte man angemessen bezahlt werden, aber man möchte auch zufrieden sein und sehen, dass die Arbeit einen Wert generiert. Je mehr man zeigt, dass die Arbeit nützlich ist und die Menschen gebraucht werden, desto größer ist ihre Motivation. Dadurch werden sie ihren Job nicht nur professionell ausüben, sondern auch mit Empathie für die Menschen, die behandelt werden. Ich denke, es gibt viele Wege, die Behandlung zu verbessern und gleichzeitig Kosten zu sparen. Deutschland ist gut positioniert, aber dieser Wandel in der Denkweise ist notwendig.

Prozesse

> Kommen wir von der Strategie zu den Prozessen: Wenn jemand in Ihrem Unternehmen eine Idee für eine Innovation hat und diese auf den Markt bringen will – wie gehen Sie dann vor? Gibt es bei Fresenius Medical Care eine Art Innovationsprozess?

Wir haben ein sogenanntes „Innovation Framework", also ein standardisiertes Vorgehen, nach dem wir zuerst definieren, welche Innovationen wir fokussieren. Im nächsten Schritt legen wir dann fest, wie wir diese einführen.

Wir glauben, der essentielle Innovationsmotor in unserem System ist die Geschäftsmodellinnovation. Wenn man in vielen verschiedenen Ländern arbeitet, benötigt man die Fähigkeit, für spezifische Länder spezifische Geschäftsmodelle zu entwickeln. Dazu muss es eine enge Kooperation zwischen der Unternehmensleitung, die den Rahmen vorgibt, und den Managern in den einzelnen Regionen geben. Denn diese müssen in der Lage sein, das Geschäftsmodell einzuführen.

Wenn man in vielen verschiedenen Ländern arbeitet, benötigt man die Fähigkeit, für spezifische Länder spezifische Geschäftsmodelle zu entwickeln.

Bei Nierenkrankheiten gibt es drei Dinge, die getan werden können: „R + R + R". Das erste R steht für „Remove": Hier geht es um das Abbauen von Wasser, Giften, Toxinen usw., wenn die Niere bestimmte Dinge nicht mehr selbstständig ausführen kann. Das zweite R steht für „Replenish", also Auffüllen oder Ergänzen. Das kommt zum Einsatz, wenn die Niere beispielsweise nicht mehr selbst Proteine produziert oder man Eisen verliert. Dann müssen diese Stoffe aufgefüllt werden.

Das dritte R steht für „Restrict", also Einschränken, Begrenzen. Beispielsweise muss man sich mit Diäten einschränken, wenn das Salz nicht mehr abgebaut werden kann. Das ist etwas, was vom Patienten selbst getan werden muss.

Am Anfang, in den 1970er-Jahren, bestand unser Geschäftsmodell nur aus dem „Remove", also der klassischen Dialyse. Heute kümmern wir uns um alle drei Aspekte: Wir haben Maschinen für die Wiederauffüllung, also Replenish, entwickelt und kümmern uns auch um die Therapie, also das Thema Restrict. Unser Geschäftsmodell hat sich weiterentwickelt. Wir haben Joint Ventures, z. B. mit Pharma-Unternehmen. Wir haben also Synergien bei verschiedenen Unternehmen entdeckt und genutzt.

▶ Ich verstehe. So haben Sie im Laufe der Zeit Ihr Geschäftsmodell weiterentwickelt, auch durch Kooperation mit anderen Unternehmen.

Richtig. Wir wollen den Patienten ganzheitlich betreuen. Deshalb brauchen wir Kooperationen. Die Zusammenarbeit zwischen zwei Unternehmen kann ganz unterschiedlich ausgestaltet sein: durch Kooperationsvereinbarungen, Partnerschaftsverträge oder auch durch Minderheitsbeteiligungen.

▶ Wie managen Sie das weltweit? Sagen Sie Ihren Managern in den Ländern, dass sie das „R + R + R"-Modell einführen sollen? Oder steuern Sie das direkt aus der Zentrale in Bad Homburg?

Wir glauben stark an „Intrapreneurship", nicht Entrepreneurship. Ein Unternehmer, also ein Entrepreneur, investiert Geld in eine Sache. Ein Intrapreneur hingegen versucht, etwas zu entwickeln – er ist Unternehmer im Unternehmen. Er investiert nicht sein eigenes Geld. Wir haben eine Struktur, in der ein großes Unternehmertum entstanden ist. Dennoch gibt es viele Dinge, die wir kontrollieren. Wir kontrollieren nicht die Preise von dem, was unsere Mitarbeiter entwickeln, aber die Infrastruktur. Welche Preise erzielt werden können, wissen unsere Manager vor Ort am besten. Aber wir möchten die Input-Parameter und die Prozesse kontrollieren. Denn wenn man nicht davon überzeugt ist, dass der eingeschlagene Weg der Beste ist, um die Zukunft zu gestalten, dann sollte man ihn nicht gehen. So funktioniert Prozessinnovation bei uns.

▶ Wenn Sie eine neue Idee haben oder ein Pilot-Geschäftsmodell, suchen Sie sich dann ein Pilot-Land, um diese Idee einzuführen? Oder setzen Sie komplett auf das interne Unternehmertum, das Intrapreneurship?

Wir machen beides. Wir finden es gut, wenn Mitarbeiter kleine Pilotprojekte starten und diese dann vergrößern. Natürlich darf das Rad nicht neu erfunden werden. Innovationen müssen immer einzigartig und hochmodern sein. Die Frage muss lauten: Was ist der Wert für uns und für die Gesellschaft? In der Gesundheitsbranche muss man immer auch den sozialen Wert analysieren.

Systeme

▶ Sie haben bereits betont, dass es wichtig ist, Ergebnisse zu messen, um eine kontinuierliche Verbesserung gewährleisten zu können. Wie funktioniert dieses Messen auf Systemebene?

Um zu sehen, ob wir unsere Ziele erreichen, müssen wir jede einzelne von uns ausgeführte Dialysesitzung auf der Welt aufzeichnen. Dazu müssen wir Technologie, also IT, entwickeln. Ohne diesen „Befähiger" wäre das nicht möglich. Die Frage ist also nicht, ob man IT mag oder nicht. Fakt ist: Ohne sie funktioniert es nicht. Deshalb haben wir unser eigenes Dialyse-Management-System entwickelt. Auch die Patientenzufriedenheit messen wir mit Unterstützung eines IT-Systems. Dazu müssen wir mit unseren Patienten, mit den Krankenhäusern und mit den Ärzten kommunizieren.

▸ Die weltweite Einführung einer solchen IT-Plattform ist ein riesiges Projekt.

Ja, wir haben im Moment über 40 Entwickler im Haus angestellt, plus zahlreiche externe Experten. Die Entwicklung und die Einführung der Prototypen haben wir in Italien gestartet. Anschließend haben wir das System in Spanien und Portugal eingeführt – wegen der leichteren Sprachkommunikation. Jedes weitere Land bringt neue Voraussetzungen mit sich – folglich wächst das System kontinuierlich. Derzeit haben wir rund 230 Änderungsanfragen pro Monat.

▸ Vielen Dank für Ihre Teilnahme am Managementdialog. Ihre Ausführungen waren für uns von großem Wert.

Dr. Emanuele Gatti

Dr. Emanuele Gatti ist Vorstand für die Regionen Europa, Naher Osten, Afrika und Lateinamerika (EMEALA) und außerdem verantwortlich für die weltweite Strategieentwicklung sowie in den vergangenen 15 Jahren für Forschung und Entwicklung in EMEALA. Nach dem Abschluss seines Studiums als Ingenieur der Biomedizin lehrte er an mehreren biomedizinischen Einrichtungen in Mailand, und auch heute ist er intensiv in Forschungs- und Entwicklungsarbeiten eingebunden. Er ist Gastprofessor und Ehrensenator an der Donau-Universität in Krems, Österreich. Dr. Gatti ist seit 1989 für Fresenius Medical Care tätig und verantwortete das Dialysegeschäft in Südeuropa, bevor er 1997 in den Vorstand berufen wurde.

Fresenius Medical Care AG & Co. KGaA

Die Fresenius Medical Care AG & Co. KGaA ist der weltweit führende Anbieter von Produkten und Dienstleistungen für Menschen mit chronischem Nierenversagen, von denen sich weltweit mehr als 2,3 Mio. Patienten regelmäßig einer Dialysebehandlung unterziehen. Die Dialyse ist ein lebensnotwendiges Blutreinigungsverfahren, das die Funktion der Niere bei einem Nierenversagen ersatzweise übernimmt. In einem Netz aus 3.180 Dialysekliniken in Nordamerika, Europa, Lateinamerika, Asien und Afrika betreut Fresenius Medical Care über 260.000 Dialysepatienten. Fresenius Medical Care ist zudem der weltweit führende Anbieter von Dialyseprodukten wie Hämodialyse-Geräten, Dialysatoren und damit verbundenen Einwegprodukten. Weltweit werden mehr als 50 % der Patienten mit Produkten von Fresenius Medical Care versorgt. Fresenius Medical Care ist an der Börse Frankfurt (FME, FME3) und an der Börse New York (FMS, FMS/P) notiert.

Heiner Faust, Leiter Vertrieb und
Marketing BMW Motorrad weltweit,
im Gespräch mit Stephan Bille und
Prof. Dr. Hans H. Jung

„Wesentlicher Erfolgsfaktor für uns ist, Handel und Kunden zu begeistern."

Als Leiter Vertrieb und Marketing weltweit bei BMW Motorrad macht Heiner Faust im Managementdialog deutlich, dass man auf allen vier Ebenen – Vorausschau, Strategie, Prozesse und Systeme – berücksichtigen muss, welche Folgen die eigenen Aktivitäten für die Handelsorganisation und die Kunden haben. Eine enge Zusammenarbeit mit dem Handel ist für die langfristige Sicherung des Unternehmenserfolgs essentiell. Daneben ist die Entwicklung der Marke wesentlicher Erfolgsfaktor für den Vertrieb des Lifestyle-Produktes Motorrad. Einen künftigen Wachstumsmarkt für das Motorradgeschäft sieht Heiner Faust in der urbanen Mobilität. In diesem Zusammenhang betont er, dass er fest an die Zukunft des elektrischen Antriebsstrangs glaubt.

Zukunftsorientierte Unternehmensgestaltung

▸ Aus unserer Zusammenarbeit wissen wir, dass der Blick nach vorn, in die Zukunft, ein ganz wichtiger Motivator für Sie ist. Was verstehen Sie unter zukunftsorientierter Unternehmensgestaltung? Was ist dabei für Sie essentiell wichtig?

Zukunftsorientierte Unternehmensgestaltung heißt für mich, vorausschauend zu agieren, schon jetzt darüber nachzudenken, was in der Zukunft auf uns zukommen könnte. Dabei stellen wir uns immer die Fragen: Was sind unsere Wachstumsziele? Wie können wir diese Wachstumsziele erreichen? Können wir die Kunden erreichen? Sind wir im Vertrieb und Marketing so aufgestellt, dass wir dieses Volumen managen können? Ist unsere Handelsorganisation in der Lage, diese Wachstumsziele zu managen? Haben wir genügend Kapazitäten im Service? Ist die Marke gut genug positioniert? Sind unsere Prozesse richtig aufgestellt? Haben wir die passenden CRM-Prozesse? All diese Themen müssen wir ganz intensiv durchleuchten, um dann Verbesserungspotenzial zu finden und noch besser zu werden.

▸ Wenn man die Entwicklung von BMW Motorrad in den vergangenen Jahren betrachtet, ist das sehr gut gelungen.

Ja, unsere Entwicklung in den vergangenen zehn Jahren war fantastisch – sowohl die Produkt- als auch die Markenentwicklung und demzufolge auch die Entwicklung der Verkäufe. 2012 waren wir in 14 Ländern Marktführer. Wir haben in Deutschland im Bereich ab 500 ccm einen Marktanteil von 25%.

▶ Die Automobilbranche bekommt derzeit ja deutlich die Krise in Südeuropa zu spüren. Ist das auch ein Thema im Motorradgeschäft?

2012 war ein absolutes Rekordjahr für uns, obwohl die Rahmenbedingungen für das Motorradgeschäft nicht sehr förderlich waren – vor allem aufgrund der Krise in Südeuropa. Wir spüren den Gegenwind. Dennoch ist das Motorradgeschäft etwas anders als das Automobilgeschäft: Ein Motorrad – zumindest in unserem Segment – braucht man nicht. Das ist ein reines Luxus-, ein Lifestyle-Produkt. Wenn man es tatsächlich braucht, dann reicht ein kleines Motorrad. Das sehen wir sehr deutlich im Süden Europas: In diesen Märkten hat Honda mit einem sehr preisaggressiven Fahrzeug gute Absätze erzielt. Nichtsdestotrotz planen wir für die Zukunft auch in Südeuropa eine positive Entwicklung, da wir produktseitig so gut wie nie zuvor aufgestellt sind. Mit unseren zwei neuen Maxi-Scootern haben wir sehr gute Chancen, auch in Südeuropa zu wachsen. Generell haben wir produktseitig in den vergangenen zehn Jahren bewiesen, was wir alles können. Sie können sicher sein, dass wir hier in den nächsten drei oder vier Jahren noch für die eine oder andere Überraschung sorgen werden.

Ein BMW Motorrad ist ein Luxus-, ein Lifestyle-Produkt.

▶ Profitiert BMW Motorrad als Premiummarke von besonderen Märkten?

Wir haben im vergangenen Jahr sehr stark von den Märkten Brasilien und USA profitiert. Auch in ein paar kleineren Ländern, wie zum Beispiel die Schweiz und Belgien, waren wir sehr erfolgreich. Da sprechen wir natürlich von sehr kleinen Volumen. Deutschland ist jedoch nach wie vor mit Abstand unser wichtigster Markt.

Ein durchaus erwähnenswerter Trend ist auch, dass wir uns im Vergleich zum Vorjahr in allen asiatischen Ländern, in denen wir Tochtergesellschaften haben, verbessert haben. Das heißt, die Krise gibt es bei uns nur in Südeuropa. Dieses Problem kompensieren wir mit anderen Ländern.

Vorausschau

▶ Wenn wir fünf oder zehn Jahre vorausschauen – welche Rolle spielt das Motorrad Ihrer Meinung nach in der Zukunft?

Wenn wir aus strategischer Perspektive in die Zukunft schauen, dann reden wir nicht vom Motorrad, sondern von Einspur-Mobilität. Das ist ein großer Unterschied. In den südeuropäischen und den asiatischen Ländern wird das Motorrad ja nicht wie bei uns als Freizeit- und Lifestyle-Produkt, sondern als Pendler- und Kurzstreckenfahrzeug genutzt. Wenn wir dann den Verkehr in den Mega-Cities betrachten, dann wird schnell klar, dass sich die Entwicklung weiterer Fahrzeugkonzepte in diese Richtung bewegen wird. Darin scheint sich auch die Automotive-Branche einig zu sein: Renault, Mercedes, Opel – alle stellen derzeit Produkte vor, die sich als Stadtfahrzeug eignen. Audi hat Ducati gekauft – vermutlich, um die Kompetenz für „Hightech auf kleinstem Raum" ins Unternehmen zu holen. Diesen USP haben solche Motorenhersteller. Ich glaube, die Einspur-Mobilität hat eine sehr große Zukunft. Wachstum wird es da vor allem im Bereich intelligente, urbane Mobilität geben.

Einspur-Mobilität hat vor allem im Bereich intelligente, urbane Mobilität eine große Zukunft.

Dabei dürfen wir unser Kernsegment – das Motorrad als Freizeitprodukt – jedoch nicht außer Acht lassen. Auch wenn das Geschäft im klassischen Freizeitmarkt in Europa schrumpft, gibt es genügend Märkte, in denen das Motorrad als Lifestyle-Produkt nach wie vor Wachstumsraten verzeichnen kann. Beispielsweise bieten Brasilien, Asien und insbesondere Südostasien enorm viel Potenzial. Denn hier spielt das Thema Status eine wichtige Rolle. Während wir 2004/2005 140 Motorräder in Korea verkauft haben, sind es mittlerweile mehr als 1.000 pro Jahr – weil sich hier die Gesellschaft verändert. Das ist derzeit in diesen südostasiatischen Märkten und in Südamerika der Fall. Hier geht es beim Motorradkauf um Prestige, Spaß und Hobby.

▶ Spielen alternative Antriebe, wie Elektromobilität, für das Motorrad eine Rolle?

Ja, wir werden nächstes Jahr mit dem ersten Elektroroller auf den Markt kommen. Den haben wir im vergangenen Jahr vorgestellt: ein schönes und sehr agiles Produkt.

▶ Gibt es weitere Trends, die den Markt in Zukunft beeinflussen?

In Europa gibt es derzeit einen für uns eher unangenehmen Trend: die Führerscheindiskussion in der EU. Die macht uns das Leben nicht gerade einfach. Piaggio hat hier eine intelligente Lösung gefunden, um dieses Problem zu umgehen: Ein Modell ist auch mit einem breiteren Radstand verfügbar, sodass man es auch mit einem Pkw-Führerschein fahren darf. Gerade in den Ballungsgebieten Paris und Rom wird dieses Modell sehr gut verkauft. Das zeigt: Hier können sich über neue Konzepte auch neue Potenziale ergeben.

▶ Technologie hilft ja auch immer, Trends auszulösen. Die Fahrzeuge werden intelligenter – auch die Einspur-Fahrzeuge. Ist das ein Trendführer für die Marke?

Definitiv. Der Pkw macht es uns vor – Beispiel Connected Drive. Sicherheit ist für uns ein ganz großes Thema – und auch das setzt Trends. BMW war die erste Motorradmarke, die ABS eingeführt hat. Heute gibt es nur noch BMW Motorräder mit ABS. Solche Trends tragen sicherlich auch zu einem positiven Markenimage bei.

Strategie

▶ Wie bringen Sie diese Bilder von der Zukunft in Ihre Organisation?

Das geschieht durch Kommunikation, ganz klassische Kommunikation. Die Leute abholen und mitarbeiten lassen ist ganz wesentlich für den Erfolg eines Unternehmens. Wir haben beispielsweise unsere Strategie nicht allein hier in München in der Zentrale erarbeitet, sondern in einem Workshop mit allen Führungskräften vom BMW Motorrad-Vertrieb grundsätzliche Diskussionen geführt, die dann in die Erarbeitung eingegangen sind. Mit unserer Strategy-Map waren wir dann auf einem großen Workshop in Bangkok, um dort unsere Tochtergesellschaften in Asien einzubeziehen: Es ging darum, unsere Ansicht von der Zukunft zu vermitteln und gleichzeitig die lokalen Prioritäten zu erfahren. Das haben wir dann mit neun weiteren Märkten wiederholt. So bringen wir ein einheitliches Bild von der Zukunft in die gesamte Organisation – durch Kommunikation. Das ist ein ganz wesentlicher Punkt bei der Umsetzung einer Strategie. Erst wenn das gelingt, können konkrete Ziele ausgearbeitet und dann Schritt für Schritt über Maßnahmen in die Märkte eingeführt werden.

▶ Welche Erfolgsfaktoren sehen Sie bei der Umsetzung einer Strategie?

Den Erfolg messen wir immer anhand verkaufter Stückzahlen, erlöster Deckungsbeiträge, Gewinne sowie Kunden- und Händlerzufriedenheit. Deshalb ist ein wichtiger Erfolgsfaktor auf dem Weg dahin, wenn es uns gelingt, den Handel zu begeistern und mit auf die Reise zu nehmen. Der Handel ist nach wie vor das Front-End zum Kunden – und wird es meiner Ansicht nach auch bleiben. Es gibt in unserer Branche schon den einen oder anderen Visionär in den USA, der Motorräder über das Internet vertreibt. Aber ich denke, es dauert noch eine Weile, bis das flächendeckend genutzt wird. Für mich als Vertriebsmann ist der wichtigste Erfolgsfaktor, sicherzustellen, dass wir eine profitable Händlerschaft haben. Wenn wir das schaffen, haben wir alles richtig gemacht. Es ist essentiell für unser Geschäft, dass der Handel spürt, dass wir keine Gegner sind, sondern zusammenarbeiten und gemeinsam vorankommen wollen. Der Handel repräsentiert die Marke BMW Motorrad – und das gelingt nur, wenn wir ihm Wertschätzung entgegenbringen und er zufrieden ist.

Strategie

▶ Wenn Sie so ein neues Produkt, wie das Elektrofahrzeug, auf den Markt bringen – ist der nachhaltige Erfolg dann auch davon abhängig, die Händlerschaft zu überzeugen?

Nein, so ein Elektroroller hat natürlich auch andere Erfolgsfaktoren. Damit wollen wir auch Image gewinnen. Wenn wir einen Elektroroller einführen, geht es um einen ersten Schritt in die Zukunft. Ich glaube daran, dass die Elektrifizierung kommen wird.

Ich glaube daran , dass die Elektrifizierung kommen wird.

▶ Bei der Umsetzung einer Strategie kommt man irgendwann an den Punkt, wo man sich die Frage stellt „Sind wir noch auf dem richtigen Weg?" Berücksichtigen Sie auch Themen wie Umsetzungs- und Strategiecontrolling?

Ja, definitiv. Die Strategie, die wir jetzt entwickelt haben, muss konsequent und nachhaltig umgesetzt werden – und das geht nur über ein Umsetzungscontrolling. Das liegt auch in meiner Verantwortung. Wir müssen durch Controlling eine konsequente Umsetzung sicherstellen. Auch da wird es Themen geben, die wir anpassen müssen. Manche Themen, die bei uns funktionieren, funktionieren in Japan oder Korea eben nicht. Das wird man im Laufe der Zeit lernen, und dann gibt es dort Adaptionen. Aber den grundsätzlichen Weg unserer Strategie werden wir so konsequent umsetzen.

▶ Die Marke BMW Motorrad steht ja nicht nur für innovative Produkte, sie gestaltet ja auch das Erlebnis für den Kunden an vielen Stellen neu. Gibt es da Dinge, die Sie besonders vorantreiben wollen?

Ja, klar. Das Motorrad – ich hab es vorhin schon erwähnt – ist ein Produkt für den Bereich Hobby und Lifestyle. Deshalb müssen wir natürlich sicherstellen, dass unsere Kunden möglichst viele Plattformen haben, um dieses Produkt auch zu erleben. Wir bieten da sehr viel an: Wir haben Kunden-Events auf der ganzen Welt: die Biker Days in Garmisch mit jährlich 30.000 Besuchern, das Test-Camp im spanischen Almeria usw. Weltweit bieten wir unseren Kunden verschiedene Möglichkeiten, ihr BMW Motorrad auch zu nutzen. Unser Ziel ist, das noch weiter auszubauen.

Beim Motorrad geht es fast immer um Lifestyle. Wenn ich zu Hause die Garage aufmache und meine HP2 sehe – ich brauche sie gar nicht zu fahren –, freue ich mich und denke: „Wow, was für ein schönes Motorrad!" Das ist ein wesentlicher Unterschied zu vielen anderen Produkten. Ich brauche es nicht, aber es ist schön, es zu haben. In unserem Kernsegment wird sich das auch noch verstärken. Deshalb legen wir großen Wert darauf, die Marke BMW Motorrad zu gestalten. Wir haben eine der besten Marken, die es auf dieser Welt gibt. BMW ist bei fast jeder Markenbewertung immer unter den Top-Marken dieser Welt.

Wir müssen sicherstellen, dass unsere Kunden möglichst viele Plattformen haben, um ihr Motorrad auch zu erleben.

▶ Das stimmt. BMW ist etwas ganz Besonderes in diesem Markt und hat in den vergangenen Jahren auch eine Menge getan, um das zu unterstreichen. Ich denke, es gibt keinen Wettbewerber, der ähnlich aufgestellt ist: Ducati und Harley Davidson bedienen mit ihren Produkten eher Nischen. Die Japaner sind Allrounder und bieten alles an – aber BMW hat noch die Marke dazu.

Ja, das ist unser großes Asset. Das versuchen wir auch immer, dem Handel nahezubringen. Er hat den Schatz dieser Marke in der Hand. Der Handel ist die Schnittstelle zwischen den Kunden und uns. Der Kunde sieht den Handel, und der Handel repräsentiert BMW Motorrad. Dementsprechend muss er auch dieses Feuer haben und die Marke so repräsentieren. Da legen wir ganz großen Wert drauf, dass das in Zukunft noch stärker der Fall ist.

Prozesse

▶ Ihre Händlerorganisation ist weltweit verteilt – berücksichtigen Sie da neben Standards für Marke und Prozesse auch individuelle Anforderungen?

Ja, wir müssen auf unsere Händler individuell eingehen – in einem von uns festgelegten Rahmen. Unsere Händler repräsentieren BMW Motorrad – mit unserem Logo, unserer Corporate Identity usw. Das sind Beispiele für Rahmenbedingungen. Zudem gibt es Brand Behaviour Guidelines, also eine ganz klare Vorgabe von uns, wie die Händler sich verhalten sollten. Das geht natürlich nur über Training. Wir bieten den Händlern solche Brand Behaviour Trainings an, damit sie ein Gefühl dafür bekommen, was die Marke BMW Motorrad ausmacht. Um nur ein Beispiel zu geben: BMW Motorradhändler sollten keine Krawatte tragen. Wir sind ein Freizeitprodukt, ein Lifestyle-Produkt. Da trägt man keine Krawatte. Das ist einfach Teil unserer Kultur – und das müssen wir auch leben.

▶ Und Sie müssen es vorleben – von oben nach unten.

Genau. Wir müssen es vorleben, denn es ist eine Frage des Vertrauens.

▶ Bei der engen Zusammenarbeit mit dem Handel gibt es sicher auch einen Feedback-Prozess aus dem Markt. Kann ein Bedarf an einem neuen Produkt auch mal aus dem Markt kommen?

Der kann auch aus dem Markt kommen. Wir sind im ständigen Austausch mit den Händlern, aber auch direkt mit den Kunden in unseren Trainingsakademien. Diese Rückkopplungsprozesse sind für uns sehr wichtig. Wir haben weltweit ausgebildete Instruktoren, die uns regelmäßig Rückkopplung geben und daneben natürlich Produktexperten, die dann überlegen, wie ein neues Produkt aussehen könnte oder welche Features es braucht. Für diese Arbeit schließen wir uns ja nicht ein, sondern berücksichtigen das Feedback aus den Märkten.

In der Produktentwicklung berücksichtigen wir das Feedback aus den Märkten.

▶ Sie haben positive und negative Trends angesprochen und auch unterschiedliche Charakteristika der Märkte. Das zeigt: Der Weg in die Zukunft ist nie ganz eindeutig. Wie bereitet man eine Organisation darauf vor? Wie stellt man sicher, dass auf der Prozessebene diese Optionen berücksichtigt werden und kurzfristige Richtungsänderungen möglich sind?

Die Zukunft ist immer schwierig vorauszusagen, und deshalb müssen wir uns natürlich als Organisation flexibel aufstellen, um dann entsprechend kurzfristig reagieren zu können. Je größer ein Unternehmen wird, desto schwieriger ist es natürlich, schnelle Richtungsänderungen herbeizuführen – gerade bei Hightech-Produkten mit langen Entwicklungszyklen. Aber ich denke, wir als BMW Motorrad sind so flexibel, dass wir sehr schnell reagieren können. Wenn wir ganz kurzfristig auf Krisenmodus umschalten müssen, was 2008 der Fall war, haben wir hier unheimlich gute flexible Prozesse, in die Produktion einzugreifen. Da wir den Hauptabsatzmarkt Europa vor der Tür haben, sind wir auch nicht wie die Japaner gezwungen, viele Fahrzeuge vorzuproduzieren und sie dann mit dem Schiff in die Welt zu schicken. Da können wir wesentlich flexibler reagieren. Aber unsere Strukturen sind auch so ausgelegt – genauso wie unsere Mitarbeiter.

Wir haben extrem flexible Mitarbeiter bei BMW Motorrad. Wir haben alle einen sehr starken Bezug zum Motorradfahren. Das Motorrad liegt unseren Mitarbeitern am Herzen, deshalb sind sie alle sehr engagiert, und man kann viel schneller reagieren und kurzfristig Änderungen durchbringen. Flexibilität wird bei uns ganz groß geschrieben, um auf künftige Trends reagieren zu können.

Mit flexiblen Prozessen können wir auch bei kurzfristigen Richtungsänderungen in die Produktion eingreifen.

▶ Ergibt sich aus dem Strategieprojekt, das Sie derzeit durchführen, dann auch ein Prozessprojekt, in dem Sie konkret Prozesse und Verantwortliche definieren?

Zurzeit ist es noch ein Strategieprojekt. Wir haben Potenzialinitiativen identifiziert und leiten daraus Maßnahmen ab, um für unsere Wachstumsziele optimal aufgestellt zu sein. In dieser Phase wird sich zeigen, ob wir schon in die Prozesse einsteigen müssen. Das wird bei den verschiedenen Initiativen, die wir identifiziert haben, unterschiedlich sein. Bei einer dieser Initiativen geht es um das Thema Customer Relationship Management (CRM) – da wird es definitiv um Prozesse und IT gehen. Es gibt aber auch das Thema Markenentwicklung. Natürlich ist auch da immer ein Prozess hinterlegt, dennoch hat das in erster Linie mit Kreativität zu tun.

Systeme

▶ Sie haben mit dem Thema CRM bereits die IT-Systemebene angesprochen. Welche Erwartungen haben Sie an ein CRM-System bzw. an die Einführung eines CRM-Systems?

Meine Erwartung an das CRM-System ist, dass der Kunde qualitativ hochwertig angesprochen und nicht mit Informationen überfrachtet wird. Diese Basics funktionieren, wenn ich den Handel davon überzeuge, dass das CRM ein Werkzeug ist, mit dem er mehr Motorräder verkaufen kann. Wir sind diejenigen, die das System aufbauen und den Händler vom Sinn des Systems überzeugen müssen. Es ist nur dann sinnvoll, wenn es einfach zu bedienen ist, wenn die Informationen ordentlich fließen und es einen ständigen Austausch ermöglicht, ohne zu überfrachten. Das ist eine große Herausforderung.

Ein CRM-System ist nur dann sinnvoll, wenn es einfach zu bedienen ist und einen ständigen Austausch ermöglicht, ohne zu überfrachten.

Die Praxis sieht oft anders aus – egal in welcher Branche. Da werden die Leads von irgendwelchen Zentralen aus an den Handelsbetrieb weitergeleitet. Dieser ruft dann den vorgegebenen Kontakt an, der am Ende nicht mal einen Führerschein hat – was einen Motorradhändler nicht weiterbringt. Oder die E-Mail-Adresse stimmt nicht, die Telefonnummer stimmt nicht. Das macht ein Händler fünf Mal mit, aber dann hat er keine Lust und auch keine Zeit mehr dafür. Solche Fehler im CRM-System sind daher unbedingt zu vermeiden.

▶ Mit „Let's ride together" – LERITO, einer Plattform, auf der sich Motorradfahrer über die Marken austauschen können – ist unter Ihrer Verantwortung eines der erfolgreichsten Konzepte der vergangenen Jahre eingeführt worden. Was war dabei die größte Herausforderung?

Auch hier war es wieder das gleiche Thema: den Handel davon zu überzeugen. Der Handel ist immer das Nadelöhr. Das Produkt auf die Beine zu stellen, zu programmieren, die richtigen Partner zu finden – das ist nicht das große Problem. Bei solchen Projekten ist erstens die Idee wichtig und zweitens die Umsetzung im Handel. Wenn man das schafft, dann funktioniert es. Wenn der Handel merkt, dass er dadurch mehr Traffic im Showroom bekommt, dann macht er mit. Unser Geschäft ist keine komplizierte Wissenschaft. Vertrieb und Marketing ist – ich will nicht sagen banal – aber es hat viel mit gesundem Menschenverstand zu tun.

▶ Wir bedanken uns sehr für das interessante Gespräch, Herr Faust.

Heiner Faust
Seit dem 1. April 2012 ist Heiner Faust Leiter Vertrieb und Marketing BMW Motorrad weltweit. Heiner Faust trat 1997 in die BMW Group ein und war in verschiedenen Vertriebs- und Marketingfunktionen tätig. Unter anderem leitete er den Motorradvertrieb an Direktabnehmer, das Gebrauchtmotorradgeschäft, BMW Motorrad Korea sowie BMW Motorrad Japan. 2008 kam er aus Japan zurück und übernahm die Leitung von BMW Motorrad Deutschland.

BMW Motorrad
BMW Motorrad baut faszinierende, dynamische Motorräder für jeden Einsatzbereich. Ob es bis ans Ende der Welt oder zum Training auf die Rennstrecke gehen soll, ob exklusiver Luxustourer oder cooles Urban Bike: Hier findet jeder Motorradfahrer das Richtige. Aber zum perfekten Fahrspaß gehört mehr: Deshalb bietet BMW Motorrad von hochfunktioneller, modischer Fahrerausstattung bis zu hochwertigen Urlaubs- und Trainingsangeboten überall auf der Welt ein umfassendes Programm, das weit über Motorräder hinausgeht.

Cord Friedrich Stähler, CTO bei
Siemens Healthcare, im Gespräch mit
Tomas Pfänder

„Wir müssen Unternehmensgestaltung auch als Gestaltung von Geschäftsmodellen verstehen."

Ein zentrales Anliegen von Cord Friedrich Stähler ist, Innovationen über eine marktorientierte Herangehensweise – und nicht ausschließlich technologieorientiert – zu entwickeln; denn für den Erfolg von Innovationen ist der Zeitpunkt der Markteinführung sehr entscheidend. Die größte Herausforderung im Zusammenhang mit zukunftsorientierter Unternehmensgestaltung ist für ihn, Vorausschau-Erkenntnisse und das bestehende Geschäft zu verbinden und daraus sinnvolle Geschäftsmodelle zu entwickeln. Daneben betont Stähler, dass die Größe eines Konzerns in schnelllebigen Märkten hinderlich sein kann – hier kommt es auf das richtige Organisationsprinzip an. Als eine Besonderheit des Gesundheitsmarktes stellt er heraus, dass dieser aufgrund des Sicherheitsbedürfnisses der Patienten immer reguliert und somit auch vergleichsweise langsam bleiben wird.

Zukunftsorientierte Unternehmensgestaltung

▶ Was bedeutet zukunftsorientierte Unternehmensgestaltung für Sie?

Ich denke, die Worte „zukunftsorientiert" und „Gestaltung" hängen zwingend zusammen. Das Wort Gestaltung impliziert ja bereits eine Aktivität, mit der die Zukunft verändert wird. Ich glaube aber, es gibt viele erfolgreiche Unternehmen, die nicht bewusst auf zukunftsorientierte Gestaltung setzen. Oft wird gar nicht reflektiert, warum man erfolgreich ist. Die Situation ist einfach eingetreten. Daneben gibt es jedoch auch Unternehmer, die sehr bewusst darüber nachdenken, wie sie aktiv die Zukunft gestalten können. Ich denke, Steve Jobs ist hier ein gutes und oft zitiertes Beispiel: Im zweiten Anlauf hat er aus seinen negativen Erfahrungen gelernt und sich gefragt, was wirklich Resonanz im Markt haben könnte, wie er Abnehmer finden kann. Er hat seine Innovationen diszipliniert auf den Markt „gemappt". Den richtigen Zeitpunkt abzupassen ist dabei ganz entscheidend. Er hat „gestaltet" – mit einem beeindruckenden Erfolg. Das ist für mich ein Sinnbild dafür, wie zukunftsorientierte Unternehmensgestaltung aussehen kann. Das heißt aber nicht, dass dies der einzig richtige Weg ist.

Den richtigen Zeitpunkt abzupassen ist für Innovationen ganz entscheidend.

Zukunftsorientierte Unternehmensgestaltung

▶ Ich habe in Ihrem Lebenslauf gelesen, dass Sie ursprünglich aus der Start-up-Szene kommen. Unterscheidet sich zukunftsorientierte Gestaltung dort von der im Konzern?

Das Thema treibt natürlich beide um. Bei einem Start-up plant man immer etwas in die Zukunft, ohne dass es heute bereits eine geschäftliche Realität dazu gibt. Dabei vom heutigen Markt auszugehen und diesen z. B. mit einer neuen Technologie bereichern zu wollen, erweist sich oft als eine Falle. Denn bevor die Technologie wirklich ausgereift ist, hat sich der Markt meist schon verändert und weiterentwickelt. Es ist sehr schwer, die Marktrealität fünf Jahre vorauszusehen. Die Frage, ob ein Konzernumfeld einem hier andere, systematische Gestaltungsmöglichkeiten bietet, hat auch mich gereizt. Jetzt, wo ich für das Portfolio und die Gestaltung bei Siemens mitverantwortlich bin, erkenne ich, dass unsere sehr erfolgreichen Geschäfte unsere weniger erfolgreichen kompensieren. Wichtig ist, dass der Mix erfolgreich ist. Die einzelnen Geschäfte bzw. Produkte waren zunächst auch nur eine Idee. Es ist also nichts anderes als ein Start-up in einem großen Konzern: Man überlegt sich, wie die Zukunft aussehen könnte und welche Opportunitäten man nutzt. Man wählt also zwischen verschiedenen Handlungsmöglichkeiten aus. Zu viele Ausfälle in diesem Zusammenhang kosten Kraft, Geld und Fokussierung. Wenn man den entscheidenden Trend verpasst hat, kann die jeweilige Unternehmung sehr schnell scheitern – denn kein Geschäft trägt für immer. Es gibt meiner Meinung nach weder in einem großen Konzern noch in einem Start-up-Unternehmen ein Patentrezept für langfristigen Erfolg.

▶ Was ist im Zusammenhang mit zukunftsorientierter Unternehmensgestaltung das Besondere im Gesundheitsmarkt?

In der Realität ist es ein „Reimbursement"-System. Wir leben in einer Art Planwirtschaft. Das muss man akzeptieren. Das System an sich ist zum Teil sehr brutal: Beispielsweise ist das, was laut einer Studie am besten mit der Verbaurate von Herzschrittmachern korreliert, die wirtschaftliche Situation des Krankenhauses gewesen, in dem der Eingriff vorgenommen werden sollte. Es gibt Fälle, bei denen unter keinen Umständen operiert werden sollte; und Fälle, bei denen es absolut notwendig ist. Bei allen anderen hängt die Entscheidung auch davon ab, ob das Krankenhaus einen Platz im OP frei hat. Das Gegenteil tritt ein, wenn das Krankenhaus bereits ausgelastet ist, weil der Arzt zum Beispiel eine Koryphäe auf diesem Gebiet ist: Dann werden Sie nur operiert, wenn es unbedingt notwendig ist.

Was am besten mit der Verbaurate von Herzschrittmachern korrelierte, war die wirtschaftliche Situation des Krankenhauses.

Eine weitere Besonderheit in unserer Branche ist, dass es immer eine gewisse Langsamkeit des Systems gibt. Damit müssen wir uns abfinden. Wir haben als Patienten ein Sicherheitsbedürfnis und wollen z. B. nicht, dass jeder Tabletten pressen darf. Deshalb brauchen wir Instanzen, wie die „Food and Drug Administration" und die europäische Zulassungsbehörde. Wir können das Risiko einzeln nicht tragen. Das Versicherungsprinzip wird also grundsätzlich bleiben. Das verlangsamt natürlich das gesamte System. Das wird sich auch in Zukunft nicht ändern, weil das System mit der Zunahme des Wissens eher noch komplexer wird.

Ich kann mir auch nicht vorstellen, dass es in absehbarer Zeit große Eingriffe in die nationalen Systeme geben wird. Man will in Dänemark auf Dänisch behandelt werden, deshalb muss man auch dänische Guidelines schreiben. Ich glaube nicht, dass es in Zukunft einen globalen Gesundheitsmarkt geben wird. Aber es kann den „globalen Patienten" geben. Das ist interessant: Wie Medizin praktiziert wird, ist global gesehen sehr ähnlich. Damit meine ich die Art und Weise, wie dem Patienten am besten geholfen wird. Im Gegensatz dazu ist die Bezahlung dieser Leistung national geprägt und von Land zu Land unterschiedlich.

▶ Das liegt daran, dass dies eine sehr zentrale gesellschaftliche Aufgabe ist, die sich die einzelnen Länder auch nicht aus der Hand nehmen lassen. Es sei denn, es gibt tatsächlich ein Geschäftsmodell, das die Gesunderhaltung vergüten kann. Der Aufbau eines solchen Systems wäre jedoch Nobelpreis-würdig.

Ja, das ist wirklich schwierig – und auch nicht absehbar. Denn durch den medizinischen Fortschritt steigt die Komplexität immer weiter. Deshalb ist es auch wichtig, dafür zu sorgen, den medizinischen Erkenntnisfortschritt schneller zur Routine zu bringen. Angesichts des komplexen Systems ist das eine große Herausforderung.

Aufgrund des Sicherheitsbedürfnisses der Menschen und der Trennung zwischen Bezahler, Empfänger und Ausführendem wird der Markt weiterhin reguliert und damit auch immer etwas langsam bleiben. Das kommt uns – als innovationslastiges, aber stark durchorganisiertes Unternehmen – natürlich zugute.

> **Es ist wichtig, dafür zu sorgen, den medizinischen Erkenntnisfortschritt schneller zur Routine zu bringen.**

▸ Sie haben gesagt, dass die Art und Weise, wie „Medizin praktiziert" wird, weltweit sehr ähnlich ist. Der medizinische Fortschritt findet doch aber immer noch in den USA und vielleicht sogar in Deutschland statt, oder? Welche Nationen treiben Ihrer Ansicht nach die Spitzenmedizin nach vorn?

Ich sehe Deutschland und die USA schon auf der Liste der Nationen, die hier führend sind. In beiden Ländern werden Ärzte gut ausgebildet. Zudem funktioniert die Finanzierung hier insofern, als innovative Eingriffe auch Routine werden können.

Vorausschau

▸ Versuchen Sie, die Zukunft systematisch vorauszudenken – z. B. mit der Szenario-Technik?

Ja, ich war bereits in verschiedene Vorausschauprojekte involviert, in denen wir die Szenario-Technik genutzt haben. Es ist absolut richtig, solche Methoden einzusetzen und sich so zu zwingen, einen Entwurf der Zukunft zu machen. Bei Siemens haben wir das in sehr vielen Bereichen bereits getan.

Aber die Krux liegt hier im Detail: Nachdem man sich richtigerweise Gedanken über die Zukunft gemacht hat, gilt es, daraus eine konkrete Handlungsstrategie abzuleiten. Das ist oftmals der Punkt, an dem es scheitert. Die Herausforderung ist, die Brücke zwischen den erarbeiteten Zukunftsbildern und dem Bestandsgeschäft zu bauen. Nur wenn es gelingt, diese beiden Elemente zusammenzuführen, kann man auf der Basis von Vorausschau auch Erfolg erzeugen.

Die Herausforderung ist, die Brücke zwischen den erarbeiteten Zukunftsbildern und dem Bestandsgeschäft zu bauen.

Ansonsten sind die Projekte zum Scheitern verurteilt. Wichtig ist dann, dass dies schnell erkannt wird; sonst investiert man immer weiter – ohne letztendlich Erfolg zu generieren. Ich habe als CTO schon einige Projekte mit beendet, die zwar aus einer sinnvollen Zukunftsvision entstanden sind, aber als konkrete Projekte nicht mehr sinnvoll waren. Hier war man bei der Umsetzung von der Technologie begeistert, hatte aber nicht verstanden, dass damit kein erfolgreiches Geschäft verbunden sein wird. Der Teufel steckt dann im Detail.

▶ Wenn man sich über zukünftige Technologien und Märkte Gedanken macht, kann es sinnvoll sein, den Vertrieb in diesen Prozess von Anfang an mit einzubeziehen. Das wird häufig sehr kontrovers diskutiert. Wie sehen Sie die Rolle des Vertriebs im Innovationsprozess bzw. in den frühen Phasen des Entwicklungsprozesses?

Ich finde es sehr wichtig, die Erkenntnis, wo sich der Markt gerade befindet, vom Vertrieb einzuholen und in den Prozess einzubringen. Meiner Erfahrung nach ist es aber auch nicht hilfreich, den Vertrieb mit diesen Themen zu überladen – das kann zu einer großen Verunsicherung führen.

Zudem gilt: Wenn man im nächsten Jahr ein besseres Produkt hat, sinkt die Wahrscheinlichkeit, dass das vorhandene Produkt verkauft wird. Das ist ein weiterer Grund, der dagegen spricht, den Vertrieb zu eng in den Innovationsprozess zu integrieren.

Wenn man die Kunden heute befragt, erfährt man nicht, was morgen im Markt Resonanz findet. Stattdessen bekommt man ein Bild davon, was man in der Kontinuität des jetzigen Tuns machen muss, um noch erfolgreicher zu sein. Ich glaube, das ist ein Punkt, den wir sehr gut beherrschen. Uns gelingt es, das Kunden-Feedback aufzugreifen und in unsere Produktlinien zu integrieren. Wir sind gut darin, mit unseren bestehenden Kunden den nächsten Schritt zu gehen. Da unterlaufen uns keine systemischen Fehler. Es ist sogar so, dass der Aufwand, den wir in R&D und Service betreiben, im Vergleich zu dem, was wir dadurch einnehmen, relativ groß ist. Das werfen uns zumindest die Analysten vor. Mit ein bisschen weniger Aufwand wäre der Profit größer – was wiederum unsere Aktionäre honorieren würden.

Strategie

▶ Ihre Position, CTO, verbindet man gedanklich oft stärker mit Technology Push. Ich höre bei Ihnen aber eine starke Tendenz zu Market Pull heraus. Es geht also nicht vorrangig darum, das technisch Machbare erst einmal umzusetzen, sondern tatsächlich auch einen Markt für entsprechende Innovationen zu finden. Gibt es dafür einen strukturierten Prozess bei Siemens?

Es gibt bei uns inzwischen schon die Erkenntnis, dass diese Herangehensweise über den Markt und nicht vorrangig über Technologie sinnvoll ist. Meine Position wird zwar Chief Technology Officer genannt – intern ist sie aber schon mit dem Thema Innovation besetzt. Innovation ist Technologie erst, wenn sie beim Kunden ankommt. Der Konzern ist seit langer Zeit im „Technologie-erschaffen" erfolgreich – und oft hat man erst danach überlegt, was man mit der Technologie tun kann. Ich kämpfe sehr dafür, das marktgetriebene Vorgehen noch stärker im Unternehmen zu verankern.

Ich kämpfe sehr dafür, das marktgetriebene Vorgehen noch stärker im Unternehmen zu verankern.

Bei der Frage, wie wir das systemisch umsetzen und als Element in der Organisation verankern, stehen wir noch relativ am Anfang. Das ist ein langer Weg, den wir als Unternehmen hier gehen müssen. Ziel ist, die Märkte zu gestalten.

Ich treffe mich regelmäßig mit unseren Entwicklungsleitern, um bestimmte Fragen zu besprechen: Wo steht unser Wettbewerber? Wo müssen wir aktiv werden? Daneben analysieren wir mögliche Gefahren: Kann ein Konkurrent uns mit einer Technologie überholen? Können sich andere Produkte, die wir heute nicht im Portfolio haben, von außen in unsere Märkte hinein entwickeln? Unser Vorgehen reicht dabei vom Desk Research bis zum Experiment. Darüber hinaus arbeiten wir mit Universitäten zusammen und probieren diese Dinge aus, um zu überprüfen, ob man diese Technologie in unser Geschäft reintreiben kann.

Ähnliches machen wir aber auch auf der Geschäftsseite: Wir versuchen herauszufinden, ob man mit anderen Stakeholdern im Markt, wie z. B. Pharmaunternehmen, ins Geschäft kommen kann. Wir beobachten, wie sich diese Stakeholder entwickeln. Wenn sich das Pharmageschäftsmodell mit einem riesigen Marktvolumen verändert, dann hat das natürlich auch Konsequenzen für uns.

▶ Öffnen Sie auch Ihren Innovationsprozess nach außen, um so das Potenzial zu vergrößern?

Bei uns gilt nicht „Open Innovation", sondern erst einmal „Open Invention". Wir haben sehr viele gute Leute dafür. Aber unser Management hat auch keine Berührungsängste mit externen „Inventions". Wir akquirieren regelmäßig Firmen.

Akquisition von Technologien in einem überschaubaren Rahmen gehört hier zum Tagesgeschäft. Das läuft auch nicht immer fehlerfrei – aber insgesamt ist es ziemlich effizient. Es ist ein permanenter, sehr erfolgreich strukturierter Prozess.

Aber mit uns gemeinsam zu arbeiten ist nicht einfach – angesichts knapp 400.000 Mitarbeitern und unzähliger Schnittstellen und Prozesse. Wenn wir versuchen, mit einem anderen Konzern, z. B. einem Pharmaunternehmen, zusammenzuarbeiten, ist das ebenfalls eine Herausforderung. Denn andere Konzerne sind meist genauso durchstrukturiert wie wir. Es ist ein scheinbar endloser Prozess. Ich kann also nachvollziehen, dass kleine Unternehmen mit uns „wahnsinnig" werden. Das ist das Problem mit der schieren Größe und Komplexität.

- Insbesondere die Corporate-Themen machen diesen Prozess noch formalistischer und entsprechend schwieriger.

Ja, absolut. Aber es gibt eben auch Beispiele, wo es komplexen Unternehmen gelingt, in sich schnell wandelnden Märkten führend zu sein: So ist beispielsweise Samsung mit 280.000 Mitarbeitern Marktführer bei Tablet-PCs, Mobile Phones und Fernsehern. Größe allein kann also nicht das Problem sein. Es geht auch um das Organisationsprinzip.

- Hier spielt meiner Meinung nach auch die jeweilige Kultur eine große Rolle, insbesondere die Frage, wie stark Individualität in der Kultur verankert ist. Ich glaube, dass asiatische Organisationen aufgrund der in den Menschen stärker ausgeprägten Gruppenidentifikation hier einen Vorteil haben. Das wird zwar kompensiert durch das, was wir deutsche Ingenieurskunst nennen. Aber der Geschwindigkeit bei komplexen Vorhaben ist diese Individualität natürlich auch abträglich.

Ja. Ich glaube, eine klare Stärke von Siemens ist, große, komplexe Geschäfte – z. B. im Gesundheitsmarkt – zu bedienen und diese auszubauen. Schwächer sind wir hingegen in sich schnell wandelnden Geschäften. Wir können, wie bereits erwähnt, systematisch vorausschauen – kämpfen jedoch damit, aus diesen Erkenntnissen ein Geschäft zu entwickeln. Das ist nicht nur im Bereich Healthcare so. Aber beim Ausbau bestehender Geschäfte – vor allem über Innovationen – sind wir führend. Wir überinvestieren hier sogar manchmal ein bisschen. Unsere Konkurrenten investieren an dieser Stelle weniger, haben aber auch keine bessere Gesamtprofitabilität, weil sie beispielsweise mehr für Marketing ausgeben. Man kann eben über den BMW-Weg und über den Chrysler-Weg Geld verdienen. Man sollte nur nicht glauben, man könne das trivial kombinieren. Wir sind in der Medizintechnik ein Audi, ein BMW, ein Mercedes – deutsch geprägt: Immer ein bisschen perfekter als notwendig. Aber wir schaffen eine gute Marge damit. Für die Erschließung neuer Felder ist das oft ungeeignet. Das geht jedoch nicht nur uns so.

Man kann über den BMW-Weg und über den Chrysler-Weg Geld verdienen. Man sollte nur nicht glauben, man könne das trivial kombinieren.

▶ Das nehmen wir aber auch in anderen Konzernen wahr. Eine mögliche Herangehensweise ist die „strategische R&D-Steuerung". Das heißt, dass man bereits in einer frühen Phase der Steuerung des Innovationsprozesses die Erfolgsfaktoren für Geschäftsmodelle stärker beleuchtet. Das hat sich noch nicht in den Organisationen dieser Welt etabliert. Denn der Ansatz, in Geschäftsmodellen zu denken, kommt aus dem Internet-Business und erreicht gerade die gesamte Industrie. Es gilt also, auf die entscheidenden Erfolgsfaktoren für das Geschäftsmodell und nicht für die Technologien und Märkte zu achten.

Das ist der Dreh- und Angelpunkt, sozusagen die nächste Evolutionsstufe, die wir machen müssen. In der Szenario-Technik sind wir gut und in unseren bestehenden Geschäften auch. Die Frage ist aber: Wie bringe ich diese Aspekte zusammen? Wie mache ich daraus Geschäftsmodelle? Wie treibe ich das systematisch voran?

▶ Wir sprechen also auf der einen Seite von Potenzialfindung: Wo sind die Möglichkeiten für die Märkte von morgen? Auf der anderen Seite geht es um Produktfindung – Stichwort Innovation. Die Entwicklung von Geschäftsmodellen war früher stärker Business-Plan-orientiert. Die Herausforderung der Zukunft ist aber, die entscheidenden Erfolgsfaktoren in der Umsetzung des Geschäftsmodells zu finden – und diese sowohl mit der Produktfindung als auch mit der Potenzialfindung zu koppeln.

Das ist eine wichtige Erkenntnis! Es gilt, eine sinnvolle Brücke zu bauen zwischen der Zukunftsplanung und der Realität. Wir müssen Unternehmensgestaltung auch als Gestaltung von Geschäftsmodellen verstehen. In immer schneller und global agierenden Märkten ist das eine sehr hohe Komplexität, die es zu meistern gilt.

Prozesse

▶ Sie haben bereits erwähnt, dass der richtige Zeitpunkt für Innovationen ein entscheidender Erfolgsfaktor ist. Eine Herausforderung sind dabei die Entscheidungsstrukturen, die ein Konzern mit sich bringt.

Richtig. Wir bei Siemens hatten die Prototypen für Smart Mobile Devices bereits in der Schublade, als unsere Krise begann. Es war auch eine Frage des Timings: Wir haben im Bestandsgeschäft so gut verdient, dass wir den Absprung nicht gewagt haben – und dann war es zu spät. Zwischen unserem besten Geschäftsjahr und dem Exodus lagen nur vier Geschäftsjahre! Daraus haben wir gelernt, dass es enorm wichtig ist, den Innovationsprozess mit der Geschwindigkeit im Markt abzustimmen. Wenn man betrachtet, in welcher Geschwindigkeit gerade im Mobile Markt neue Produktgenerationen geschaffen wurden, hat man mit langen Innovationsentscheidungsprozessen eigentlich gar keine Chance.

▶ Wie ist der Innovationsprozess konkret bei Ihnen organisiert? Als CTO spielen Sie hier vermutlich eine wichtige Rolle.

Ich habe in diesem Zusammenhang vor allem eine orchestrierende Funktion. Der normale Produktinnovationsprozess findet aufgrund unserer Größe in den einzelnen Geschäftsbereichen statt. Das ist organisiert: Es gibt einen groben Framework – vom Design bis zur Entwicklung – als Corporate-Prozess, der an die Bedürfnisse der einzelnen Geschäfte angepasst wurde. Ich bin erst dann involviert, wenn wir hier die Spielregeln ändern wollen. Daneben gehört es in meinen Aufgabenbereich, zu erkennen, wo etwas im Portfolio unterinvestiert ist und wo man eine andere Richtung einschlagen sollte. Außerdem kümmere ich mich um die Themen außerhalb des Gestaltungsrahmens eines bestehenden Geschäfts. Angesichts unserer Größe ist das vor allem Portfoliomanagement.

Wenn es darum geht, neue Themen auszuprobieren, tun sich große Unternehmen oft nicht leicht. Wir haben verschiedene Vehikel, die wir dafür nutzen können, z. B. einen Corporate Inkubator – das ist relativ neu. Als Inkubatoren stellen wir einem Start-up eine Umgebung bereit, in der es erfolgreich in das Geschäftsleben starten kann. Dennoch ist es in der Praxis nicht einfach, mit einer eigenen Gewinn- und-Verlust-Rechnung in unserer komplexen Siemens-Welt unterwegs zu sein.

Ein weiteres Vehikel ist Siemens Venture Capital. Da investieren wir draußen im Markt – aber immer entsprechend unserer strategischen Ausrichtung. Das ist organisatorisch dem Finanzvorstand unterstellt. Aber wir werden bei jedem Healthcare-Investment einbezogen.

Dann gibt es noch den Technology Accelerator. Dabei geht es darum, Technologien, die für uns strategisch nicht mehr relevant sind, wieder zu verkaufen bzw. Start-ups daraus zu gründen – bevor die Ideen und Technologien nicht genutzt werden.

> Sie haben den Inkubator-Ansatz beschrieben. Ist das der Versuch, im Kleinen „spielregelfreier" arbeiten zu können?

Ja, aber auch das ist nicht so einfach. Denn wenn am Ende Siemens auf dem Produkt stehen soll, dann muss die Haftung des Brands auch mit unseren Prozessen abgesichert sein – und dann sind wir eigentlich wieder am Ausgangspunkt der Diskussion.

Deshalb entscheiden wir im Einzelfall: Entweder das Start-up unterwirft sich den Spielregeln – gerade im Healthcare-Bereich ist das aus Haftungsgründen oft notwendig –, oder es kann nicht unter dem Siemens-Brand agieren. Mit diesen Unternehmen gehen wir dann auch anders um. Wir könnten im Markt nicht vermitteln, dass es keine Siemens-Standards sind, obwohl Siemens draufsteht.

▶ In welchen Märkten finden denn die Innovationen statt? Wie sucht sich Siemens die Märkte aus, in denen Innovationen getestet werden? Stichwort Marktangang.

Das funktioniert über zwei Wege. Der eine basiert auf unseren bestehenden Geschäften. Hier fragen wir uns: Was grenzt an das vorhandene Geschäft an? Das kann man gut über Prozesse abbilden. Im Healthcare-Geschäft war Siemens zunächst im Bereich Imaging erfolgreich und hat sich dann in die angrenzenden Bereiche IT und Labor bewegt. Damit decken wir eigentlich alle Felder in der Diagnostik ab – bis auf die Pathologie. Diese war bisher am wenigsten attraktiv für uns, weil die Synergiepotenziale hier überschaubar sind.

Daneben suchen wir aber auch nach „weißen Feldern", die über den Fokus einer Business Unit hinausgehen. Wir fragen uns: Wo sind Opportunitäten, die wir gut erschließen können? Welche Marktentwicklungen können uns gefährden? Das beobachten wir kontinuierlich und versuchen zu verstehen, wie andere Marktteilnehmer sich verändern. Daraus leiten wir ab, wo für uns neue Möglichkeiten entstehen. Allerdings betreten wir sehr selten wirklich neue Themenfelder, weil diese auch eine gewisse Größe haben müssen, damit sich das für uns als internationalen Apparat auch rechnet.

Systeme

▶ Nehmen Sie wahr, dass der Patient mündiger wird und mehr Kontrolle über seine Daten gewinnen will? Wie schnell wird das den Markt verändern? Wie verhält sich das weltweit?

Auch dazu gibt es bei uns intern intensive Diskussionen. Das ist auch nicht einfach zu beantworten. Wir sehen klar, dass die Menschen sich anders informieren als früher – und dieses „Halbwissen" natürlich auch an den Arzt tragen, der ohnehin bereits zeitlich oft überfordert ist. Bisher ist es noch nicht gelungen, daraus systemisches Wissen zu kreieren, das zur Verfügung gestellt werden kann. Das ist auch deshalb schwierig, weil die einzelnen Stakeholder aus Angst vor Kontrollverlust dies nicht unterstützen.

Ich denke aber, wir haben durch die heutigen technischen Informationsmöglichkeiten in Summe enorme Fortschritte gemacht, viele Freiheitsgrade erarbeitet und uns zum Besseren entwickelt. Natürlich gibt es auch Gegenargumente, z. B. Probleme mit dem Datenschutz. Aber insgesamt sehe ich die Informationsgesellschaft als etwas Positives.

Wenn jemand einen guten Weg findet, wie er dies mit einem Geschäftsmodell verbinden kann, wird sich das auch noch verstärken. Ich sehe als grundlegende Entwicklungsrichtung, dass wir uns alle vermehrt selbst informieren müssen und so unsere Eigenverantwortung ausgebaut wird.

▶ Herzlichen Dank für dieses interessante Gespräch, Herr Stähler!

Cord Friedrich Stähler

Cord F. Stähler ist Chief Technology Officer der Siemens AG, Healthcare Sector. Vor Eintritt in die Siemens AG war Stähler als Unternehmer, Industriemanager und Geschäftsführer in der Life-Science- und Diagnostik-Industrie in Europa und den USA tätig. Stähler ist Diplom-Ingenieur und begann seine berufliche Karriere am Fraunhofer-Institut für Automatisierungstechnik als wissenschaftlicher Mitarbeiter und technischer Berater insbesondere für Pharma- und Diagnostik-Unternehmen. In seinen zehn Jahren als Geschäftsführer hat er verschiedene Stadien der Geschäftsentwicklung verantwortet, angefangen bei der Gründung eines Start-ups, über Markteintritt und Wachstumsphase bis zu Venture-Capital- und Fremdkapital-Finanzierung, pre-IPO und M&A. Die Produkte wurden in Europa, den USA und Asien entwickelt, produziert und verkauft.

Siemens Healthcare

Der Siemens-Sektor Healthcare ist weltweit einer der größten Anbieter im Gesundheitswesen und führend in der medizinischen Bildgebung, Labordiagnostik, Krankenhaus-Informationstechnologie und bei Hörgeräten. Siemens bietet seinen Kunden Produkte und Lösungen für die gesamte Patientenversorgung unter einem Dach – von der Prävention und Früherkennung über die Diagnose bis zur Therapie und Nachsorge. Durch eine Optimierung der klinischen Arbeitsabläufe, die sich an den wichtigsten Krankheitsbildern orientiert, sorgt Siemens zusätzlich dafür, dass das Gesundheitswesen schneller, besser und gleichzeitig kostengünstiger wird. Siemens Healthcare beschäftigt weltweit rund 52.000 Mitarbeiter und ist rund um den Globus präsent. Im Geschäftsjahr 2013 (bis 30. September) erzielte der Sektor einen Umsatz von 13,6 Mrd. € und ein Ergebnis von rund 2,0 Mrd. €.

Hannes Schwaderer, Geschäftsführer Intel GmbH, im Gespräch mit Christoph Plass

„Zukunft heißt bei uns Innovation, Innovation, Innovation."

Schwerpunkt im Managementdialog mit Hannes Schwaderer war das Thema Innovation. Zur zukunftsorientierten Unternehmensgestaltung von Intel gehört es, sowohl die Produkte als auch den Produktionsprozess im Zwei-Jahres-Rhythmus zu innovieren. So stellt das Unternehmen einen permanenten Wettbewerbsvorsprung sicher. Wesentliche Erfolgsfaktoren auf diesem Weg sind laut Schwaderer sehr vorausschauende Forschungsaktivitäten und die Fähigkeit, das technisch Machbare mit dem technisch Sinnvollen zusammenzuführen. Damit dies gelingt, ist es u. a. notwendig, die Märkte zu bereiten – das heißt konkret bspw. in entsprechenden Entscheidungsgremien Aufklärungsarbeit zum technisch Möglichen zu leisten.

Zukunftsorientierte Unternehmensgestaltung

▶ Was versteht man in so einem innovativen Unternehmen wie Intel unter zukunftsorientierter Unternehmensgestaltung?

Innovation ist unser Kerngeschäft. Wir machen im Prinzip nichts anderes als Innovation. Als Technologiekonzern ist es unser Ziel, immer die beste Technologie zu haben – und zwar auf zwei Ebenen: Zum einen für die Technologie, die wir verkaufen. Das heißt, wir wollen die besten Chips der Welt herstellen. Zum anderen betrifft dies unsere Produktionstechnologie, auch die ist in der Welt heute einzigartig. Einen Großteil unserer Forschungs- und Entwicklungsarbeit investieren wir in unsere Produktionstechnologie. Wir geben im Jahr bis zu zehn Milliarden Dollar für Forschung und Entwicklung aus. Einen ähnlich hohen Betrag investieren wir jedes Jahr in neue Fabriken. Die müssen sich dann innerhalb von zwei Jahren amortisieren. Das ist unser Rhythmus – das „Tick-Tock"-Modell. Das ist im Prinzip die Fortsetzung des Mooreschen Gesetzes. Frei übersetzt sagt das ja, dass wir als Chiphersteller alle zwei Jahre die gleiche Rechenleistung zum halben Preis herstellen bzw. auf der halben Fläche. Das ist ja kein physisches Gesetz, das einfach so passiert, sondern eines, das von Menschen umgesetzt wird.

Unser Ziel ist, immer die beste Technologie zu haben – das gilt sowohl für unsere Produkte als auch für unsere Produktion.

Zukunftsorientierte Unternehmensgestaltung

▶ Sind Sie nicht mittlerweile sogar schneller als das Mooresche Gesetz?

Wir sind tatsächlich schneller. Das „Tick-Tock"-Modell ist durch Wettbewerbsdruck entstanden. Irgendwann gab es Wettbewerber, die genauso gut waren wie wir. Um unseren Wettbewerbsvorsprung wieder auszubauen, waren wir gezwungen, unsere Prozesse zu beschleunigen. Wir haben dann einen geordneten Prozess eingeführt, eben dieses „Tick-Tock"-Modell.

„Tick" steht für eine neue Prozessarchitektur und findet alle zwei Jahre statt. Das heißt, dann wird die Art und Weise, wie ein Prozessor aufgebaut ist, erneuert. Mit jeder neuen Architektur haben wir auch neue Funktionalitäten im Chip integriert. Die Chips werden also im Grunde immer leistungsfähiger und gleichzeitig funktionaler. In den dazwischenliegenden Jahren, also auch im Zwei-Jahres-Rhythmus, gibt es ein „Tock". „Tock" steht für eine neue Produktionstechnologie. Das heißt, wir schrumpfen einen bereits seit einem Jahr produzierten Chip auf den nächsten Produktionsprozess. Und diesen Rhythmus halten wir brav ein. Hinter dieser Grundphilosophie steckt natürlich eine Mordsgeschwindigkeit.

Unser Geschäft ist also Innovation in zweierlei Hinsicht: Auf der einen Seite innovieren wir ständig die Produktionsprozesse, auf der anderen Seite die Produkte selbst – und das machen wir mit einem Zeithorizont von etwa 15 Jahren. Das ist, wie mit einem Auto durch den Nebel zu fahren: Man hat einen gewissen Lichtkegel, in dem man sehen kann, aber das Auto bewegt sich ja, insofern kommt man immer ein Stück weiter. Zukunft heißt bei uns also immer Innovation, Innovation, Innovation.

▶ Was sind die wesentlichen Erfolgsfaktoren, wenn man diesen Rhythmus einhalten will?

Ein wesentlicher Erfolgsfaktor ist Kapital. Um nur mal eine Größenordnung zu geben: Unsere Fabriken kosten heute sechs Milliarden Dollar pro Stück, und wir haben gerade vier gebaut für unseren neuesten Produktionsprozess. Damit ist natürlich immer ein gewisses Risiko verbunden. Risikobereitschaft gehört auch dazu. Deshalb braucht man zwingend Märkte, die man bedienen kann. Eine Fabrik zu bauen dauert zwei bis drei Jahre. Wir gehen also in eine gewisse Vorleistung mit einem sehr großen Risiko und sehr viel Kapital.

Ein weiterer Erfolgsfaktor ist das Thema Forschung und Entwicklung. Bei einem Umsatz von 54 Mrd. $ haben wir im vergangenen Jahr acht Milliarden in Forschung und Entwicklung investiert. Das ist abgesehen von der pharmazeutischen Industrie das höchste Forschungsvolumen, das man in der Industrie findet. Andere Industriezweige, wie z. B. die Automobilindustrie, geben in diesem Bereich viel weniger Geld aus.

▶ Kommen die Menschen denn bei diesem hohen Tempo mit? Sind Ihre Mitarbeiter so visionär grundausgestattet? Wie wird das sichergestellt, dass man in diesem Rhythmus bleibt? Die Märkte um Intel herum sind ja wesentlich langsamer.

Die Geschwindigkeit erdrückt bei uns niemanden. Wem es bei Intel gefällt, dem gefällt es unter anderem, weil wir nicht zwei Tage lang das Gleiche machen. In unserem Kerngeschäft sind die Märkte eigentlich genauso schnell wie wir: Das Mooresche Gesetz halten wir seit 45 Jahren ein, und unsere Kunden machen seit 45 Jahren mit. Es gab dabei so eine Art Softwarespirale: Das heißt, wenn mehr Leistung zur Verfügung stand, gab es auch komplexere Software, die einfacher zu bedienen war. Man schätzt es heute kaum, aber die Leichtigkeit, mit der Sie heute ein Telefon bedienen – mit den Fingern, mit Gestik, mit Sprache, in Zukunft vielleicht mit Mimik –, bedarf vor allem einer enormen Rechenleistung. Denn diese Eingaben müssen richtig interpretiert werden. So ist jede Funktionalität in der Software, die noch vor ein paar Jahren undenkbar war, vor allem darin begründet, dass einfach die Rechenleistung dafür zur Verfügung steht, um all die vielen Funktionen auch gleichzeitig ausführen zu können.

Diese Entwicklungsgeschwindigkeit bringt den Kunden ständig neuen Nutzen. Die kurzen Ersatzzyklen, die wir heute in der Industrie vorfinden, zeigen, dass die Dinge alt werden, weil sie nicht mehr so funktional sind, wie sie sein könnten.

Die Funktionalitäten von Software, die noch vor wenigen Jahren undenkbar waren, sind vor allem durch eine enorme Steigerung der Rechenleistung möglich.

Ein wesentlicher Punkt ist auch, dass wir uns längst aus der traditionellen PC-Industrie rausbewegen. Das Marktforschungsunternehmen IDC hat bereits vor zwei Jahren die Prognose abgegeben, dass es im Jahr 2015 15 Mrd. Connected Devices geben wird, also Geräte, die über das Internet oder eine gemeinsame Infrastruktur miteinander kommunizieren. Das sind z. B. Smartphones, unsere gewohnten PCs, aber in Zukunft auch immer mehr Maschinen, Automobile, Geräte im Gesundheitswesen oder Monitoring-Plattformen für das Heim. Diese Digitalisierung aller Geräte und Prozesse erfordert eigentlich auch diese Geschwindigkeit. Gemessen am Bedarf ist die Entwicklung sogar fast schon zu langsam. Die Vorzüge dieser Technologien sind einfach so groß, dass die großen Industrien mitspielen und sogar neue Industriezweige daraus entstehen.

▶ Steve Jobs hat mal gesagt, sein Ziel ist es, dem Kunden auch das zur Verfügung zu stellen, was er noch gar nicht kennt. Andere sagen, ich muss erst genau wissen, was die Kundenanforderungen sind, und entwickle aufgrund der Kundenbedürfnisse. Wie ist das bei Intel?

Man sollte vielleicht unterscheiden: In unserem Kerngeschäft und überall, wo es um Geräte geht, sind wir den Kundenbedürfnissen voraus. Wir integrieren viele Funktionen auf dem Chip, um schon die Weichen dafür zu stellen, was man letztendlich damit machen kann.

Ganz anders ist das in neuen Geschäftsfeldern, wie z. B. im Energiemarkt. Da müssen wir zunächst verstehen, welchen Bedarf der Kunde konkret hat, und versuchen dann, diesen möglichst mit den Produkten, die wir bereits in der Schublade haben, abzudecken. Das ist aber eher ein anderer Vertriebsweg als eine andere Technologieentwicklung. Trotzdem müssen wir, um neue Geschäftsfelder anzugehen, neue Technologien entwickeln.

Vorausschau

▶ Wie können wir uns die Vorausschau, die ja notwendig ist, um Lösungen für die Zukunft zu entwickeln, bei Intel genau vorstellen?

Da verfolgen wir mehrere Ansätze. Unsere Kerntechnologie entwickeln wir natürlich in unseren eigenen Teams: Es gibt eine Intel Architecture Group, die arbeitet an der Architektur neuer Prozessoren, und es gibt eine Gruppe, die an der Produktionstechnologie arbeitet. Da gibt es im Prinzip keine besseren Leute auf dem Markt als unsere. Trotzdem arbeiten wir in der Forschung auf der ganzen Welt mit über 1.000 Universitäten zusammen. Zum Teil ist das offene Materialforschung ohne festen Auftrag. Teilweise arbeiten wir auch sehr gezielt mit Universitäten zusammen und vergeben Forschungsaufträge für bestimmte Lösungen, für ein bestimmtes Produkt. Wir nutzen also eine Vielzahl von Insourcing-Möglichkeiten.

So wussten wir beispielsweise bereits vor 20 Jahren, dass wir in bestimmten Schichten in einem Mikroprozessor an physische Grenzen stoßen: Diese Schichten sind noch fünf Moleküle dick. Dünner geht es nicht. Wir wussten: Wenn wir mit dem gleichen Material weiterarbeiten, bekommen wir sehr hohe Leckströme. Diese Schichten sind einfach so dünn, dass Strom entweicht. Das heißt, der Prozessor wird heiß, ohne dass er etwas tut, und verbrennt auch noch Energie, ohne dass er Ergebnisse liefert. Wir haben deshalb über 16 Jahre mit mehreren Universitäten zusammen geforscht, um ein alternatives Material zu finden, das diese Schicht abdeckt. Dann wurde ein Hafnium-Derivat entdeckt, das geeignet ist – ein Metall, das eine extrem hohe Kapazität und damit wesentlich weniger Leckströme hat. Das macht den Prozessor schneller und stromsparender, und wir können an diesem Bauelement weiterarbeiten. Aber es hat 16 Jahre gedauert, bis wir ein Material gefunden haben. Mit diesem Vorausblick arbeiten wir. Das ist möglich, wenn man Probleme frühzeitig antizipiert.

Wesentlich für unseren Erfolg ist, dass wir an den physikalischen Limits arbeiten und immer schauen, was denn technisch überhaupt machbar ist. Wir entdecken ständig Technologien, die sich möglicherweise eignen. Wir entdecken auf der ganzen Welt Cluster, wo spezifisches Know-how vorhanden ist, das wir nutzen können. Zum Beispiel haben wir in Braunschweig eine kleine Firma entdeckt, die sehr eng mit der Technischen Universität zusammenarbeitet und sich auf Kommunikationschips spezialisiert hat. Das ist ein Know-how-Cluster, das wir nirgendwo sonst gefunden haben. Aus dieser Zehn-Mann-Firma haben wir ein 140-Mann-Team aufgebaut, das in Braunschweig unsere Kerntechnologie entwickelt – denn dort ist das spezifische Know-how vorhanden. Wir nutzen diese unterschiedlichen Talente und Know-how-Cluster auf der ganzen Welt und führen das zu einer gemeinsamen Forschung und Entwicklung zusammen. Das ist auch so ein Teil unserer Forschungsphilosophie: Know-how dort nutzen, wo es vorhanden ist. Denn es ist wesentlich schwieriger, die Leute alle nach Portland zu bringen, als nachts zu kommunizieren.

Wesentlich für unseren Erfolg ist, dass wir an den physikalischen Limits arbeiten und immer schauen, was technisch überhaupt machbar ist.

▶ Ein zentraler Aspekt für die Zukunft von Intel ist also das Forschen nach neuen technischen Möglichkeiten. Eine andere Seite der Vorausschau ist die nach neuen Märkten und künftigen Entwicklungen. Wie funktioniert diese bei Intel?

Wir haben Prozesse und Mitarbeiter, die screenen, wo es neue Märkte, Geschäftszweige und Bedürfnisse gibt. Diese sind auch immer von den „großen Problemen der Menschheit" geleitet. Beispiel Gesundheitswesen: Die Gesundheitskosten steigen ständig durch die bessere Versorgung und die Alterung der Gesellschaft – das ist ein weltweites Phänomen und nicht nur ein deutsches Problem. Hier muss man sich die Frage stellen: Was kann man zur Lösung beitragen? Wenn man eine Lösung hat, dann hat man offenbar ein neues Geschäftsfeld entdeckt. Das ganze Thema „Smart" – Smart Cities, Smart Traffics, Smart Factories, Smart Grids – das sind alles Probleme, die uns in den nächsten Jahren begegnen werden. Wir betrachten also die großen Probleme auf der Welt und versuchen dann, Lösungen für diese Märkte zu entwickeln. So suchen wir uns neue Märkte.

▶ Welche Instrumente setzen Sie zur Vorausschau ein?

Bei der Entwicklung neuer Geschäftsfelder oder künftiger Bedientechnologien versuchen wir zu verstehen, wie Menschen Technologie verwenden. Dafür haben wir eine Gruppe von Ethnografen, die auf der ganzen Welt Menschen bei der Nutzung von Technologie beobachtet. Das gehört zu unserem Innovationsprozess. Wir versuchen daraus abzuleiten, welche Technologien es in Zukunft sinnvollerweise geben sollte und wie Menschen mit der Technologie umgehen würden, wenn sie zur Verfügung stünde. Dabei ist das Beobachten wichtig, nicht das Befragen. Wenn man Menschen fragt, wie sie Technologie benutzen, dann erhält man als Antwort immer ein Wunschbild.

▶ Welche für Intel relevanten Zukunftstrends sehen Sie?

Der Trend geht hin zur durchgängigen Bedienbarkeit – das heißt, zwischen einem Smartphone, einem Tablet PC, einem Notebook, einer Home-basierten Multimedia-Station und dem Auto wird es durchgängige Plattformen und Benutzer-Interfaces geben, die sich höchstens lokal anpassen. Diese durchgängige Bedienbarkeit ist eine Philosophie, die wir mit unseren Kunden vorantreiben.

Ein zweiter wesentlicher Trend ist, dass die Geräte in Zukunft viel stärker miteinander kommunizieren und intelligenter werden. Künftige Smartphones teilen meinem Navigationssystem mit, wo ich hin will. Ich muss die Adresse nicht noch mal neu eintippen. Wir glauben daran, dass diese Geräte lernfähig werden, dass sie zu persönlichen Assistenten werden, dass sie uns wesentlich mehr unterstützen. Einfaches Beispiel: Wenn ich in meinem Kalender einen Flug um sieben Uhr morgens eingetragen habe, dann weckt mich mein Smartphone um fünf Uhr, weil es weiß, dass ich immer zwei Stunden vor dem Flug geweckt werden möchte. Da muss ich nicht extra den Wecker stellen. Das Smartphone weiß, sein Besitzer möchte das so. Natürlich auf Basis seiner Vorgaben.

Strategien

▶ Wenn Sie einen neuen Markt entdeckt haben, wie bearbeiten Sie diesen dann?

Das ist zum Teil sehr lokal getrieben. Zum Beispiel haben wir vor einigen Jahren hier in Deutschland angefangen, mit der Automobilindustrie zu sprechen und zu prüfen, ob das Auto reif für das Internet ist. Wir haben einen Automobilhersteller als Partner gewonnen, der daran geglaubt hat. Gemeinsam haben wir über sieben Jahre daran entwickelt, das Internet in das Auto zu bringen. Das sind die Entwicklungszyklen in der Automobilindustrie – eher untypisch für unsere Welt. Aber heute gibt es BMW, Mercedes, Jaguar, Landrover und Toyota mit Intel-Chips, die internetfähig sind. Die Idee dazu wurde lokal hier in Deutschland entwickelt, denn hier gibt es die Automobilindustrie, die weltweit Technologieführer in ihrem Bereich ist. Wir haben das erst mal eine Zeit lang lokal betrieben. Jede autonome Strategie muss jedoch irgendwann Unternehmensstrategie werden, sonst ist sie tot. Aber diese Freiheiten haben wir.

Jede autonome Strategie muss irgendwann Unternehmensstrategie werden, sonst ist sie tot.

Wenn wir neue Märkte entdecken, versuchen wir, diese möglichst mit Technologie, die wir bereits entwickelt haben, abzudecken. Unsere Technologie ist sehr stark horizontal getrieben. Denn was wir am besten können, ist, Masse zu produzieren. Was wir nicht herstellen, sind Chips für spezielle Zwecke. Es gibt Unternehmen, die bauen einen ganz speziellen Chip, weil der gerade gebraucht wird. Das können wir nicht. Wir können nur Masse produzieren. Also versuchen wir, mit der Funktionalität, die wir haben, das abzudecken, was für eine bestimmte Lösung benötigt wird.

Mit fortschreitender Technologie kann immer mehr auf Software abgebildet werden. Spezialchips werden immer weniger notwendig sein, da es möglich ist, spezielle Applikationen über Software abzudecken. Wir glauben sehr stark an Standards, an Standardtechnologie.

▶ Auch die Energiebranche ist ja so ein „neuer Markt" für Intel. Wann gibt es Ihrer Meinung nach den Durchbruch im Energiemarkt?

Das, was zurzeit in diesem Markt passiert, ist hochspannend. Da können wir uns ruhig die Zeit lassen, ein bisschen zu beobachten. Erstens ist die Technologieentwicklung in der Branche so langsam, dass wir immer um fünf Generationen zu schnell sind. Die Energiebranche denkt in 40-Jahres-Zyklen. Zweitens gibt es aktuell einen Wildwuchs: Ich kann jede Woche auf drei Konferenzen irgendwo auf der Welt gehen, die das Thema Smart Grid behandeln. Bevor wir da aber zum wirklichen Durchbruch kommen, brauchen wir auf politischer und regulatorischer Ebene Entscheidungen. Deshalb ist unsere Strategie in diesem Bereich relativ einfach: Wir sind ziemlich fokussiert auf ein Projekt mit einem großen Partner, wo wir große Proof of Concepts, also Machbarkeitsnachweise, durchführen. Wir entwickeln gemeinsam Lösungen und versuchen natürlich währenddessen, so viel Roll-out zu skalieren wie möglich. Gleichzeitig muss man das Thema Standardisierung anpacken. Das geht natürlich nicht allein. Deswegen holen wir uns Partner mit an Bord.

> Welche Märkte spielen für Intel in Zukunft eine wichtige Rolle? Wo liegt Ihr strategischer Fokus?

Aus meiner Sicht gibt es zwei neue industrielle Revolutionen. Zum einen die Digitalisierung des Stromnetzes, um auch in wenigen Jahren noch eine sichere Stromversorgung gewährleisten zu können. Zum anderen wird die industrielle Produktion von heute bald auf IT-Standards gehen – denn für die Zukunft der deutschen Industrie ist es enorm wichtig, wettbewerbsfähige Produktionen zu haben. Das ist heute alles höchst ineffizient, unsicher und proprietär. So muss beispielsweise ein Automobilhersteller für ein Auto rund 10.000 Softwareversionen bevorraten. Das muss abgeschafft werden, damit es wieder managebar wird. Zudem müssen die Hersteller auch noch die Haupteinheit für 18 Jahre als Ersatzteil bevorraten. Wenn sie stattdessen eine PC-Plattform in das Auto bauen, könnten sie alles auf Software abbilden – sie brauchen bloß genügend Rechenleistung.

Die Digitalisierung des Stromnetzes und der industriellen Produktion sind die beiden großen Märkte der Zukunft.

> Dann müssten sich die Hersteller aber noch mehr auf sie einlassen.

Ja, aber dann können sie die Bevorratung vergessen. Sie nehmen einfach den nächstbesseren PC. Der kostet im Zweifelsfall ein Drittel von dem, was der letzte gekostet hat, ist rückwärtskompatibel und sogar noch schneller. Wir lösen ja Probleme. Es ist ja nicht so, dass wir nur Märkte generieren. Wir lösen ja ernste Probleme mit dem, was wir machen.

Prozesse

▶ Schlanke Prozesse und Strukturen sind ja die Voraussetzung für effiziente Abläufe. Wo liegen bei Intel die größten Herausforderungen bei der Optimierung der Geschäftsprozesse?

Wir sind ein Unternehmen mit derzeit 105.000 Mitarbeitern. Wir sind im Grunde in Sparten organisiert und müssen lernen, wie wir über Sparten hinweg denken und arbeiten. Hier muss man sich die Fragen stellen: Wie verhindere ich Redundanzen? Wie kann ich Prozesse zusammenführen, die zusammengehören? Wie vermeide ich Duplizierungen? Das haben wir alles 2006 in einen kontinuierlichen Prozess eingeführt. Wir haben eine Strategic Efficiency Task Force eingerichtet, die geprüft hat, welche Organisations- und Reportingstrukturen wir haben und ob das alles sinnvoll ist. Eine Maßnahme, die wir daraufhin ergriffen haben, war die Abschaffung von 1.000 Managerpositionen. Das waren alles Manager, die keinen oder nur einen Direktreport hatten. Das heißt, sie mussten gar nicht managen und saßen im Grunde nur im Weg. Wir haben ihnen nicht das Gehalt gestrichen, sondern sie einfach woanders eingesetzt. Wir screenen regelmäßig unsere Prozesse und unsere strategischen Projekte. Wenn wir dann erkennen, dass es sinnvoll ist, einige zusammenzuführen, tun wir das. So reduzieren wir die Gesamtzahl und machen alles effizienter.

Ein Beispiel ist das Thema User Experience. Wir hatten 181 Projekte weltweit zum Thema User Experience. Das wurde alles gescreent und zusammengeführt auf acht Projekte. Da steckt jetzt echte Entwicklung dahinter und ein echtes Ergebnis. Die anderen 173 Projekte haben wir abgeschaltet. Auch das ist bei uns ein regelmäßiger Prozess: Wir versuchen Parallelitäten zu finden. Das ist kein einmaliger, sondern ein kontinuierlicher Prozess, bei dem wir mit möglichst geringem Aufwand ein gutes Ergebnis erzielen können.

- Müssen Sie in der Organisation regelmäßig prüfen, ob die Prozesse und Systeme schlank, effizient und immer noch auf die Strategie ausgerichtet sind? Meistens brauchen die Menschen einen Anstoß, um wieder über Optimierungen nachzudenken.

Wir haben im Unternehmen eine Kultur, in der Verbesserungen gefördert werden. Wenn hier jemand einen Vorschlag hat, wie man etwas effizienter gestalten kann, dann wird er nicht als Störenfried wahrgenommen. Im Gegenteil: Es wird ihm sogar hoch angerechnet.

Bei einem Kunden habe ich mal erlebt, dass dort Parallelentwicklungen laufen. Auf meine Frage, ob es nicht sinnvoll wäre, diese zusammenzuführen, kam die Antwort: „Dann verliere ich ja meine hundert Leute." So eine Kultur leben wir hier nicht. Wenn jemand Optimierungsbedarf erkennt, bekommt er dafür höchste Anerkennung. Dafür haben wir auch Prozesse. Probleme wollen wir wissen und kennen. Allerdings gilt dabei auch: Sag mir nicht, dass es nicht geht, sondern wie es stattdessen geht. Das ist die Art und Weise, wie wir versuchen zu arbeiten: lösungsorientiert.

- Der Gedanke „Wie werde ich besser, schneller, kleiner und schlanker", der in Ihren Produkten verankert ist, ist sicher auch in der gesamten Organisation verinnerlicht.

Wir sind natürlich auch ein ganz normales Unternehmen – mit allen menschlichen Schwächen. Auch wir haben oft den Wunsch, größer zu sein und mehr Leute zu haben. Nicht für unseren Status, sondern eher daraus getrieben, dass es immer mehr Geschäftsgelegenheiten gibt, als wir mit unseren Leuten abdecken können.

▶ Eine Fokussierung auf wesentliche Kerngeschäfte ist aber auch wichtig, um sich nicht zu verzetteln, oder?

Fokussierung ist immer ein großes Thema bei uns. Auf der einen Seite ist unser Kerngeschäft sehr fokussiert: Wir wissen genau, was wir tun. Wir haben Roadmaps, die über Jahre hinausgehen. Da sind wir fokussiert. Auf der anderen Seite haben wir aber auch die Freiheit, innovativ zu sein: Wir können ein Projekt aufsetzen, um zu testen, ob hinter einer Sache wirklich ein Geschäft steckt. Es gibt Fälle bei Intel, die werden in Stanford gelehrt: Da haben Leute, ohne nach Erlaubnis zu fragen, einfach mal entwickelt und damit einen enormen Durchbruch für Intel erzielt. Das Beispiel Centrino ist so ein Fall. Da haben Kollegen aus Israel ein U-Boot-Projekt gemacht und ihre eigene Architektur für mobile PCs entwickelt. Bis dahin hatten wir immer nur unsere Desktop-PC-Produkte verkleinert, damit sie in ein Notebook passen. Das israelische war jedoch von unten nach oben gebaut – eigentlich viel besser, aber nicht so schnell am Markt. Das andere wäre drei Monate früher gekommen. Unser damaliger CIO hat die richtige Entscheidung getroffen und gesagt: Welche Rolle spielen drei Monate, wenn ich dann wirklich den Durchbruch erziele – und das war Centrino. Seitdem gibt es W-LAN, seitdem sind PCs wirklich mobil, weil die Basistechnologie dafür geschaffen wurde.

> Um die Vorausschau, die Sie anfangs beschrieben haben, z. B. die Beobachtungen der Ethnografen, auch für Innovationen nutzen zu können, braucht man klare Prozesse, um Standardisierung zu etablieren. Dennoch handelt es sich hierbei ja um durchaus komplexe Systeme, weil sehr viele Player integriert sind. Es geht darum, unterschiedliche Domänen bis hin zu ethnischen Fragestellungen in den Prozess einzubinden und dann daraus eine Lösung zu entwickeln. Wie stellen Sie sicher, dass der Innovationsprozess Ihres Unternehmens zielführend ist?

Wir haben sehr geordnete Prozesse, wie wir Technologie insourcen. Ethnografie ist, wie gesagt, ein Ansatzpunkt. Hier steht nicht die Technologie im Vordergrund, sondern das Verbraucherverhalten, für das wir dann Technologie entwickeln. Wir nutzen aber eine Vielzahl von Quellen, um Technologie weiterzuentwickeln. Dazu gehören sowohl universitäre Bereiche – um zu sehen, was technisch möglich ist – als auch unsere Kunden, die zum Teil mit konkreten Bedürfnissen auf uns zukommen. Das Zusammenführen der langfristigen und der produktnahen Forschung ist die große Aufgabe. Während es in einem Bereich darum geht, physikalische Möglichkeiten zu erforschen, geht es im anderen um eine kurzfristige Betrachtungsweise und die Frage, was denn überhaupt relevant ist als Lösung für mögliche Anwender.

Außerhalb unseres Kerngeschäftes, also immer dort, wo neue Märkte erschlossen werden, wie z. B. Smartphones, Tablet PCs, Smart Grid, fragen wir zuerst den Kunden, was er denn eigentlich braucht, und leisten dann unseren Beitrag dazu. Anders ist das in unserem Kerngeschäft: Da stellen wir unseren Kunden einen Chip zur Verfügung und sagen ihm, was er damit machen kann – wenn er ihn nicht verwendet, ist er nicht mehr state-of-the-art.

> Genau dieses zu antizipieren ist extrem wichtig: Wie sieht die Technologie-Roadmap aus? Wann brauche ich welche Fähigkeit? Wie sieht die Markt-Roadmap aus? Wann ist der richtige Zeitpunkt für den Markteintritt? usw. Die ganze Forschung und Entwicklung bringt ja nichts, wenn am Ende niemand das Ergebnis gebrauchen kann. Deswegen gilt es, früh zu antizipieren, wofür man neue Technologien einsetzen kann.

Ich glaube, das ist das Geheimnis zum Erfolg: das technisch Machbare und das technisch Sinnvolle zusammenzubringen. Natürlich ist es uns auch schon passiert, dass wir Technologien entwickelt haben, die sich am Ende nicht durchgesetzt haben. Wir haben vor einigen Jahren Technologie in einen Chip integriert, die die eindeutige Identifikation des Chips zulässt und damit letztendlich sichere Kommunikation gewährleistet. Aber diese Technologie wurde von den Menschen damals abgelehnt. Sie hatten Angst davor, gläsern zu werden. Dann haben wir die Technologie wieder abgeschafft. Sie war gut gemeint, aber wenn die Menschen sie nicht wollen, nützt das nichts.

Das Geheimnis des Erfolges ist, das technisch Machbare und das technisch Sinnvolle zusammenzubringen.

▶ Wie gehen Sie mit diesem Thema um? Man hat eine gute Idee und kann etwas optimieren oder einen Mehrwert schaffen, aber andere haben Ängste, z. B. Sicherheitsbedenken oder Angst vor der Wegrationalisierung des eigenen Arbeitsplatzes. Aufgrund solcher Gegenkräfte kommt es dann nicht zur Marktdurchdringung. Ist das der Grund, weshalb Sie stark in Normungsgremien aktiv sind, um solche Märkte zu bereiten? Sind Sie da missionarisch unterwegs?

Ja, das ist notwendig. Missionarisch ist vielleicht gar kein schlechter Begriff. Wir wollen niemandem irgendetwas gegen seinen Willen überstülpen. Aber wir haben einfach einen sehr langen Vorausblick auf Technologien und können daraus auch einen eventuellen Nutzen ableiten. Politiker oder Entscheider in Regulierungsbehörden haben diesen Weitblick nicht. Oft sind sie auch nicht vertraut mit Technologien, die es schon gibt und die möglicherweise eine sinnvolle Lösung bieten. Das kann man aber auch nicht erwarten. Dann ist es unsere Aufgabe, mit den Entscheidern zu besprechen, was technologisch machbar und sinnvoll ist. Da werden wir als Technologieratgeber betrachtet. Man muss natürlich Märkte bereiten. Das geht aber auch nur, wenn man einen Nutzen ableiten kann. Wir entwickeln beispielsweise auch Technologien für das Gesundheitswesen. Da ist es häufig notwendig, dass der Gesetzgeber die Weichen stellt, um die Technologie überhaupt erst mal auf den Markt bringen zu können. Wenn man Technologie zum Monitoring für die postoperative Überwachung von Patienten zur Verfügung stellt und so den Genesungsprozess zu Hause ermöglicht und dadurch beschleunigt, dann muss man den Gesetzgeber dazu bringen, das als eine anerkannte, abrechenbare Leistung in den Katalog aufzunehmen. Ansonsten wird es diese Technologie nicht geben. Denn kein Patient wird sich das Gerät für 1.000 € zu Hause hinstellen. Trotzdem ist es eine sinnvolle Technologie. Wir sind oft in der Situation, dass wir einfach das Wissen über heutige und künftige Technologien verbreiten, um Entscheidern dabei zu helfen, richtige Entscheidungen zu treffen. Da geht es zum Teil auch um Technologien, die tatsächlich die großen Probleme der Menschheit lösen können. Deshalb müssen wir diese Aufklärungsarbeit leisten, und das tun wir auch gerne. Natürlich generieren wir damit Märkte. Das ist wiederum unser Unternehmenszweck.

Es ist unsere Aufgabe, mit politischen Entscheidern zu besprechen, was technologisch machbar und sinnvoll ist.

> In der Energiebranche ist das derzeit auch ein Thema: Hier wird man bestimmte Geschäftsmodelle nicht realisieren können, wenn Bundesnetzagentur oder Gesetzgeber die Rahmenbedingungen nicht verändern. Aber diese Tatsache scheint noch gar nicht wirklich erkannt worden zu sein. Bei dieser Überzeugungsarbeit hat Intel einen großen Vorteil, da niemand ein direktes Verkaufsinteresse unterstellen kann: Wenn ein Solarhersteller die gleiche Arbeit leisten will, heißt es: Der will offensichtlich Solaranlagen verkaufen. Insofern sind Sie in einer wesentlich komfortableren Situation, um dann auch wirklich Wissen zu vermitteln.

Ja, das kommt uns letztendlich schon zugute. Wir verkaufen am Ende niemandem etwas, außer den Herstellern von Geräten. Insofern sind wir als Berater gerne gesehen.

Systeme

- Auf der Systemebene liegt die Stärke von Intel vor allem im Produktionssystem, das Sie zu Beginn bereits erläutert haben.

Richtig. Dadurch, dass wir alle zwei Jahre unsere Produkte auf einen neuen Produktionsprozess schrumpfen, haben wir einen enormen Wettbewerbsvorteil. Eine neue Fabrik hat im Grunde die doppelte Kapazität der alten – allein durch das Schrumpfen auf einen neuen Prozess. Was uns von anderen Chipherstellern unterscheidet, ist: Wir glauben, dass es für uns ein großer Vorteil ist, unsere eigenen Fabriken zu haben. So können wir vor den anderen neue Produktionstechnologien einsetzen. Wir glauben, dass wir heute einen Technologievorsprung von etwas mehr als zwei Jahren haben. Das entspricht mehr als eine Chipgeneration Vorsprung. Wir haben sowohl Einfluss auf das Produkt als auch auf den Produktionsprozess. Den beherrschen wir. Ein anderer Ansatz wäre, die Chips nur für andere herzustellen. Oder man macht nur das Design und lässt anderswo produzieren. Aber in beiden Fällen gibt es große Abhängigkeiten. Deshalb glauben wir, dass die Kombination aus dem Design des Produktes und der Produktion ein enormer Vorteil ist. Aber auch hier stellt sich die Frage, ob man sich das leisten kann. Viele, die einen anderen Weg gehen, tun dies auch nicht unbedingt freiwillig.

- Welche Rolle spielt aus Ihrer Sicht das Thema Standardisierung auf der Systemebene?

Standards spielen immer eine ganz zentrale Rolle, wenn etwas vereinfacht und optimiert wird – und das nicht nur auf der Systemebene, sondern auf ganz verschiedenen Ebenen. Im Prinzip basiert der Erfolg der PC-Industrie auf Standardisierung.

Der Erfolg der PC-Industrie basiert auf Standardisierung.

Wir sind ständig in mehreren 100 Standardisierungsgremien aktiv, wo Schnittstellentechnologien standardisiert werden, wo man sich als große Industrie einigt, wie man solche Schnittstellen zusammenbringt. Anders wäre die Geschwindigkeit in unserer IT-Welt undenkbar.

- Vielen Dank, dass Sie sich die Zeit für unseren Dialog genommen haben, Herr Schwaderer.

Hannes Schwaderer

Hannes Schwaderer ist seit August 2004 Geschäftsführer, Managing Director Central Europe der Intel GmbH. Bevor er seine heutige Position übernahm, war er Country Manager Deutschland und Österreich. In dieser Funktion verantwortete er alle Marketing- und Vertriebsaktivitäten in den beiden Ländern. Hannes Schwaderer kam 1994 als Retail Marketing Manager zu Intel nach München. Vier Jahre später übernahm er die Rolle eines Market Development Managers EMEA und betreute die Compaq AG in Europa. 1999 wechselte er in die Position des Marketing Manager Central Europe, die er für drei Jahre bekleidete. Über seine Funktion hinaus ist er zudem Präsident der Initiative D21 sowie Mitglied des Senats bei acatech – Deutsche Akademie der Technikwissenschaften. Hannes Schwaderer hat ein Diplom in Betriebswirtschaftslehre. Er ist verheiratet und hat drei Kinder.

Intel Corporation

Intel, das weltweit führende Unternehmen in der Halbleiterinnovation, entwickelt und produziert die grundlegende Technik für die Computerprodukte unserer Welt. Als einer der wichtigsten Motoren der Digitalisierung in unserer Gesellschaft liefert das Unternehmen heute intelligente und sichere Lösungen für die Cloud bis hin zum vernetzten Endgerät. Das Spektrum umfasst Server-, Speicher- und Netzwerktechnologien für die steigenden Anforderungen im Rechenzentrum, die Entwicklung zukunftsweisender Produktkategorien wie UltrabooksTM sowie Innovationen für mobile Endgeräte wie Tablets, Smartphones und das Internet der Dinge.

Peter Vanacker, CEO Treofan Group, im Gespräch mit Dr.-Ing. Frank Thielemann

„Die Wertschöpfungskette ist heute eine Art Wertschöpfungsnetzwerk."

> Wesentlicher Aspekt zukunftsorientierter Unternehmensgestaltung ist für Peter Vanacker das Verständnis komplexer Wertschöpfungsketten. Innovationen sollten dabei weniger produkt- und technologiegetrieben, sondern vielmehr auf Basis von Kundenbedürfnissen entwickelt werden. In diesem Zusammenhang betont er auch, wie wichtig die gesellschaftliche und politische Akzeptanz für Innovationen ist – dies gilt insbesondere in der Chemieindustrie. Mit proaktiver Kommunikation kann der Herausforderung einer schnellen öffentlichen Meinungsbildung begegnet werden. Schnelle Marktveränderungen erfordern große Anpassungsfähigkeit der Unternehmen. Vor diesem Hintergrund betont Vanacker die Bedeutung des Change-Managements. Eine gute Unternehmenskultur und eine ausgeprägte Vorbildfunktion des Managements fördern diesen Erfolgsfaktor erheblich.

Zukunftsorientierte Unternehmensgestaltung

▸ Was verstehen Sie unter zukunftsorientierter Unternehmensgestaltung? Welche Kernthemen verbinden Sie damit?

Bei zukunftsorientierter Unternehmensgestaltung denke ich als Erstes an die Sicherung von nachhaltigem, profitablem Wachstum. Das wiederum verstehe ich als Zusammenspiel von drei Komponenten:
Die erste Komponente sind Produkte und Prozesse. Prozesse sollten einheitlich gestaltet sein. Zudem müssen sie umweltverträglich sein. Unternehmen müssen hier langfristig denken und bereit sein, neue Wege zu gehen und sich selbst neu zu erfinden.
Der zweite Aspekt ist das Thema Nachhaltigkeit. Wobei Nachhaltigkeit kein Selbstzweck ist. Sie muss in den Strategien verwoben sein und profitables Wachstum ermöglichen. Wenn man versucht, vieles nach dem Leitbild auszurichten, wird man profitables Wachstum generieren können.
Die dritte Komponente ist verantwortungsbewusstes Handeln. Gerade in der Chemiebranche ist verantwortungsbewusstes Handeln natürlich eine Grundvoraussetzung.
Zu zukunftsorientierter Unternehmensgestaltung gehören jedoch noch weitere Themen, wie z. B. die fortschreitende Globalisierung. Unternehmen müssen die unterschiedlichen Marktbedürfnisse, die daraus resultieren, erkennen und die

Wertschöpfungsketten verstehen. Sie müssen beobachten, wie die Industrien sich ändern, um dann die richtigen Organisationskonzepte finden und den Markt bearbeiten zu können.

Eine zentrale Herausforderung im Zusammenhang mit zukunftsorientierter Unternehmensgestaltung ist das sogenannte Change-Management. Unternehmen sind ständig Veränderungen ausgesetzt. Letztendlich muss aber die Organisation – müssen die Mitarbeiter – in der Lage sein, diese Änderungen zu verstehen und mitzugestalten. Es bringt nichts, eine neue Strategie zu definieren, wenn man die Mitarbeiter nicht mitnimmt.

Change-Management ist nur mit einer sehr guten Firmenkultur möglich, die von der Spitze des Unternehmens vorgelebt wird. Die Mitarbeiter müssen die Möglichkeit haben, sich zu beteiligen und die gemeinsamen Werte zu prägen. So werden auch persönliche Beziehungen zwischen den Mitarbeitern gefördert. Es entstehen Netzwerke innerhalb des Unternehmens, die es ermöglichen, besser mit Veränderungen umzugehen. Auch das gehört für mich zu zukunftsorientierter Unternehmensgestaltung.

Change-Management ist nur mit einer sehr guten Firmenkultur möglich, die von der Spitze des Unternehmens vorgelebt wird.

▶ Zukunftsorientierte Unternehmensgestaltung geht also über Themen wie Strategien und Prozesse hinaus. Entscheidend ist die richtige Vermittlung und Kommunikation von Veränderungen.

Genau darauf kommt es an. Das zeigen Mitarbeiterbefragungen immer wieder: Die besten Strategien, von den intelligentesten Leuten erarbeitet, bringen nichts, wenn der Mitarbeiter im Labor oder in der Fertigung nicht versteht, was das konkret für ihn und sein Umfeld bedeutet.

Daneben spielen bei zukunftsorientierter Unternehmensgestaltung natürlich auch die äußeren Rahmenbedingungen – und hier insbesondere die gesellschaftliche und politische Akzeptanz – eine entscheidende Rolle. Die beste Innovation bringt nichts, wenn sie von der Gesellschaft nicht akzeptiert wird und nicht umgesetzt werden kann. Mittelständische und große Unternehmen müssen sich engagiert einbringen, um diese Akzeptanz zu erarbeiten. Die kommt nicht von allein. Hier gilt es, in den entsprechenden Netzwerken aktiv zu sein. Die schnelle öffentliche Meinungsbildung heutzutage verstärkt diese Herausforderung. Wer dort nicht ansetzt, kann auch keine zukunftsorientierte Unternehmensgestaltung sicherstellen und wird fremdgesteuert.

Die beste Innovation bringt nichts, wenn sie von der Gesellschaft nicht akzeptiert wird und nicht umgesetzt werden kann.

▶ Wir leben ja in sehr spannenden Zeiten. Nichts ist von langer Dauer. Wir haben eine hohe Volatilität – sowohl bei Märkten als auch bei Technologien. Was sind für Sie als Unternehmenslenker die entscheidenden Hebel, um diesen großen Herausforderungen zu begegnen?

In erster Linie kommt es darauf an, die Märkte und Kunden zu verstehen. Man muss wissen, wie die Wertschöpfungskette aussieht und wo man ansetzen muss. Voraussetzung dafür ist es, langfristig und über das Unmittelbare hinaus zu denken. Man muss sich immer die Frage stellen: „Wie wird sich diese Industrie in den nächsten acht bis zehn Jahren und darüber hinaus entwickeln?"

Beispiel Lebensmittelindustrie: Hier werden Entwicklungen wie die steigende Zahl von Single-Haushalten oder die alternde Bevölkerung in Europa ganz neue Verpackungslösungen erfordern, was etwa Packungsgrößen, Flexibilität, Öffnungsmechanismen oder auch Produktbeschreibungen betrifft. In Schwellenmärkten wie Indien dagegen werden mit der Expansion großer Handelsgruppen erstmals in größerem Maßstab überhaupt moderne Verpackungen eingesetzt – aber mit ganz anderen Anforderungen, was etwa die Preise betrifft. Solche komplexen Sachverhalte zu verstehen ist eine enorme Herausforderung. Wer diese meistert, kann seine Innovationskräfte zielgerichtet steuern und sich besser positionieren als die Wettbewerber.

▶ Damit sprechen Sie einen Trend an. Es reicht heute nicht mehr aus, den Kunden zu verstehen. Denn dieser ist ja auch nur ein Teil der Wertschöpfungskette. Heute ist es zwingend notwendig, das Verständnis von den kompletten Wertschöpfungsketten zu haben.

So ist es. In der Chemieindustrie hat man in der Vergangenheit sehr produkt- und technologiegetrieben agiert. Es ging weniger darum, wirklich die Kundenbedürfnisse zu verstehen. Das ist jedoch die Schlüsselherausforderung für die gesamte Chemieindustrie. Die Wertschöpfungsketten sind zum Teil enorm komplex – manche sind global, manche lokal und andere regional. Ich gebe Ihnen auch hier ein Beispiel: die Entwicklung von Etiketten, und insbesondere der sogenannten In-Mould-Labels, die im Rahmen des Spritzgussprozesses direkt in Verpackungen beispielsweise für Margarine oder Frischkäse integriert werden. Die Spieler, die hier Einfluss auf die Qualität des Endprodukts haben, reichen von den Konsumgüterherstellern über die Folienhersteller bis zu den spezialisierten Druckereien und wiederum deren Partnern etwa für Farben oder Druckmaschinen. Hier braucht man integrierte Innovationsprozesse, die wir beispielsweise in gemeinsamen Innovationsworkshops mit großen Etikettenherstellern realisieren.

Kundenbedürfnisse zu verstehen ist die Schlüsselherausforderung für die gesamte Chemieindustrie.

Generell stellen wir immer häufiger fest, dass die Wertschöpfungsketten gar nicht mehr so starr sind. In unserer Industrie haben die 2nd-Tier-Supplier früher gesagt: Wir brauchen kein Innovationsmanagement. Unser Innovationsmanagement ist das Fax vom Converter, also beispielsweise dem Etikettenhersteller. Das ändert sich gerade dramatisch. Die Markenhersteller lassen sich heute Impulse für neue Technologien ganz hinten aus der alten Wertschöpfungskette geben und übersetzen diese dann in ein Anwendungsfeld. Damit ist die Wertschöpfungskette eine Art Wertschöpfungsnetzwerk. Es wird offener. Uns bei Treofan kommt das insofern entgegen, als wir schon immer – anders als das Gros der Wettbewerber – sehr enge, direkte Beziehungen zu den großen Markenherstellern pflegen.

Vorausschau

▸ Zum Verständnis der Wertschöpfungsketten gehört auch das Thema Vorausschau. Was tut Ihr Unternehmen, um die Herausforderungen der Zukunft zu erkennen?

Wir haben unsere Unternehmensplanung ebenso wie den Innovationsprozess in den vergangenen Monaten grundlegend neu ausgerichtet. Beide gehören ja sehr eng zusammen. Ein wichtiger Punkt ist, dass beide Verantwortungen nun gebündelt und im Executive Committee vertreten sind, durch einen Chief Innovation Officer und einen Vice President Corporate Development. Im Kern geht es darum, von einer Inside-Out-Philosophie zu einer Outside-In-Philosophie zu gelangen. Etwas verkürzt gesagt: Früher hat Treofan ein neues Produkt entwickelt und ist damit auf den Markt zugegangen. Verstehen Sie mich nicht falsch – das war ja oft sehr erfolgreich, sonst stünden wir nicht da, wo wir stehen. Aber es war relativ schwer vorhersagbar, welche Investition sich auszahlen würde und welche nicht. Jetzt gehen wir den umgekehrten Weg.

Früher hat Treofan ein neues Produkt entwickelt und ist damit auf den Markt zugegangen. Jetzt gehen wir den umgekehrten Weg.

Eine der wichtigsten Funktionen von Corporate Development besteht darin, Marktentwicklungen zu beobachten und zu extrapolieren. Gleichzeitig nutzen wir auch unsere bestehenden intensiven Beziehungen zu den großen Markenherstellern – weltweit – sehr bewusst und strukturiert, um deren Bedürfnisse zu verstehen, zu operationalisieren und damit als Impulse zu nutzen. Das gilt nicht nur für den Innovationsprozess, sondern selbstverständlich auch für unsere eigene Organisation und unsere Prozesse. Wo müssen wir künftig mit eigenen Fertigungskapazitäten vor Ort sein? Welche Wertschöpfungstiefe wird wo notwendig sein?

Die Antworten fallen je nach Produktsegment sehr unterschiedlich aus: Die Märkte für unsere technischen Folien liegen sehr stark in Asien, während das Verpackungsgeschäft geografisch viel ausgewogener ist, dafür aber aggressive neue Wettbewerber beispielsweise in Osteuropa aufkommen. Natürlich sind die Trends und Entwicklungen, die für diese Märkte relevant sind, sehr heterogen. Entsprechend wichtig ist es, die richtigen strategischen Schlüsse zu ziehen und die vorhandenen Ressourcen zu priorisieren.

> Welche für Ihren Geschäftserfolg wesentlichen Märkte und Trends sehen Sie?

Treofan ist der einzige BOPP-Folien[1]-Hersteller, der alle Marktsegmente – Verpackung, Etiketten, Tabakindustrie und Technische Folien – bedient. Insofern gibt es Trends, die für uns bereichsübergreifend relevant sind, wie etwa die Wachstumsentwicklung in den Schwellenländern, und andere, die primär einzelne Geschäftsfelder betreffen, beispielsweise der zunehmende politische Druck auf die Tabakindustrie in den westlichen Ländern.

Lassen Sie mich zwei konkrete Felder beschreiben, die ich teilweise bereits kurz angesprochen habe: Der mit Abstand größte weltweite Markt für BOPP-Folien sind Verpackungen. In vielen europäischen Ländern altert die Bevölkerung. Gleichzeitig gibt es immer mehr Single-Haushalte. Diese Entwicklungen verlangen nach neuen Lösungen. Verpackungen für ältere Menschen müssen sich mit sehr geringem Kraftaufwand öffnen lassen. Auch die Lesbarkeit von Produktinformationen spielt eine große Rolle, was zum Beispiel eine höhere Druckqualität oder einen größeren Anteil grafischer Darstellungen erfordern kann. Single-Haushalte verbrauchen kleinere Einzelmengen, was wiederum intelligente Lösungen für Portionierung, Wiederverschließbarkeit und Produkthaltbarkeit erfordert.

Unsere technischen Folien dagegen können als Separatoren unter anderem die Leistungsfähigkeit von Lithium-Ionen-Akkus verbessern. Die kommen zum Ein-

---

[1] Biaxial orientierte Polypropylen-Folien.

satz, wenn große Energiemengen gespeichert und sehr schnell wieder verfügbar gemacht werden müssen. Da sind dann Trends wie Elektromobilität oder der Ausbau regenerativer Energien relevant, einschließlich ihrer Auswirkungen auf die beteiligten Industriepartner und deren Wertschöpfungsketten.

Im Geschäftsfeld „Technische Folien" sind für uns Trends wie Elektromobilität und der Ausbau regenerativer Energien relevant.

▶ Welche Gefahren sehen Sie für Ihr etabliertes Geschäft?

Ich glaube – um das Thema noch einmal anzusprechen –, die gesellschaftliche Akzeptanz ist enorm wichtig. Gerade bei uns: Wir arbeiten mit Chemieprodukten. Da ist es längst nicht ausreichend, die Sicherheit groß zu schreiben. Man muss durch proaktive Kommunikation und die Einbindung von Stakeholdern dafür sorgen, dass die Gesellschaft und politische Entscheidungsträger verstehen, dass das, was wir tun, Hand und Fuß hat. Diese Vermittlungsarbeit ist eine enorme Herausforderung.

So tragen unsere Folien signifikant dazu bei, die Umweltbilanz von Lebensmitteln zu verbessern. Schauen Sie sich zum Beispiel die riesigen Mengen von Lebensmitteln an, die weggeworfen werden: Jeder Deutsche wirft pro Jahr durchschnittlich 80 kg in den Müll, in anderen Industrieländern sieht es ähnlich aus. Wir helfen unseren Kunden und den Endverbrauchern, dieses Problem mit innovativen Verpackungen zu lösen, die Produkte länger frisch und konsumierbar zu halten und sie zum Beispiel auch vor Transportschäden zu schützen. Der Rohstoff- und Energieaufwand für die Herstellung der Verpackung ist geringer als die Einsparungen, die ihre Schutzwirkung im Lebenzyklus des Nahrungsmittels ermöglicht; und diese Relation wird immer positiver. Wir haben zum Beispiel die Dicken unserer Folien – und damit den Materialeinsatz – kontinuierlich verringert und so die Treibhausemissionen je Fläche nahezu halbiert. Gleichzeitig wurde die Leistung der Folien – insbesondere die Wirkung als Barriere gegen verschiedene äußere Einflüsse wie Feuchtigkeit, Licht, Luft, Aromen und mechanische Einwirkungen – immer besser.

▶ Wie sieht es auf der Kostenseite aus? Ist die Abhängigkeit auf der Beschaffungsseite ein Thema, das Sie aus Managementsicht umtreibt?

Ich denke, das ist in unserer Branche wie in jeder anderen auch: Es geht darum, in der Organisation Kosten zu minimieren, Prozesse zu standardisieren und zu globalisieren – auch um die Transparenz zu erhöhen.

Kostenfragen dürfen zudem nie aus dem Bauch heraus entschieden werden. Pricing zum Beispiel muss eine sehr gut vorbereitete und disziplinierte Entscheidung sein. Daher benötigt man auch disziplinierte Prozesse, die die relevanten Informationen zur Verfügung stellen, damit eine begründete Entscheidung getroffen werden kann. Die Prozesse müssen außerdem transparent und lean sein, sodass man schnell entscheiden kann, ohne Verzögerungen. Auf dem Markt schnell agieren können – das ist auch ein wesentlicher Punkt.

Kostenfragen dürfen nie aus dem Bauch heraus entschieden werden.

Strategie

▶ Auf das Thema Globalisierung sind wir bereits kurz eingegangen. Welche Bedeutung hat Asien für Ihr Geschäftsmodell?

Wenn über Asien gesprochen wird, geht es oft sehr schnell ausschließlich um China. China ist natürlich sehr bedeutend. Aber darüber hinaus sind meiner Meinung nach Länder wie Japan oder Korea von übergeordneter Bedeutung. Die Kondensatoren- und Batterieherstellung beispielsweise ist weitgehend in diesen Märkten konzentriert. Wenn man solche Industrien nicht fokussiert und keine entsprechenden technischen Ressourcen vor Ort hat, ist man außen vor. Das muss nicht notwendigerweise immer mit eigener Produktion vor Ort verbunden sein. Wir selbst prüfen derzeit verschiedene Modelle, die auch Kooperationen oder Lizenzvereinbarungen sein könnten. Die Risiken, die mit diesem Schritt einhergehen, muss man managen. Sie dürfen einen nicht dazu verleiten, nicht zu investieren und dann außen vor zu bleiben.

> **Die Risiken, die mit einer Expansion nach Asien einhergehen, muss man managen. Sie dürfen einen nicht dazu verleiten, nicht zu investieren und außen vor zu bleiben.**

▸ Es geht also nicht nur darum, dort kostengünstig zu produzieren, sondern auch darum, diesen riesigen Markt zu erschließen, richtig?

Genau. Es ist kein Geheimnis, dass wir da noch ein Stück des Weges vor uns haben. Unsere künftige Aufstellung in Asien gehört zu den Schwerpunkten unseres neuen Vice President für Corporate Development.

▸ Ich möchte noch einmal das Thema „Mitarbeiter mitnehmen" ansprechen. Das hatten Sie bereits als sehr wichtig für die Strategieumsetzung akzentuiert.

Mitarbeiter mitnehmen bedeutet, die Strategie in der Sprache der Mitarbeiter zu kommunizieren. Damit meine ich nicht Flämisch oder Deutsch oder Englisch. Jeder Mitarbeiter muss verstehen: „Wie kann ich meinen Beitrag liefern für die Strategie? Was ist relevant für mich und mein direktes Umfeld?" Das heißt, die Übersetzung der Strategie ist enorm wichtig. Ich glaube, dass viele Unternehmen diese Herausforderung unterschätzen.

So soll manchmal das Mittelmanagement seinen Mitarbeitern in der Produktion oder im Innovationsbereich die Strategie mit den gleichen Präsentationen vermitteln, die auf der Top-Ebene genutzt wurden, um sehr strategisch zu erklären, warum dieses und jenes getan wird. Stattdessen muss die Strategie bei der Vermittlung auf das Elementare reduziert werden und insbesondere klarmachen, welche Konsequenzen das für die tägliche Arbeit der Belegschaft vor Ort hat, wie jeder Einzelne ganz konkret zur erfolgreichen Umsetzung der Strategie beitragen kann.

> **Die Strategie muss bei der Vermittlung auf das Elementare reduziert werden.**

▸ Diese Vermittlung ist natürlich eine große Herausforderung für das Mittelmanagement. Wie kann das Top-Management da unterstützen?

Hier spielt das Thema Training eine große Rolle. Eine Strategie zu vermitteln muss trainiert werden. Dabei ist es wichtig, auch externe Ressourcen einzubinden: nicht nur klassische Berater, sondern zum Beispiel auch Psychologen. Denn es geht weniger um konkrete Inhalte, sondern um die Menschen. Man kann beispielsweise mit Diskussionsrunden arbeiten, die auch bewusst so heißen – und nicht Round Tables. Bei Round Tables kommt ein großer Chef rein, und 20 ausgewählte Leute sitzen am Tisch. Der, der am extrovertiertesten ist oder sich noch profilieren möchte, traut sich, eine Frage zu stellen. Der Chef freut sich, weil es genau die Frage ist, bei der er glänzen kann: Er fängt sofort an, auf seiner Ebene zu erklären. Die anderen 19 haben dann vermutlich nichts verstanden. In einer Diskussionsrunde hingegen kommen die Leute über Gruppendynamik zusammen.

Natürlich hängt der konkrete Ansatz sehr stark davon ab, wo das Unternehmen im Hinblick auf Führungsverhalten und Führungskultur steht, welche Fähigkeiten vorhanden sind und vielleicht schon trainiert wurden. Bei Treofan beginnen wir gerade mit einer Serie von Managementtrainings, in denen wir Führungsverhalten mit der neuen strategischen Ausrichtung verknüpfen. Die Strategie hat ja viele konkrete Auswirkungen auf das tägliche Management: Welche Prioritäten setze ich? Welche Ziele stehen im Fokus, und warum sind die für die Umsetzung der Strategie wichtig? Wie verändert sich die Zusammenarbeit mit anderen Unternehmensbereichen?

Prozesse

▶ Nähern wir uns nun noch mehr dem Thema Umsetzung. Wir bewegen uns im 4-Ebenen-Modell also allmählich von der Strategie in Richtung Prozesse. Wie stellen Sie sicher, dass der Innovationsprozess Ihres Unternehmens zielführend ist?

Wir haben unseren Innovationsprozess in den vergangenen Monaten komplett umgestellt. Wichtig sind mir dabei vor allem drei Aspekte:

Erstens: Innovationsansätze entstehen primär aus dem Verständnis von Kundenbedürfnissen – und nicht aus internen, technisch-prozessualen Ideen heraus. Innovation ist eine crossfunktionale Aufgabe. Sie wird von Teams getrieben, denen Vertreter von Innovation, Sales, Supply Chain Management und Produktion angehören, koordiniert von Corporate Development. Crossfunktional bedeutet aber auch, wie ich bereits angesprochen hatte, Innovationen gemeinsam mit Partnern innerhalb der Wertschöpfungskette voranzutreiben.

Innovationsansätze entstehen primär aus dem Verständnis von Kundenbedürfnissen – und nicht aus internen, technisch-prozessualen Ideen heraus.

Zweitens: Wir haben ein Portfoliomanagement für Innovationsprojekte eingeführt. Projekte werden nach vier Kriterien bewertet und auf dieser Basis miteinander verglichen. Wie stark korreliert ein Projekt mit der Strategie? Welche Investitionen sind notwendig? Welcher realistische Return on Investment steht dem gegenüber? Wie lang ist die Time to Market? Auf Basis dieser Analyse entscheidet das Executive Committee, wie das Innovationsportfolio des Unternehmens aussieht, und sorgt für die Bereitstellung der notwendigen Ressourcen.

Drittens: Wir haben zur Steuerung der Innovationsprojekte einen Stage-Gate-Prozess implementiert. Hier wird nachgehalten, ob die im Portfolio-Management definierten Meilensteine tatsächlich erreicht werden und wie Abweichungen korrigiert werden können. Die Transparenz, die der Stage-Gate-Prozess erzwingt, führt letztendlich dazu, dass wir unsere Ressourcen bündeln und nicht streuen – nicht zuletzt, indem wir weniger Erfolg versprechende Projekte zu einem möglichst frühen Zeitpunkt stoppen.

> ▶ Mit einem solchen strukturierten Prozess verhindern Sie die Herausbildung von „Inselprozessen" – was insbesondere in komplexen Organisationsstrukturen eine Herausforderung ist.

In der Tat, und das gilt heute auch für eher mittelständische Unternehmen wie Treofan, die global tätig sind und mehrere Standorte und Produktsegmente haben. Um Ihnen ein Beispiel aus dem Innovationsbereich zu geben: Dort haben bei uns vor nicht allzu langer Zeit die Entwicklungsabteilungen im deutschen Neunkirchen und im mexikanischen Zacapu parallel an einem fast identischen neuen Etikettenprodukt gearbeitet.

Aber auch in der Fertigung macht die weltweite Präsenz großer Markenhersteller und Handelsketten eine zunehmende Produktharmonisierung notwendig: Ein Produkt muss überall dieselbe Leistung bringen und denselben Look&Feel haben. Entsprechend wichtig werden Aspekte wie Produktadaptation und Anpassung der Anlagentechnologie.

Schließlich stellt sich angesichts begrenzter Ressourcen immer auch ganz grundsätzlich die Frage, wie viel Neues ein Unternehmen sich leisten kann. Wenn solch wichtige Entscheidungen lokal oder „im Schatten" getroffen werden, besteht die Gefahr, nur suboptimal zu agieren. Also sollte das Management dafür sorgen, dass durch die Etablierung der richtigen Prozesse die Strategie auch tatsächlich umgesetzt wird.

▶ Schlanke Prozesse und Strukturen sind Voraussetzung für effiziente Abläufe. Wo liegen Ihrer Ansicht nach die größten Herausforderungen bei der Optimierung von Geschäftsprozessen?

Die größte Herausforderung sehe ich auch hier im Change-Management. Ich glaube, für das Standardisieren von Prozessen bekommt man relativ schnell sehr gute Leute, die eine „Prozessdenke" haben, und man findet auch externe Unterstützung, um das inhaltlich gut zu strukturieren und voranzutreiben. Das Schwierige ist aber, die Organisation auf dieser Reise abzuholen und dann dafür zu sorgen, dass diese Prozesse nachhaltig sind. Mit dem Reengineering der Prozesse hat das Kernteam seine Aufgabe erledigt: Alles ist konzipiert, sogar teilweise implementiert. Ein Jahr später stellt man dann fest, dass die Prozesse auf dem klassischen alten Weg umgangen wurden.

Ich bin der Meinung, man sollte Excellence-Funktionen einrichten, die die Einhaltung der Prozesse überwachen. Dazu braucht man Leute, die diese Prozesse mitentwickelt haben. Dagegen wird häufig argumentiert, dass diese Stäbe dann wiederum ein eigenes Leben entwickeln und dies einer schlanken Organisationsstruktur widerspricht. Ich glaube aber, dass man das unter Kontrolle halten kann. Das muss auch kein Stab sein. Am besten läuft das über Community-Management: Die Experten versuchen, die Prozesse in den einzelnen Regionen zu verankern, und unterstützen beim Erklären der Prozesse oder der unterschiedlichen Tools, damit die Leute vor Ort nicht ganz auf sich allein gestellt sind. Gleichzeitig haben sie eine zweite wichtige Rolle: Die Welt ändert sich um uns herum. Das bedeutet, dass die Prozesse, die man vor drei Jahren optimiert hat, vielleicht nicht mehr die idealen Prozesse für heute oder für morgen sind. Deshalb ist es Aufgabe dieser Community, mit Hilfe von externen Experten, über externes Benchmarking, über Teilnahme an Marketing- oder Innovationsplattformen zu prüfen, welche Veränderungen notwendig sind: Was ändert sich in den Industrien? Welche neuen Innovationsprozesse gibt es? Wie können wir unsere anpassen? Dritte Funktion dieser Community ist eine Art Überwachung, damit sichergestellt wird, dass nicht jeder anfängt, die Prozesse wieder zu ändern, und an den Tools herumbastelt. Da muss man mit ganz klaren Regularien arbeiten: Unter welchen Bedingungen wird eine Änderung umgesetzt und welches Gremium entscheidet, dass man den Prozess ändert, wenn man es nicht in einer Excellence-Funktion verankert?

Systeme

▶ Sie haben mit den Tools die Systemebene bereits angesprochen. Auch hier geht es darum, Transparenz zu schaffen, sodass die Mitarbeiter die Systeme verstehen und davon begeistert sind.

Richtig. Deshalb haben wir gesagt: Wir müssen relativ schnell Akzente setzen beim System. Es muss ein System von Innovationsleuten für Innovationsleute sein. Sie müssen mit diesem System arbeiten wollen. Es reicht nicht aus, dass es von sehr guten IT-Spezialisten entwickelt wurde, wenn es nicht das Herz der Nutzer berührt, denn dann werden sie es nicht nutzen. Dann hat man einen Prozess und ein Tool, und beides wird nicht genutzt.

Systeme

▶ Zentrale Erwartungshaltung an die IT ist also die Akzeptanz der Nutzer.

Die erste Frage, die man sich bei der Suche nach einem Tool stellen muss, ist: Was möchte ich damit eigentlich erreichen – mit Blick auf die Geschäftsstrategie. Soll das Tool ein sehr transparentes, globales Projektportfoliomanagement vorantreiben oder soll es mit einer 100-prozentigen Genauigkeit angeben, wie viel Geld in Innovationen investiert wurde? Das ist ein enormer Unterschied. Für Letzteres benötigt man wahrscheinlich ein SAP-System mit einem Business Warehouse, bei dem man über Controlling-Mechanismen die richtigen Daten ausgeben kann. Bei der Entwicklung eines Tools muss also zunächst geklärt werden, welche Fragen es beantworten soll.

Bei der Entwicklung eines Tools muss zunächst geklärt werden, welche Fragen es beantworten soll.

Der zweite Aspekt dabei ist die bereits erwähnte Akzeptanz. Man muss die Leute, die dieses Tool benutzen werden, kennen und verstehen. Gleichzeitig muss das Tool auch für diejenigen einfach zu bedienen sein, die es seltener benutzen. Beispielsweise wird ein Customer Order Fulfillment Tool im Bereich Supply Chain täglich benutzt. Die Leute sind quasi Spezialisten im Umgang mit dem Tool. Die Entwickler im Innovationsbereich nutzen dieses Tool jedoch nur 0,5 % ihrer Zeit. Das bedeutet, das Tool muss sehr einfach sein und die gleiche Sprache nutzen, die auch die Entwickler in ihrem tagtäglichen Leben nutzen.

Der dritte wichtige Aspekt ist natürlich das Kosten-Nutzen-Verhältnis.

▶ Vielen Dank, dass Sie sich die Zeit für unseren Managementdialog genommen haben!

Peter Vanacker

Peter Vanacker wurde 1966 im belgischen Wervik geboren. Der Deutsch-Belgier übernahm im September 2012 als CEO die Führung der Treofan Gruppe. Zuvor war er 22 Jahre lang in unterschiedlichen internationalen Führungsfunktionen für die Bayer AG in Belgien, Brasilien, Deutschland und den USA tätig. Dazu gehören u. a. Positionen als Mitglied des Executive Committees bei der Bayer Polymers AG, Mitglied des Executive Committees bei Bayer MaterialScience und als Leiter des Polyurethangeschäfts. Peter Vanacker ist verheiratet und hat zwei Kinder.

Treofan Group

Die Treofan Gruppe ist ein führender globaler Hersteller von biaxial orientierten Polypropylen-Folien (BOPP-Folien), die unter den Markennamen Treofan® und TreoPore® vertrieben werden. Treofan bietet das umfangreichste Produktportfolio in der Branche, von Lösungen für die Verpackungs- und Tabakindustrie über Etiketten bis zu technischen Folien für elektronische Anwendungen beispielsweise in Batterien und Kondensatoren. Die Gruppe beschäftigt rund 1100 Mitarbeiter, betreibt vier Produktionsstätten in Deutschland, Italien und Mexiko und verkauft ihre Produkte in mehr als 90 Ländern weltweit.

Simone Kirf, Director P&S Process Harmonization bei Volvo Construction Equipment, im Gespräch mit Stephan Bille und Philipp Wibbing

„Der Mitarbeiter steht bei uns im Fokus."

> Vor dem Hintergrund, dass Volvo Construction Equipment (Volvo CE) durch zahlreiche Unternehmenszukäufe rasant gewachsen ist, betont Simone Kirf im Managementdialog, dass der nun anstehende Integrationsprozess eine Herausforderung ist, aber auch Voraussetzung für den künftigen Erfolg. Dabei geht es nicht nur um die Prozess- und Systemharmonisierung an den weltweit verteilten Standorten, sondern auch um die Etablierung gemeinsamer Werte und einer Unternehmenskultur. Wichtig für diese Konsolidierung ist laut Kirf vor allem die konsequente Kommunikation der Strategie – sodass jeder Mitarbeiter in den Prozess eingebunden wird. Der wachsenden Konkurrenz aus Asien begegnet Volvo CE zum einen mit spezifischen Kundenlösungen und ergänzenden Services. Zum anderen setzt das Unternehmen neben der Marke Volvo auf die Marke SDLG des chinesischen Joint-Venture-Partners Shandong Lingong, um global erfolgreich zu bleiben.

Zukunftsorientierte Unternehmensgestaltung

▶ Was verbinden Sie mit dem Begriff „zukunftsorientierte Unternehmensgestaltung"?

Unternehmensgestaltung beschränkt sich für mich nicht nur auf die „Hard Facts", wie Strategien und Prozesse. Für mich ist vor allem das Thema Unternehmenskultur ein sehr wichtiger Aspekt. Denn schließlich arbeitet man mit Menschen zusammen. Solange man sie aber nicht vom Sinn der aufgesetzten Strategien, Prozesse und Systeme überzeugt, sind diese nutzlos.

Diesbezüglich haben wir in den vergangenen Jahren bei Volvo Construction Equipment (Volvo CE) enorm investiert: Es wurde z. B. großer Wert darauf gelegt, wie Strategien kommuniziert werden. Sie wurden regelrecht geschult, um sicherzustellen, dass alle Mitarbeiter die strategischen Ziele verstanden haben. Denn letztendlich sind sie es, die das Unternehmen gestalten und Strategien umsetzen.

▶ Ist das auch ein Thema, mit dem Sie sich innerhalb Ihrer Branche von der Konkurrenz abgrenzen können?

Volvo hat sehr starke Kernwerte, die stets im Mittelpunkt stehen. Ich denke, das ist schon ein Alleinstellungsmerkmal und unterscheidet uns z. B. von der Konkurrenz in Asien: Das Unternehmen wird „schwedisch geführt". Das heißt: Der Mitarbeiter steht im Fokus. Wobei ich auch sagen muss, dass die Etablierung einer Unternehmenskultur eine kontinuierliche Aufgabe ist. Volvo CE ist aus Werken in Schweden entstanden – alle anderen Werke wurde in den vergangenen Jahren zugekauft. Die neuen Schwesterfirmen hatten alle ihre eigene Unternehmenskultur – diese unter den Volvo-Kernwerten zu vereinen braucht seine Zeit.

Vorausschau

▶   Mit welchen Werkzeugen blickt Volvo CE nach vorn? Wie funktioniert hier Vorausschau?

Wir führen zweimal im Jahr einen Long Range Forecast für die Stückzahlplanung der nächsten fünf Jahre durch. Auf dieser Basis entwickeln wir gemeinsam mit Marketing und Vertrieb die Produktions- und Finanzpläne.

Zudem gibt es jeden Monat einen rollierenden Forecast zur Kurz- und Mittelfristplanung, die sich auf 16 Monate bezieht. In diesem Prozess arbeiten wir sehr eng mit dem Vertrieb zusammen. Die Händler geben uns direkt ihren Input, den wir dann im Forecast verarbeiten.

▶   Wie sehen Ihre Produkte der Zukunft aus? In der Automotive-Branche wird beim Thema Zukunft häufig von Elektromobilität gesprochen. Gibt es ähnliche Trends in Ihrer Branche?

Es gibt interessante technologische Entwicklungen. Beim Volvo SFINX, der futuristischen Bagger-Konzeptmaschine, ist die Kette beispielsweise zweigeteilt, um mehr Flexibilität zu erreichen und gleichzeitig Stabilität zu gewährleisten. Daneben gibt es die Idee, den Bagger fernzusteuern oder Transporte in hoher Geschwindigkeit zu ermöglichen.

Innerhalb unserer Entwicklungsabteilung gibt es den Bereich Advanced Engineering, der sich intensiv mit Trends und künftigen Technologien auseinandersetzt.

In den vergangenen beiden Jahren haben wir einen „Innovation Jam" durchgeführt. Das ist ein über das Intranet getriebenes Brainstorming, bei dem jeder Mitarbeiter die Chance hat, eigene Ideen für neue Technologien und Funktionen an unseren Produkten einzubringen. Dabei haben wir von den Ideen unserer Mitarbeiter enorm profitiert.

▶ Befragen Sie auch Ihre Kunden zu dem Thema?

Wir beziehen unsere Händler ebenfalls in diesen Prozess ein. Parallel dazu führen wir Studien mit dem Fraunhofer-Institut durch, um z. B. das automatisierte Bedienen der Maschinen zu untersuchen. Auch da gibt es unterschiedliche Ansätze, das Thema weiterzutreiben.

Strategie

▶ Was können Sie angesichts Globalisierung und neuer Konkurrenten aus Asien tun, um Ihren Geschäftserfolg langfristig zu sichern?

Im Prinzip setzen wir auf zwei Marken: Volvo und Shandong Lingong (SDLG). Das Joint Venture mit dem chinesischen Unternehmen existiert seit 2006. Mit den sich ergänzenden Produkten der beiden Marken erreichen wir verschiedene Kunden- und Marktsegmente und konnten so gemeinsam eine führende Position im chinesischen Markt erreichen.

Gleichzeitig setzt Volvo auf seinen Technologievorsprung und seine Kernwerte. Unsere Produkte erfüllen alle Normen, und wir stellen zudem den Bedienerkomfort in den Vordergrund. Ich denke, zurzeit haben wir schon einen Vorsprung, aber die chinesische Konkurrenz schläft nicht. Deshalb müssen wir unseren Vorsprung immer weiter ausbauen.

Wir haben noch sehr viel Potenzial – insbesondere wenn es darum geht zu konsolidieren. Wir müssen das Wissen, das in den einzelnen Einheiten existiert, zusammenführen und gemeinsam Produkte und Prozesse weiterentwickeln.

Wir setzen auf zwei Marken: Volvo und Shandong Lingong.

▶ Gehört Sicherheit auch zu den Kernwerten von Volvo, die Sie angesprochen haben?

Sicherheit, Qualität und Umweltschutz – das sind unsere drei Kernwerte. Sicherheit bezieht sich nicht nur auf unsere Produkte. Gemeint ist außerdem die Sicherheit unserer Mitarbeiter in den Werken. An den Produktionsstandorten werden diesbezüglich Schulungen und sogenannte „Risk Huntings" durchgeführt, bei denen sich die Mitarbeiter mit der Unterstützung aller Führungsebenen bei der Arbeit beobachten und gemeinsam Aktivitäten zur Vermeidung von unsicheren Zuständen oder Handlungen festlegen.

Sicherheit am Arbeitsplatz ist ein Thema, das in Europa oder Amerika generell eher als gegeben angesehen wird. In Ländern wie China oder Indien ist das allerdings schon ein Aspekt, der einen Arbeitgeber attraktiv macht. Im Gegensatz zu unserem Werk in Shanghai haben wir hier am Standort Konz keine Probleme mit der Mitarbeiterfluktuation. In Shanghai jedoch muss das lokale Management vorrangig dafür sorgen, dass die Mitarbeiter auch morgen noch für Volvo CE arbeiten. Das Geschäft und die Kultur in China sind sehr schnelllebig – und die Konkurrenz versucht ständig, qualifizierte Mitarbeiter abzuwerben. Folglich braucht man eine Strategie, um die Mitarbeiter an das Unternehmen zu binden. Deshalb spielen die Kernwerte dort eine noch größere Rolle als bei uns in Europa.

▶ Spüren Sie da schon eine positive Entwicklung? – Sprich: Funktioniert die Mitarbeiterbindung dort?

Im Vergleich zu Wettbewerbsunternehmen in China sind wir besser aufgestellt, was die Mitarbeiterbindung betrifft. Im vergangenen Jahr war unsere Fluktuation dort weniger als halb so groß wie der Durchschnitt. Das zeigt, dass unsere Aktivitäten bereits Früchte tragen. Man merkt auch in Gesprächen mit den chinesischen Kollegen, dass die Mitarbeiter sich zugehörig fühlen.

> Die Etablierung der Kernwerte in all Ihren Werken ist beim Kampf gegen eine hohe Fluktuation sicher ein sehr wichtiger Punkt. Bei der Mitarbeiterbindung allein auf den Faktor Geld zu setzen ist nicht immer eine erfolgreiche Strategie.

Genau, der Faktor Geld ist sicherlich nicht die richtige Strategie, um Mitarbeiter langfristig an ein Unternehmen zu binden. Die Kernwerte sind beim Thema Mitarbeiterbindung nur die Grundpfeiler. In unserer Strategie haben wir darauf aufbauend drei Schwerpunkte verankert: Wachstum, Effizienz und Führung.

Bis zur Krise Mitte 2008 waren wir sehr stark wachstumsorientiert und haben Unternehmen zugekauft. Damals waren wir zudem in Produktlinien organisiert. Das heißt, wir hatten pro Produktlinie einen eigenständigen Geschäftsbereich. Für den Standort Konz bedeutete das: Es gab einen Geschäftsbereich für Kompaktradlader und einen für Bagger. Jeder Bereich verfolgte seine eigene Strategie. Das führte zum Beispiel dazu, dass Outsourcing auf der Radlader-Seite und gleichzeitig Insourcing im Bagger-Bereich betrieben wurde. Solche komplett gegensätzlichen Strategien intern verständlich zu kommunizieren stellt sicherlich eine Herausforderung dar. Eine gemeinsame Strategie sorgt nun seit 2009 für eine einheitliche Ausrichtung.

Um solche Veränderungen zu gestalten, benötigt man ein entsprechendes Führungsteam. Natürlich wird auch den Mitarbeitern Verantwortung übergeben, aber letztendlich muss der Veränderungsprozess von den Führungskräften getrieben und gelebt werden. Wenn ich von Führungskräften spreche, meine ich nicht nur die oberste Managementebene im Unternehmen, sondern beispielsweise genauso einen Meister, der sicherstellen muss, dass seine Mitarbeiter im Sinne der Strategie arbeiten. Dies ist eine neue Herausforderung auf dieser Führungsebene mit hohem Schulungsbedarf: Ein Meister ist nun nicht mehr der primäre Problemlöser, der dafür sorgt, dass die Produktion weiterläuft. Er muss jetzt vor allem seine Mitarbeiter dazu befähigen, Probleme selbst zu lösen.

> Wir haben bereits über den „Bagger der Zukunft" und neue technologische Möglichkeiten gesprochen. Beschäftigen Sie sich daneben auch mit dem Markt der Zukunft?

Wir werden in Zukunft verstärkt auf Kundenlösungen setzen. Das ist eine Entwicklung, die eher marktgetrieben ist. Wenn unser Kunde z. B. plant, im Bereich

Abfallwirtschaft zu arbeiten, dann versuchen wir, ihm auf der Basis eine spezielle Lösung zu bieten.

Daneben gibt es noch einen weiteren Trend, den wir in der Strategie hervorgehoben haben: Es geht darum, neben hervorragenden Baumaschinen ebenfalls hochwertige Serviceleistungen, wie Garantien, Service- und Wartungspakete, anzubieten. In Kombination mit einem flächendeckenden Händlernetz werden wir damit unseren Vorsprung zum Wettbewerb weiter ausbauen.

Wir werden in Zukunft verstärkt auf Kundenlösungen setzen.

▸ Wir haben bereits darüber gesprochen, wie wichtig es ist, die Mitarbeiter „mitzunehmen". Sehen Sie noch weitere Faktoren, die den Erfolg einer Strategie sichern?

Man muss konkrete Aktionen in einem Umsetzungsplan festlegen, priorisieren und diesen entsprechend nachverfolgen. Man darf sich nicht auf dem sogenannten NATO-Prinzip, „No Action, Talking Only", ausruhen. Das ist eine sehr große Gefahr, wenn man sich in den oberen Führungsebenen bewegt und ständig über Strategien spricht.

Ein anderer Punkt, den ich für besonders wichtig halte, ist die bereichsübergreifende Zusammenarbeit. Viele Fragestellungen müssen cross-funktional betrachtet und gemeinsam umgesetzt werden. Dann müssen sich z. B. der Vertrieb, der R&D-Bereich und der Einkauf zusammensetzen, um die bestmögliche Entscheidung zu treffen. Ansonsten besteht die Gefahr, dass eine Verbesserung in einem Bereich eine gravierende Verschlechterung in einem anderen Bereich verursacht.

▶ Gehört es auch zur Philosophie von Volvo CE, sich mit anderen, branchenfremden Unternehmen und Personen auszutauschen, um vielleicht neue Impulse zu bekommen?

Ja, auf jeden Fall. Beispielsweise werden innerhalb des Volvo-Produktionssystems Best Practices auch aus anderen Branchen betrachtet, um hier die bestmögliche Optimierung zu erreichen. Wir haben im vergangenen Jahr das Programm „Operational Development" ausgerollt – dabei haben wir auf viele externe Beispiele zurückgegriffen, um deutlich zu machen: Was heißt diese Veränderung in der Praxis? Wie hat es woanders bereits funktioniert?

Um alle Mitarbeiter zu erreichen, ist es wichtig, empfängerorientiert zu kommunizieren. Abstrakte PowerPoint-Präsentationen, frei nach dem Motto „Je mehr Folien, desto besser", sind sicherlich nicht der richtige Weg. Externe Erfolgsbeispiele können dagegen sehr hilfreich sein.

▶ Welche Methodik wenden Sie zum Strategie-Controlling an?

Unsere Strategie ist auf den drei bereits genannten Schwerpunktthemen aufgebaut, die wiederum in neun Key Focus Areas unterteilt sind. Für jede dieser Key Focus Areas gibt es festgelegte Kennzahlen mit vereinbarten Planwerten für die einzelnen Ziele. Diese werden in einigen Bereichen monatlich, in anderen sogar wöchentlich nachverfolgt. Dann gibt es quartalsweise ein Kommunikationspaket mit Inhalten zur Strategie, das an alle Mitarbeiter kommuniziert wird. Einige Kennzahlen im Bereich Führung werden über eine Mitarbeiterumfrage gemessen, die nur einmal im Jahr stattfindet. Der Umsetzungsgrad der Strategie wird anhand der aktuellen Kennzahlen jede zweite Woche von Volvo CEs Executive Management Team betrachtet. Das ist wichtig, um den Fokus im Auge zu behalten und die richtigen Prioritäten zu setzen. So wird die Umsetzung der Strategie sichergestellt und gelebt.

Der Umsetzungsgrad der Strategie wird anhand der aktuellen Kennzahlen jede zweite Woche vom Executive Management Team betrachtet.

▶ Ist das Verhältnis zwischen dem Aufwand, der für das 14-tägige Berichten betrieben wird, und dem Nutzen noch vertretbar?

Die meisten Kennzahlen werden ohnehin gemessen, um das Unternehmen steuern zu können. Der Reporting-Aufwand ist relativ gering. Im Produktionsbereich gab es beispielsweise nur eine neue Kennzahl mit der Einführung der neuen Strategie.

Um Zusatzaufwand zu vermeiden, wurde eine andere Kennzahl gleichzeitig eingestellt. Der größte Teil der Kennzahlen ist zudem voll automatisiert. Es gibt lediglich einen Mitarbeiter in Brüssel, der die Daten sammelt und alles entsprechend dokumentiert.

Im Vergleich dazu ist der Aufwand an Zeit und Geld für die Kommunikation der Strategie und die Einbindung aller Mitarbeiter enorm groß. Alle Mitarbeiter wurden geschult und werden regelmäßig über den Fortschritt der Strategieumsetzung informiert. Aber auch das lohnt sich meiner Meinung nach. Denn wenn man nicht kommuniziert, was man wie erreichen will – wie sollen die Mitarbeiter den Prozess dann unterstützen?

▶ Auf der einen Seite gibt es also eine feste Strategie bei Volvo CE, deren Einhaltung und Umsetzung stark nachverfolgt wird. Auf der anderen Seite gibt es eine hohe Diversifikation im Unternehmen: viele verschiedene Produkte, 16 Werke mit zum Teil unterschiedlichen Erfolgsfaktoren. Wo muss man dem einzelnen Werk eventuell etwas Selbstständigkeit zurückgeben, um erfolgreich zu bleiben?

Die Key Focus Areas sind in jedem Werk natürlich unterschiedlich ausgeprägt – aufgrund der verschiedenen Hintergründe. Was für die einen noch ein Problembereich ist, an dem gearbeitet werden muss, ist für die anderen vielleicht schon als erreichtes Ziel abgehakt. Dann kann man sich auf andere Dinge konzentrieren.

Dafür werden die Operational-Development-Programme genutzt. Darin formuliert der General Manager eines Standortes den „lokalen Fokus" für die nächsten sechs bis zwölf Monate. Wir haben in Konz zum Beispiel „Made in Konz, just perfect" als Vision und „Auf uns ist Verlass" als lokalen Fokus formuliert. Der Fokus richtet sich immer nach dem größten Verbesserungspotenzial des jeweiligen Unternehmens.

Die Kommunikation der Volvo-CE-Strategie und unseres lokalen Fokus am Standort haben wir miteinander verbunden – um es für die Mitarbeiter verständlicher zu machen und die Zusammenhänge erklären zu können. Wir haben alle Mitarbeiter geschult und das Wesentliche in einer Broschüre für sie zusammengefasst: Diese erklärt, was die Strategie von Volvo CE ist und, anhand eines Maßnahmenplans, was sie konkret für uns am Standort bedeutet. Das Feedback zu diesen Kommunikationsaktivitäten war sehr positiv. Wir haben bei der Mitarbeiterumfrage einen sehr großen Sprung nach vorn gemacht, was die Zufriedenheit angeht.

Prozesse

► Sie haben die aktuelle Diversifikation innerhalb von Volvo CE angesprochen. Welche Herausforderungen bringt diese auf der Prozessebene mit sich?

Aufgrund der vielen Zukäufe in der Vergangenheit haben unsere Werke natürlich komplett unterschiedliche Umfelder.

Deshalb ist insbesondere das Thema Prozessharmonisierung eine große Herausforderung für uns.

Denn was in Korea sehr erfolgreich ist, muss in Europa noch lange nicht funktionieren: Beim Transfer der Kettenbaggerproduktion für den europäischen Markt von Korea nach Konz mussten beispielsweise Teile des Materialbeschaffungsprozesses komplett angepasst werden, weil ein in Korea bestehendes extrem stabiles Lieferumfeld zu diesem Zeitpunkt in Europa noch nicht genutzt werden konnte. Deshalb ist es wichtig, immer das Umfeld zu betrachten und zu hinterfragen, ob eine Standardisierung sinnvoll ist oder die individuellen Gegebenheiten dagegen sprechen.

Das Gleiche gilt im Prinzip auch für die Vertriebsstrukturen. Es ist etwas anderes, eine Kompaktmaschine zu verkaufen, als eine große Spezialmaschine für die Straßenfertigung, die individuell entwickelt wurde. Deshalb muss man unter sorgfältiger Betrachtung regionaler Rahmenbedingungen Unterschiede zulassen, um insgesamt erfolgreich zu sein.

Aufgrund des starken Wachstums in der Vergangenheit werden wir uns verstärkt mit dem Thema Prozessharmonisierung beschäftigen.

▸ Die Kultur spielt immer eine besondere Rolle bei der Gestaltung von Prozessen. Stellen die unterschiedlichen Kulturen an den einzelnen Standorten eine Hürde bei der Prozessharmonisierung dar?

Ja, denn jede Kultur nutzt eine andere Herangehensweise: Unsere Kollegen in Korea versuchen beispielsweise, ihre gesamte Steuerung im System, also in SAP, darzustellen. In unserem brasilianischen Werk wird hingegen sehr wenig über das System abgebildet. Hier werden Prozesse über visuelle Steuerungsmethoden gelenkt, ohne alle Einzelschritte im System zu dokumentieren. Dennoch erreichen beide Werke ihre strategischen Kennzahlen und sind in der Lage, eine diverse Produktpalette herzustellen.

In Korea ist es selbstverständlich, in Prozessen zu denken. Wir haben dort den Ablauf dokumentiert, wissen, wer wofür verantwortlich ist etc. Innerhalb von Volvo CE ist Korea diesbezüglich Benchmark.

Eine weitere grundsätzliche Herausforderung bei Prozessveränderungen ist, dass die Mitarbeiter mit diesen häufig eine große Angst verbinden. Sie fürchten, dass ihre Anforderungen außer Acht gelassen werden und sie dann einem Standardablauf folgen müssen, den sie als nicht sinnvoll ansehen. Den Mitarbeitern diese Angst zu nehmen, indem sie direkt einbezogen werden, ist enorm wichtig.

▸ Wie gelingt es Ihnen konkret, Standardisierungen und effiziente Prozesse einzuführen?

Das würde ich gern unterscheiden: Standardisierung ist das eine, effiziente Prozesse sind das andere. Wenn man die Lean-Philosophie betrachtet, dann können Standardisierung und effiziente Prozesse auch etwas Gegensätzliches sein. Lean-Management baut im Prinzip schon auf einer effizienten Gestaltung für den lokalen Ablauf und das lokale Umfeld auf. Standardisierungen sind oft nur bis zu einem gewissen Punkt effizient – danach muss man lokal anpassen. Das heißt: Man kann durch zu viel Standardisierung auch an Effizienz verlieren. Die Kunst besteht darin, eine effiziente Balance zu finden zwischen Standardisierung und lokalen Anpassungen. Des Weiteren kann man mit einem sehr weit entwickelten Prozess Standorte auch überfordern, wenn sie diesen in ihrem Umfeld noch gar nicht leisten können.

Deswegen ist für mich zunächst wichtig, wie die Umfelder in den einzelnen Standorten konkret aussehen: Mit welchen Herausforderungen hat man dort zu kämpfen? Erst im nächsten Schritt kann man beispielsweise sagen: Es ist sinnvoll, Experten aus dem Werk in Schweden mit denen aus einem Werk in Korea zusammenzubringen, weil die Umfelder und Herausforderungen sehr ähnlich sind und man voneinander lernen kann. Hier ist ein Austausch erfolgversprechend.

Aber das ist nur ein Teil der Arbeit. Man muss die Dinge global zusammenführen und eine Richtung, also Prozessziele, vorgeben. Neben einer globalen Definition der Prozesse bis auf Level 2 haben wir, was die Kennzahlen betrifft, in den vergangenen Jahren bereits einen großen Schritt nach vorn gemacht: Kennzahlen wurden standardisiert und größtenteils automatisiert. Damit wird nun sehr intensiv gearbeitet. Auf dieser bewährten Basis müssen wir aufbauen und Prozessziele erarbeiten, um die Prozesse entsprechend weiterzuentwickeln.

Man kann durch zu viel Standardisierung auch an Effizienz verlieren.

▷ Welche Rolle spielt dabei der Mensch?

Der Mensch ist eine wichtige Ressource. Doch auch hier gibt es prozessuale Herausforderungen: Wir haben in Deutschland beispielsweise eine recht standardisierte Ausbildung für Industriemechaniker. In vielen Ländern existiert so etwas gar nicht. Deswegen versuchen wir, das Ausbildungskonzept über das Volvo-Produktionssystem darzustellen, um langfristig Standards zu setzen.

▸ Wie sieht der Innovationsprozess bei Volvo CE aus?

Bei Prozessinnovationen läuft das folgendermaßen: Bei der Ideenfindung nutzen wir u. a. eine „Good to Great"-Bibliothek, in der gute Beispiele gesammelt, dokumentiert und zentral gespeichert werden. Das steht jedem innerhalb des Unternehmens zur Verfügung und wird zur kontinuierlichen Verbesserung genutzt. Wenn ein neues Best-Practice-Beispiel veröffentlicht wird, hat man somit die Möglichkeit zu prüfen: Gibt es das bei uns schon? Oder haben wir eventuell etwas Besseres? – So können wir alle voneinander lernen. Wir haben aktuell 16 laufende Produktionswerke. Da gibt es jede Menge gute Beispiele, aus denen man Ideen generieren kann.

Wenn aus einer guten Idee ein Standard an einem Standort entwickelt wurde, wird im nächsten Schritt eine „Business-Opportunity" dazu beschrieben. Auf dieser Basis wird dann ein globales Team zusammengestellt, das die „Business-Opportunity" zu einem Volvo-CE-weiten Standard weiterentwickelt. Am Ende wird im Operations Management Team entschieden, ob der Standard so ausgerollt wird. Eine Umsetzung wird entsprechend nachverfolgt.

▸ Der Bereich, in dem Sie arbeiten, nennt sich „Processes and Systems". Wenn Sie sich mit Prozessen beschäftigen – zu wie viel Prozent ist das immer ein IT-Thema?

Das Thema Prozesse ist bei uns im IT-Bereich angesiedelt. In unserem Team bin ich die Einzige, die keinen IT-Hintergrund hat. Genauso wie meine Kollegen im globalen Team arbeite ich zudem eng mit den Fachbereichen zusammen.

In der Regel betrachten wir Prozesse und Systeme gleichzeitig, um unser Standardsystem effizient zu nutzen. Sehr oft wird der Prozess auch von den Abläufen im System getrieben. Das ist ein Punkt, an dem wir noch arbeiten müssen. Es ist schon eine Herausforderung, das Denken in Prozessen in der Organisation zu verankern. Wir müssen zunächst überlegen, was überhaupt getan werden muss, um das erwartete Ergebnis zu erzielen. Auf dieser Basis können dann die Systemziele festgelegt werden. Deshalb müssen wir das Verständnis dafür schaffen: Die Mitarbeiter müssen verstehen, was sie bei den einzelnen Prozessschritten wirklich tun sollen, und diese hinterfragen. Es darf nicht sein, dass Dinge im System gepflegt werden, die im Prinzip niemand für seine Arbeit nutzt – nur weil das irgendwann einmal festgelegt wurde und zu dem Zeitpunkt sicher sinnvoll war. Deshalb müssen wir uns intensiv mit den Prozessen beschäftigen und unsere Mitarbeiter entsprechend schulen.

▶ Gibt es Synergien mit Volvo Trucks?

Wir versuchen zurzeit, die Art und Weise, wie die Produktkosten gestaltet werden, von Volvo Trucks bei uns einzuführen. Sogenannte Cost Engineers betreuen dort das Target-Costing-Prinzip mit dem Ziel einer möglichst profitablen Produktentwicklung. Da können wir eine Menge von Volvo Trucks lernen.

Systeme

▶ Bisher bedienen Sie mit Ihren IT-Systemen ja hauptsächlich die eigenen, unternehmensinternen Prozesse. Wenn in Zukunft das Thema After Sales eine wichtigere Rolle spielt: Welche Herausforderungen bringen technologiegetriebene Innovationen auf der Systemseite mit sich – z. B. ein Backend-System für einen Bagger, der auf einer Baustelle steht und mit Ihnen kommuniziert?

Es ist sehr interessant, wie viel „System" bereits in unseren Maschinen vorhanden ist. Es gibt einige Steuereinheiten, die in den Maschinen verbaut sind und je nach Anwendung unterschiedlich programmiert werden. Das Schreiben der Software wird vom R&D-Bereich betreut. Das Team um diese produktbezogene Software stellt sicher, dass die richtige konfigurationsbezogene Software auf der entsprechenden Maschine installiert wird. Diese Aufgabe wird vom Service-Products-Bereich abgedeckt. Eine Care-track-Option sammelt zum Beispiel Wartungsdaten der Maschinen. Man kann aber auch anwenderspezifische Informationen aus dem System abrufen.

Was die IT-Prozesse im unternehmensinternen, administrativen Bereich betrifft, betrachten wir kontinuierlich, welche neuen Lösungen zur Geschäftsprozessunterstützung entwickelt werden. Zum Beispiel haben wir das Thema „Health and Safety" noch nicht im System abgelegt. Das Unfall-Berichtswesen wird bisher noch in Excel-Listen festgehalten. Hier prüfen wir, wie dies effizient durch ein System unterstützt werden kann. Es geht darum, Ergebnisse zu dokumentieren und Lösungen aufzuzeigen – z. B.: Wie kann man ergonomischer arbeiten?

Systeme 123

▶ Wie funktioniert das Wissensmanagement bei Volvo CE – insbesondere bezogen auf die Zusammenarbeit zwischen den Werken?

Das Wissensmanagement versuchen wir derzeit vor allem über das bereits erwähnte „Good to Great" zu pushen. Das ist einer der Ansätze, die zentral gestartet wurden.

Ansonsten haben wir verschiedene Communities und Netzwerke, die in den vergangenen Jahren gewachsen sind. Diese werden nun von uns zusammengeführt. Jede Region, ob Amerika, Asien oder Europa, hatte bisher einen anderen Ansatz.

▶ Vielen Dank für das interessante Gespräch, Frau Kirf!

Simone Kirf
Als Director P&S Process Harmonization verantwortet Simone Kirf seit März 2013 als Mitglied des globalen „Operations Processes and Systems Team" unter anderem die Themen Prozessharmonisierung und kontinuierliche Verbesserung von Volvo Construction Equipments globalen Lösungen im Zusammenhang mit dem „Order-to-Delivery"-Prozess. Dem Unternehmen gehört sie seit 1996 an. Hier hat sie verschiedene Positionen durchlaufen, u. a. war sie Manager Cost Accounting & Product Costing (2007 bis 2012) und Manager Production Planning & Order Desk (2011 bis 2013) am Standort Konz. Von 2010 bis 2012 absolvierte sie ihren International Executive MBA in General Management.

Volvo Construction Equipment

Volvo Construction Equipment ist ein bedeutendes, international tätiges Unternehmen, das Maschinen für das Bauwesen und für damit verwandte Industriezweige entwickelt, herstellt und vermarktet. Seine Produkte, die in vielen Märkten in aller Welt führend sind, umfassen eine breit gefächerte Palette an Radladern, Hydraulikbaggern, knickgelenkten Dumpern, Motor-Gradern, Erdbau- und Asphaltwalzen, Fertigern, Straßenfräsen, Kompaktausrüstung und Materialtransportausrüstung. Volvo CE gehört zum Volvo-Konzern, dem weltgrößten Hersteller von Dieselmotoren in der Klasse von 9 bis 18 L. Der Volvo-Konzern ist einer der weltweit führenden Hersteller von Lkw, Bussen und Baumaschinen, Antriebssystemen für Schifffahrt und Industrie, Bauteilen für die Luftfahrt sowie Dienstleistungen. Der Konzern bietet zudem Komplettlösungen für Finanzierungen und damit verwandte Dienstleistungen. Die Produktionsstätten von Volvo CE sind in Deutschland, Schweden, Frankreich, Polen, in den USA, Brasilien, Korea, Indien, Russland und China zu finden.

Wolfgang Holzhäuser, Geschäftsführer Bayer 04 Leverkusen, im Gespräch mit Christoph Plass und Thilo Böhm

„Man darf nicht warten, bis etwas verlangt wird, sondern muss selbst etwas Neues schaffen."

> Wolfgang Holzhäuser hebt im gesamten Managementdialog hervor, dass zukunftsorientierte Unternehmensgestaltung in erster Linie eine Führungsaufgabe ist – sei es bei der Entwicklung von Innovationen oder der Vermittlung des strategischen Leitbilds an die Mitarbeiter. Die strategische Ausrichtung von Bayer 04 Leverkusen beschreibt er sehr konkret: Um im Wettbewerb mit finanziell bessergestellten Vereinen mithalten zu können, muss man in anderen Bereichen, wie der Nachwuchsförderung, dem Scouting und der medizinischen Betreuung, deutlich besser sein als die Konkurrenz. Ein weiterer Faktor, der langfristig zur Erfolgssicherung beiträgt, ist aus Holzhäusers Sicht das Thema Markenbildung und -führung. Holzhäuser betont zudem die Rolle der Medien: Gerade in der Sport- und Unterhaltungsbranche muss man drohenden Gefahren frühzeitig kommunikativ entgegenwirken.

Zukunftsorientierte Unternehmensgestaltung

> Der deutsche Fußballmarkt ist im Vergleich zu anderen Ländern in Europa hervorragend aufgestellt: Die Stadien sind voll, die Bundesliga ist eine Marke – offensichtlich scheint man vor 15 Jahren bereits bestimmte Dinge richtig gemacht zu haben. Was sind aus Ihrer Sicht die entscheidenden Faktoren gewesen, die uns heute den Erfolg bringen?

Zunächst ist die Fußballbranche eine ganz andere Branche, als man das normalerweise in unserer freien Wirtschaft vorfindet: Fußball ist anders, Fußball ist emotional. Wir betreiben zwar Sport, aber letztendlich geht es um Sport als Unterhaltung. Dabei ist unser Ziel immer, das sportliche Maximum zu erreichen. Die Parameter, die uns dabei Grenzen setzen, sind die Infrastruktur und die finanzielle Situation.

Zum Erfolgsmodell „Deutscher Fußball" hat sicherlich das Zusammenfallen mehrerer Faktoren geführt – ob beabsichtigt oder nicht, sei dahingestellt. Einer dieser Faktoren war die Fußballweltmeisterschaft 2006 in Deutschland. Hier sind Stadien und Infrastrukturen geschaffen worden, die in der Welt derzeitig einzigartig sind. Ich glaube, dass die Bedeutung der Stadien in den vergangenen Jahren stark gestiegen ist. Früher sind die Leute wegen des sportlichen Erlebnisses ins Stadion gegangen. Heute gehört nicht nur das Fußballspiel auf dem Rasen zum Erlebnis, sondern auch viele andere Aspekte: die bequeme Anfahrt, die Dächer über den Stadien, beheizte Sitze oder außergewöhnliche Verköstigungsmöglichkeiten. Diese Dinge spielen nicht nur für VIPs, sondern auch für den normalen Zuschauer eine große Rolle.

Ein weiterer Erfolgsfaktor war mit Sicherheit die Stärkung des Nachwuchsfußballs – eine Idee, die hauptsächlich aufgrund des Misserfolgs bei der Europameisterschaft 2004 aufkam. Bei der Nachwuchsförderung gab es zwei Ansätze: zum einen Talentförderprogramme – deren Erfolgsgarantie ich etwas bezweifle, aber immerhin schaffen diese Programme ein gewisses Bewusstsein für den Nachwuchsfußball. Zum anderen kann man diesen Bereich auch mit Nachwuchsleistungszentren vorantreiben. Dazu zählt auch, dass man die schulische Ausbildung etwas enger mit der fußballerischen Ausbildung verknüpft hat. Der ganze Bereich Nachwuchsfußball wurde in den vergangenen Jahren praktisch auf den Kopf gestellt.

Daneben haben meiner Ansicht nach die Medien einen großen Anteil an dieser Entwicklung. Seit der Einführung des dualen Fernsehsystems herrscht auch im Rundfunk eine Art Wettbewerb. Auch private Sender wollen – aus rein kommerziellen Gründen – Fußball übertragen. Folglich waren alle Sender gezwungen, Fußballberichterstattung so zu gestalten, dass ein Unterhaltungsfaktor existiert.

Diese drei Faktoren – Verbesserung der Infrastruktur in den Stadien, Intensivierung der Nachwuchsarbeit und unterhaltsame Berichterstattung der Medien – haben maßgeblich dazu beigetragen, dass der Fußball Volkssport Nummer eins in Deutschland ist und heute so ein positives Image hat.

Die verbesserte Infrastruktur in den Stadien, die intensive Nachwuchsarbeit und die wachsende Bedeutung der Medien haben zum Erfolg des deutschen Fußballs beigetragen.

▸ Hat man also vor zehn Jahren zielgerichtet vorausgedacht und antizipiert, wie man die Weichen stellen muss, um das zu erreichen?

Die Erkenntnis, dass man in diesen Bereichen etwas tun muss, war immer vorhanden. Nur die Dynamik in der Umsetzung, die dann entstanden ist, hat vermutlich etwas mit den vorangegangenen Misserfolgen zu tun.

Vorausschau

▸ Zurzeit gibt es jedoch auch Bedrohungsszenarien – sei es die Diskussion um die Sicherheit in den Stadien oder das Thema Wettbetrug. Auch die Finanzkraft, mit der einige Oligarchen Vereine in kurzer Zeit ganz nach vorne bringen können, erzeugt ja ein großes Ungleichgewicht in der Branche, das Vereine wie Bayer 04 benachteiligt. Welche Aspekte müssen Sie angesichts dieser Bedrohungsszenarien zukünftig beachten?

Es gibt noch einen weiteren Faktor, den ich für viel gefährlicher halte als die Wettbetrugs- und die Sicherheitsdebatte: Das ist die Gefahr, dass Spieleragenturen die Steuerung des Fußballwettbewerbs im Laufe der nächsten Jahre den Verbänden und Vereinen aus der Hand nehmen. Ich kenne Agenturen, die denken ernsthaft darüber nach, die Finanzierung von Transferentschädigungen durch Fondsgesellschaften vorzunehmen. Ich glaube, dass es dann ähnlich laufen wird wie im Boxen, wo letztlich die Agenturen bestimmen, wer gegen wen boxt und wer gerade welchen Weltmeistertitel hat. Dagegen müssen sich die Verbände frühzeitig wehren. Dieses Thema ist nach meiner Auffassung viel gefährlicher als die immer wieder vorübergehenden Diskussionen um Sicherheit und Ähnliches.

Dennoch: Möglicherweise gehen die Zuschauerzahlen aufgrund der Sicherheitsdebatte leicht zurück – nicht nur bei uns, sondern allgemein. Der Effekt, den die neuen Stadien ausgelöst haben, verpufft irgendwann, weil sich die Zuschauer an das Neue und Bequeme gewöhnt haben. Die Diskussion um die Sicherheit hat unterschwellig den Eindruck hinterlassen, dass der Besuch im Stadion gefährlich ist. Dem muss man entgegenwirken. Deshalb war es wichtig, das DFL-Sicherheitskonzept aufzusetzen – wobei dies meiner Ansicht nach kommunikativ nicht gut vermittelt wurde.

Bedrohungsszenarien, wie die Debatte um die Sicherheit in Stadien und das Thema Wettbetrug, muss man vor allem kommunikativ entgegenwirken.

Das Thema Wettbetrug betrifft nicht nur den Fußball, sondern den Sport allgemein. Das war immer ein Thema und wird es vermutlich auch weiterhin bleiben. Aber ich glaube, dass andere Sportarten diesbezüglich viel anfälliger sind als eine Mannschaftssportart wie der Fußball. Eine Mannschaft zu manipulieren ist doch viel aufwendiger und teurer als einen Einzelsportler. Dennoch wird der Fußball als beliebteste Sportart in diesem Zusammenhang immer vordergründig erwähnt. Die Gefahr besteht darin, dass der Eindruck entstehen könnte, Fußball sei kein freier Wettbewerb mehr. Auch da muss man sehr konkret kommunikativ entgegenwirken. Als die Debatte erstmals aufkam, haben wir in die Verträge aller Spieler – von der U17 bis zur A-Mannschaft – aufnehmen lassen, dass sie bei Kenntnisnahme eines Manipulationsversuchs verpflichtet sind, diesen zu melden – notfalls bei einem von uns als Ombudsmann eingesetzten Anwalt. Viel mehr kann man nicht tun. Doch das muss man kommunikativ vermitteln.

▸ Die Medien profitieren ja auch selbst vom Unterhaltungsfaktor des Sports. Insofern sollte man sich hier doch gemeinsam aufstellen, um den angesprochenen Gefahren entgegenzuwirken.

An der Dopingdiskussion kann man sehr gut sehen, wie mit solchen Fällen umgegangen wird: Da wirft die Printpresse einem Fernsehsender vor, das Thema zu verharmlosen. Daraufhin produziert dieser Sender alle vier Wochen eine marktschreierische Sendung, die sich dem Thema ausgiebig widmet, sodass beim Zuschauer der Eindruck entsteht, es würden in den Fußballvereinen permanent dunkel gekleidete Gestalten erscheinen und Spritzen setzen. In dieser Form darf das nicht vermittelt werden, weil es ganz einfach nicht der Realität entspricht. Wenn die Medien den Sport in eine schmuddelige Ecke rücken, dann leiden sie auch selbst darunter.

Wenn die Medien den Sport in eine schmuddelige Ecke rücken, dann leiden sie auch selbst darunter.

▸ Das ist im Prinzip ein generelles Phänomen in der Berichterstattung und betrifft auch Unternehmen außerhalb des Sports: Anstatt über wirtschaftliche Erfolgsmodelle zu berichten, werden vorzugsweise negative Aspekte, Fehler und Skandale verbreitet. Viele erfolgreiche Unternehmen bleiben deshalb Hidden Champions und werden von der Öffentlichkeit kaum wahrgenommen.

Übertragen Sie dies mal auf die Pharmaindustrie: Diese gerät immer dann in die Schlagzeilen, wenn es ein fehlerhaftes Medikament gibt. Dass Millionen von Menschen von der Pharmaindustrie profitieren und ihr Leben durch den Einsatz von Medikamenten verlängert wird, interessiert dann niemanden mehr. Medien wollen Schlagzeilen. So ist das auch im Sport.

▸ Braucht der Sport Ihrer Ansicht nach mehr visionäre Vorausdenker?

Ja. Der Fußball braucht junge, dynamische Menschen, die auch bereit sind, sich über den Fußball-Tellerrand hinaus Gedanken zu machen. Wobei wir uns immer im Klaren darüber sein müssen, dass der Ball ins Tor geflankt werden muss – da zitiere ich immer Rudi Völler. Er hat recht. Das ist das Wichtigste überhaupt. Aber man braucht neben guten Spielern und Trainern auch immer jemanden, der im Hintergrund strategisch denkt. Bei der Kaderplanung darf man nicht nur darüber nachdenken, wer im nächsten Jahr auf der linken Seite spielt. Man muss schon Jahre vorher wissen, wann bei dem Spieler auf der linken Seite der Vertrag ausläuft und welche Konsequenzen das haben kann: Wenn wir den Spieler nicht halten können, brauchen wir Nachwuchs. Finden wir bei unseren 16- und 17-Jährigen geeignete Spieler, die wir dort hinführen können, oder brauchen wir für den Übergang einen Neuzugang? All das ist langfristige, vorausschauende Kaderplanung. Dazu gehört dann auch die Optimierung der Jugendarbeit. Diese Dinge kann man nicht von einem Sportdirektor verlangen, der genauso wie der Trainer vom kurzfristigen Erfolg abhängig ist. Dafür benötigt man Mitarbeiter, die unternehmerisch, betriebswirtschaftlich denken.

Für eine vorausschauende Kaderplanung benötigt man Mitarbeiter, die betriebswirtschaftlich denken.

Strategie

▶ Wenn wir nicht, wie am Anfang unseres Gesprächs, den Deutschen Fußball im Allgemeinen betrachten, sondern konkret Bayer 04 Leverkusen: Wie sichern Sie den Erfolg des Vereins langfristig?

Es gibt im Prinzip zwei Grundrichtungen, mit denen ein Verein den sportlichen Erfolg maximieren kann: einerseits mittels Finanzkraft, aber andererseits auch, indem man andere Bereiche, die zur Erreichung des sportlichen Erfolgs beitragen können, stärkt.
Wir wissen, dass wir beim Kampf um sehr gute Spieler mit vielen anderen Vereinen nicht mithalten können bzw. in einer finanziell schlechteren Ausgangssituation sind. Deshalb haben wir ganz gezielt drei Bereiche ausgewählt, in denen wir besser sein müssen als die anderen: Das ist erstens der Nachwuchsbereich, zweitens das Scouting und drittens die medizinische Versorgung der Spieler. Wenn wir in diesen Bereichen Vorreiter sind, können wir das, was uns an finanziellen Mitteln fehlt, im Konkurrenzkampf mit anderen Vereinen ausgleichen. Das Scouting haben

wir in einem langfristigen Prozess umgestellt und setzen nun mehr auf Qualität als auf Quantität. Bezogen auf den dritten Bereich „Medizinische Betreuung" haben wir für unsere Spieler ein medizinisches Zentrum geschaffen, das in Deutschland in dieser Form kein zweites Mal existiert.

In den drei genannten Bereichen wollen wir in der Tat die Besten in der Bundesliga sein, um Nachteile in anderen Bereichen auszugleichen. Dazu haben wir gezielte Maßnahmen durchgeführt. Ich habe diese Themen teilweise auch zur Chefsache erklärt, um sie vorantreiben zu können.

Im Nachwuchsbereich, im Scouting und in der medizinischen Versorgung wollen wir die Besten in der Bundesliga sein, um im Kampf um gute Spieler die Nase vorn zu haben.

▶ Das heißt, Ihren Aktivitäten liegt eine Art Wettbewerbsanalyse, also eine Antizipation des Umfelds, zugrunde.

Ja, sicher. Die Verbindung zu einem DAX-Konzern ist in unserem Umfeld die einzige Möglichkeit, im Spitzenfußball mitzuhalten: Wir sind hier in einer Stadt mit 160.000 Einwohnern, was per se nicht unbedingt negativ sein muss, wenn man die Möglichkeit hätte, weitere Kontingente aus dem Umland zu beziehen. Das können wir aber nicht, weil im Umkreis von 100 km sechs Bundesligavereine existieren. Folglich haben wir gar nicht die Möglichkeit, auf andere Ressourcen zurückzugreifen, wie das beispielsweise Eintracht Frankfurt oder der Hamburger SV machen. Ergo muss sich der Club überlegen, wie er trotzdem in die Bundesliga kommt und sich dort halten kann. Wir haben genauso wie der VfL Wolfsburg die historisch erwachsene Möglichkeit genutzt, uns mit einem DAX-Konzern zu verbinden.

Uns ist bewusst, dass wir das Stadion in dieser Form weder von einer Kommune gebaut noch von irgendjemandem finanziert bekommen hätten. Deshalb haben wir es selbst, also über die Bayer AG, finanziert. Die zum Teil öffentlich geäußerte Kritik an diesem Modell Leverkusen oder Wolfsburg ist letztendlich nur eine oberflächliche Neiddebatte. Jeder muss für sich eine Möglichkeit suchen, wie er in diesem „Haifischbecken" mitarbeiten kann. Die Bayer AG spielt da natürlich eine große Rolle bei uns, aber auch sie stellt uns nur begrenzt Mittel zur Verfügung. Auch unsere Möglichkeiten, in Spieler zu investieren, sind also begrenzt, weshalb wir versuchen, mit anderen Mitteln erfolgreich zu sein: Es muss uns gelingen, die sogenannten weichen Faktoren so stark zu machen, dass diese bei der Frage, ob ein Spieler nach Leverkusen oder Hamburg geht, die Entscheidung beeinflussen. Das ist unsere Strategie, vor allem bei Jugendspielern.

▸ Sie hatten die Themen Nachwuchs, Scouting und die medizinische Versorgung schon als Erfolgsfaktoren von Bayer 04 genannt. Gibt es aus unternehmerischer Sicht weitere Stellhebel, um auch in 15 Jahren noch erfolgreichen Fußball bieten zu können?

Ich glaube, dass die Aspekte Markenbildung und Markenführung bisher noch zu wenig beachtet wurden. Natürlich kann eine gute Marke nicht den sportlichen Erfolg ersetzen. Dennoch, denke ich, kann man mit einer guten Markenbildung und -führung einen gewissen Grundoptimismus bei den Fans und Kunden erzeugen, der auch mal über ein verlorenes Spiel hinwegtröstet. Dazu muss es gelingen, das Markenbild exzellent zu kommunizieren. Ich bin davon überzeugt, dass dies ein strategischer Hebel ist, um weitere Ressourcen zu wecken oder Stabilität in den Zahlen zu gewinnen – sei es beim Verkauf von VIP-Plätzen oder bei der Vermarktung unserer Werbeflächen.

Ein Markenbild zu prägen ist eine große Herausforderung. Uns haben bereits verschiedene Agenturen für viel Geld gesagt, dass wir in der Öffentlichkeit als Passat und nicht als Rolls-Royce wahrgenommen werden. Das wissen wir. Die Frage lautet jedoch: Was müssen wir tun, um unser Markenbild aktiv zu beeinflussen und zu steuern? Ziel ist, dass das, was wir wollen, auch der Kunde will: Was der Kunde will, können wir mitbestimmen. Ich zitiere an dieser Stelle gern Steve Jobs, der das genauso gehandhabt hat.

Was der Kunde will, können wir mitbestimmen.

▸ Um in die Champions League zu kommen, haben Sie bekanntlich das strategische Leitbild „Champions League in allen Bereichen" entworfen. Welchen Erfolg versprechen Sie sich davon?

Die Formulierung „Champions League in allen Bereichen" ist bewusst gewählt. Wir können die Champions League auf Dauer nur dann erreichen und halten, wenn wir in allen Bereichen dieses „Champions-League-Denken" verinnerlichen. Das fängt beim Rasen an: Die Greenkeeper müssen wissen, dass wir die Champions League nur erreichen, wenn die Art Fußball, die wir spielen, auf einem perfekten Rasen gespielt wird. Ein anderer Bereich ist der Service: Ich möchte, dass die Gäste bei Bayer 04 Leverkusen Champions-League-mäßig behandelt werden.

Es ist relativ leicht, ein Leitbild zu entwerfen – die eigentliche Herausforderung besteht darin, dass alle Mitarbeiter dieses Bild verinnerlichen. Es ist Aufgabe der Direktoren, ihren Mitarbeitern „Champions League in allen Bereichen" nahezubringen.

Es ist leicht, ein Leitbild zu entwerfen – die eigentliche Herausforderung besteht darin, dass alle Mitarbeiter dieses Bild verinnerlichen.

▸ Wie kann man konkret erreichen, dass das Leitbild auch in den Gedanken und im Verhalten der Mitarbeiter ankommt? Ist das eine reine Führungsaufgabe?

Ja. Nach meiner Auffassung gelingt das mit möglichst flachen Hierarchien. Ein Leitbild muss gelebt werden. Das wird es aber nur, wenn der jeweilige Vorgesetzte und der Kollege das auch tun.

Prozesse

▸ Ein weiterer Erfolgsfaktor sind Innovationen. Wir wissen, dass Sie auch auf diesem Gebiet einiges erreicht haben – beispielsweise die Einführung der BayArena-Card, die das Zutritts- und Payment-System im Stadion regelt.

Unser Umsatz pro Kopf hat sich verdoppelt – allein durch die Einführung der Karte, denn mehr haben wir nicht verändert.

▸ Es erfordert Mut, solche Innovationen voranzutreiben. Wie funktioniert der Innovationsprozess bei Bayer 04?

Auch das hat etwas mit Führung zu tun. Ich glaube, ich bin trotz meines fortgeschrittenen Alters immer noch bereit, mich mit neuen Dingen, die manch einer kritisch beäugt, auseinanderzusetzen.

Man darf nicht immer an alten Dingen kleben, man muss sich ständig fragen: Ist das, was immer gut war, heute wirklich noch gut genug? Kann es nicht noch besser werden? Das betrifft nicht nur technische Innovationen. Ein Beispiel: Im Sport wird immer alles in Altersstrukturen abgebildet. Das heißt: Sobald ein Spieler 19 oder 20 Jahre alt ist, kann er in den Profi-Bereich wechseln. Warum beginnt der Leistungsbereich erst mit 19 Jahren? Sinnvoller ist es doch, einfach den Leistungsbereich auf der einen Seite und die Ausbildung auf der anderen Seite zu betrachten. Wenn man sich darüber im Klaren ist, kann man auch die richtigen infrastrukturellen Voraussetzungen schaffen. Das tun wir zurzeit auch.

Innovationen voranzutreiben ist Führungsaufgabe.

Systeme

▶ Wenn die Strategie und die Prozesse klar definiert sind, müssen sie schließlich noch auf der Systemebene durch IT unterstützt werden. Was macht aus Ihrer Sicht ein optimales IT-System aus?

Lassen sich mich das an einem Beispiel erläutern. Eine unserer technischen Innovationen ist Digital Signage: Ich bin der Überzeugung, dass wir bei der Gestaltung der Infrastruktur des Stadions nicht stehen bleiben dürfen. Wir müssen das Stadion immer weiterentwickeln und uns beispielsweise fragen: Ist die Kommunikation mit dem Zuschauer noch zeitgemäß? Die Alters- und Geschlechtsstruktur der Stadionbesucher hat sich in den vergangenen Jahren deutlich gewandelt – und der Anteil der Smartphone-Nutzer ist natürlich extrem gestiegen. Wir haben pro Spiel 22.000 WLAN-Suchen registriert. So kam ich auf die Idee, Smartphones, Tablet-PCs und all die Dinge, mit denen sich die Menschen heute beschäftigen, für die Kommunikation mit dem Zuschauer im Stadion zu nutzen. Hinzu kam, dass die stadiengeborenen Rechte – also an das Stadion gebundene Werberechte, wie Bandenwerbung – in der Vermarktung stagnierten. Folglich mussten wir uns überlegen, wie wir in diesem Bereich neue Möglichkeiten schaffen und diese Rechte neu kreieren können. Man darf nicht warten, bis etwas verlangt wird, sondern muss selbst etwas Neues schaffen.

Aus diesen beiden Ideen – neue Kommunikation mit dem Zuschauer und neue Werbemöglichkeiten im Stadion – ist die Innovation „Digital Signage" entstanden.

Wir werden, wenn alles komplett umgesetzt ist, das einzige Stadion Europas mit dieser Ausstattung sein. Ich möchte sogar noch weiter gehen und eventuell zwei Mitarbeiter einstellen, die das Publikum genau kennen und die Live-Kommunikation mit dem Stadionbesucher steuern: Wenn ein Spieler ausgewechselt wird, müssen diese Mitarbeiter über Digital Signage dem Publikum alle relevanten Fakten mitteilen: Jetzt wird der Spieler X ausgewechselt. Dann folgt der Grund für die Auswechslung, z. B. eine Verletzung – später wird dann sogar noch eine Mitteilung aus der Kabine zum Zustand des Patienten versendet. Wenn der neue Spieler auf das Feld kommt, muss schon seine Vita aufleuchten: Name, Größe, Anzahl der Spiele, Anzahl der Tore – die Tore kann man sich mit einem Klick direkt anschauen. Wenn dann in einer Kurve gerade Bier getrunken wird, muss es uns noch gelingen, dass in den Nachrichten, die wir speziell in diese Kurve schicken, unten im Bild Werbung dieser Biermarke erscheint. Das ist meine Vorstellung. Es ist fast eine Mission, die ich jedoch in Kürze umgesetzt haben will.

▶ Das Fernsehen ist ja inzwischen ein großer Wettbewerber des Stadions, denn es hat entscheidende Vorteile, wie z. B. die Wiederholung von Schlüsselszenen.

Oft wird behauptet: Die Fernsehübertragung schadet unseren Zuschauern. Dann sage ich immer: Bringt doch das Fernsehen ins Stadion! Wir haben diesbezüglich schon einiges in Planung. Im Rahmen von Digital Signage werden wir 400 zusätzliche Bildschirme aufhängen. Bisher gibt es bezüglich Fernsehen im Stadion jedoch noch offene Rechtefragen.

▶ Vielen Dank für diese interessanten Einblicke, Herr Holzhäuser!

Wolfgang Holzhäuser

Wolfgang Holzhäuser stand 23 Jahre in Diensten des DFB und war einer der „Gründungsväter" der DFL und dort ständiges Mitglied im Ligavorstand und Aufsichtsrat. Seit 2004 als Vizepräsident des Ligaverbandes und des DFB und 2007 als Präsident des Ligaverbandes hat er viele Weichen gestellt, die den Profi-Klubs der Bundesliga zugutegekommen sind. So war er beim DFB maßgeblich an der Einführung und Umsetzung des Lizenzierungsverfahrens beteiligt. Später, beim Ligaverband und bei der DFL, war er unter anderem verantwortlich für die Kontrolle der wirtschaftlichen Leistungsfähigkeit der Lizenzvereine sowie in mehreren nationalen Gremien, wie Finanzausschuss, AK Nationalmannschaft, AK Wetten, der Satzungs- und Strukturkommission, tätig. 1998 wechselte er auf die Vereinsseite: Beim Bundesligisten Bayer 04 forcierte er die Umwandlung von Teilen der Fußballabteilung des TSV Bayer 04 Leverkusen in die Bayer 04 Leverkusen Fußball GmbH. Von Juli 2004 bis September 2013 war Wolfgang Holzhäuser alleiniger Geschäftsführer der Bayer 04 Leverkusen Fußball GmbH. Anschließend wurde er in den Aufsichtsrat von Bayer 04, den sogenannten Gesellschafterausschuss, berufen.

Bayer 04 Leverkusen

Bayer 04 Leverkusen, auch als „Die Werkself" bekannt, zählt zu den festen Größen des deutschen Fußballs: Der Verein spielt seit 1979 ununterbrochen in der Bundesliga und war seitdem mehr als zwanzigmal in internationalen Wettbewerben vertreten. Alles begann beim TSV Bayer 04 Leverkusen, als sich Mitarbeiter der Bayer-Werke zum Freizeitkick trafen. Offiziell gibt es seit 1907 eine Fußballabteilung bei Bayer 04. Um den gewachsenen Ansprüchen im Hinblick auf das „Geschäft Profi-Fußball" besser gerecht werden zu können, wurde die Fußballabteilung des TSV Bayer 04 im Jahre 1998 ausgegliedert und firmiert seitdem als 100-prozentige Tochtergesellschaft der Bayer AG unter dem Namen Bayer 04 Leverkusen Fußball GmbH.

Bayer 04 Leverkusen setzt – je nach Erfolg – einen dreistelligen Millionenbetrag pro Saison um und beschäftigt ca. 240 Mitarbeiter. Damit erfüllt der Verein in vielen Kriterien die Anforderungen für ein mittelständisches Unternehmen in der Sport- und Unterhaltungsbranche.

Dr. Hugo Blaum, President GEA Refrigeration Technologies GmbH, im Gespräch mit Dr.-Ing. Frank Thielemann und Dr. Michael Herbst

„Wir müssen uns trotz unserer globalen Aktivitäten lokal und regional aufstellen."

Die Kenntnis von lokalen und regionalen Marktgegebenheiten ist für Dr. Blaum ein zentraler Faktor zukunftsorientierter Unternehmensgestaltung. Kundennähe und die Möglichkeit, flexibel auf Veränderungen zu reagieren, sind erfolgsentscheidend. Zukunftsweisende Trends sind für die GEA Refrigeration Technologies GmbH ein erhöhtes Umwelt- und Energiesparbewusstsein in der Gesellschaft. Dabei betont Blaum, dass bestehende Marktverhältnisse nur mit neuen Technologien aufgebrochen werden können. Veränderungen innerhalb eines Unternehmens – sei es eine neue strategische Ausrichtung, die Verschlankung von Prozessen oder die Einführung eines neuen IT-Systems – sind laut Blaum nur dann erfolgreich, wenn es gelingt, den Mitarbeitern den Nutzen der Neuerung umfassend zu vermitteln und sie dafür zu begeistern.

Zukunftsorientierte Unternehmensgestaltung

▶ Was assoziieren Sie mit dem Thema zukunftsorientierte Unternehmensgestaltung?

Meine Assoziationen liegen vor allem auf der kommunikativen Ebene. Die Art, wie man in einem Unternehmen kommuniziert, ist in meinen Augen ganz entscheidend. Dabei geht es um die Frage: „Wie bringe ich die richtigen Leute zusammen, um ein bestimmtes Problem zu lösen?" Das ist für mich die Herausforderung bei zukunftsorientierter Unternehmensgestaltung. Das heißt, ein Unternehmen muss lösungsorientiert organisiert sein. Deshalb haben wir auch zwei Organigramme: ein Cooperation-Organigramm und das klassische Linien-Organigramm. Im Linien-Organigramm erfährt jeder, wer sein Chef ist. Das ist wichtig, denn jeder muss sozusagen eine Heimat im Unternehmen haben. Im Cooperation-Organigramm wird hingegen deutlich, wer in welchen Teams an welchen Lösungen arbeitet. Es zeigt, welche Aufgabe die einzelnen Mitarbeiter haben und mit wem sie zusammenarbeiten müssen, um diese Aufgaben zu lösen.

▶ Vor dem Hintergrund des schnellen technologischen Wandels und der Diskontinuitäten in der Entwicklung von Märkten in unserer heutigen Zeit: Was sind aus Ihrer Sicht die Erfolgsfaktoren, um als Konzern diesem Wandel gerecht zu werden und auch wirklich nachhaltig erfolgreich zu sein?

Wir müssen uns den Märkten anpassen und uns trotz unserer globalen Aktivitäten lokal und regional aufstellen. Deshalb haben wir Country-Sales-Organisationen, um den verschiedenen Anforderungen in den Ländern und Regionen gerecht zu werden. Wir haben die Welt in vier Regionen gegliedert: Asien/Afrika/Australien, USA/Amerika, West- und Osteuropa, wobei die Geschäfte in Europa immer mehr zusammenwachsen. In diesen vier Schwerpunktregionen bedienen wir unterschiedliche Märkte mit unseren Basiskomponenten.

Daneben muss beachtet werden, wie weit die einzelnen Märkte entwickelt sind. Deutschland z. B. ist ein Marktführer für Basiskomponenten – denn hier gibt es genügend Kontraktoren. Der Markt ist also gesättigt. Ganz anders ist das in Russland. Hier sind neben den Basiskomponenten auch Engineering-Leistungen erforderlich. Das heißt, hier kommt es auf Flexibilität an. Zwei zentrale Fragen müssen dabei immer gestellt werden: Wie entwickeln sich die Märkte? Wo ist der Bedarf?

Die zwei zentralen Fragen lauten: Wie entwickeln sich die Märkte? Wo ist der Bedarf?

▶ Trotz großer Unterschiede bezüglich der Produktlebenszyklen in den einzelnen Branchen gibt es doch eine branchenübergreifende Gemeinsamkeit: eine rasante Entwicklung und enorme Volatilität in den Märkten. Wie dynamisch sind Ihre Märkte? Gibt es da Unterschiede in den einzelnen Ländern?

Im Hinblick auf die Technologie sind die Unterschiede nicht besonders groß. Im Prinzip gibt es einen europäischen und einen amerikanischen Technologieschwerpunkt. So können Sie beispielsweise in den USA nicht mit europäischer Technologie erfolgreich sein. Welche der beiden Technologien sich in Asien durchsetzt, hängt davon ab, wer hier den ersten Schritt gemacht hat.

Die Volatilität in Bezug auf Technologie wird eher durch große Trends, wie z. B. das Thema Energy-Saving, getrieben. Denn ein Kältekreislauf besteht immer aus den gleichen Hauptelementen – es kommt nur darauf an, wie effektiv der Kreislauf auslegt werden kann.

Vorausschau

▸ Sie haben bereits betont, wie wichtig Kundennähe und Flexibilität sind – um den Kundenanforderungen gerecht zu werden. Doch wie gehen Sie mit den Kundenanforderungen von morgen um? Welche Trends beeinflussen in Zukunft das Geschäft? Wie funktioniert diese Vorausschau bei GEA konkret?

Die Zukunft in unserem Bereich, also Refrigeration, wird vor allem bestimmt durch die Trends Energy-Saving und Natural Refrigerants. Das heißt, es gibt ein gesteigertes Umweltbewusstsein, das in unsere Produkte einfließen wird. Diese Trends werden vor allem durch die Gesetzgebung und die gesellschaftliche Sensibilität gegenüber bestimmten Umweltthemen getrieben. Auch hier gibt es große Unterschiede zwischen Amerika und Europa: Die Amerikaner reden zwar viel darüber, dass sie Energie sparen wollen und umweltfreundlich sind, aber de facto setzen sie dies nur langsam um. Die Europäer haben diesbezüglich eine ganz andere Denkweise. Folglich können wir hier mit umweltfreundlichen Technologien viel erfolgreicher sein als in Amerika. Die Europäer – und hier vor allem die Deutschen – sind in der Tendenz eher dazu bereit, mehr Geld für umweltfreundlichere Technologien auszugeben.

Es gibt ein gesteigertes Umweltbewusstsein, das in unsere Produkte einfließt.

Ein großer Treiber in diesem Zusammenhang ist der Energiepreis: Energie wird teurer – das heißt, man muss sparsamer damit umgehen. 65 % unserer Kunden kommen aus der Nahrungsmittelbranche. Überall dort, wo es um Lebensmittel geht, wird Kälte benötigt – aber eben auch Wärme, z. B. Warmwasser für die Reinigung. Wo Kälte erzeugt wird, fällt auch Wärme an. Die Abwärme, die bei der Kälteerzeugung entsteht, kann z. B. genutzt werden, um Wasser zu erwärmen. Unsere Aufgabe ist es also, den Prozess des Kunden genau zu verstehen, um dann eine optimale Wärme-Kälte-Nutzung zu etablieren. Da sehen wir großes Potenzial.

Eine weitere Innovation, an der wir derzeit arbeiten, ist die Nutzung von CO_2 als Kältemittel. Das Problem liegt hier zurzeit noch in der nicht vorhandenen Infrastruktur für diese Anwendungen. Denn hier muss mit einem Druck von bis zu ca. 120 bar gearbeitet werden, während derzeit 30 bis 40 bar üblich sind. Doch wenn die Infrastruktur für höheren Druck geschaffen ist, kann sich eine sehr umweltfreundliche Technologie durchsetzen.

Das heißt insgesamt: Wir betrachten die gesellschaftlichen Trends – also konkret: gesteigertes Umweltbewusstsein, Energieeinsparungen – und leiten daraus ab, was das für unser Geschäft bedeutet. Was können wir unseren Kunden im Hinblick auf diese Trends bieten? Das sind ganz klar die beschriebenen Wärmepumpenanwendungen und natürliche Kältemittel.

Wir wollen CO_2 als Kältemittel etablieren. Wenn die Infrastruktur dafür geschaffen ist, kann sich eine sehr umweltfreundliche Technologie durchsetzen.

▶ Wenn Sie zehn Jahre in die Zukunft schauen: Gibt es da vorstellbare radikale Markt- oder Technologieveränderungen?

Ich bin sicher, in zehn Jahren wird die CO_2-Technologie als Kältemittel etabliert sein. Damit gehen dann noch weitere technologische Veränderungen einher.

▶ Wenn Sie das frühzeitig erkennen und in diese Technologie investieren, ist das für Sie natürlich eine große Chance.

Selbstverständlich. Man kann bestehende Marktverhältnisse nur mit neuen Technologien ändern. Andere Aktivitäten, wie Preissenkungen und Ähnliches, sind immer nur marginal. Wenn Sie aber eine neue Technologie haben, die jeder haben will, dann können Sie den Markt wirklich ändern.

Man kann bestehende Marktverhältnisse nur mit neuen Technologien ändern.

▶ Welche Märkte haben Sie besonders im Fokus? Wo sehen Sie die größten Chancen und Risiken?

Wir haben in den vergangenen Jahren Marktanalysen für die BRICS-Staaten, also Brasilien, Russland, Indien, China und Südafrika, gemacht. Denn wenn man neue Märkte erschließen will, muss man zunächst wissen, wie diese Märkte ticken. Die zentralen Fragen dabei sind: Wo sind die Kunden? Was sind die Marktbedürfnisse? Haben wir die richtige Technologie für den Markt?

Die Marktanalyse für Indien hat gezeigt, dass unsere High-End-Produkte dort wenig Chancen gegen die billige indische Konkurrenz haben. Wenn wir in solche Märkte vordringen, dann nur gemeinsam mit großen, multinationalen Unternehmen, wie z. B. Nestlé – denn diese wollen unsere zuverlässige Technologie und sind nicht ausschließlich preisgetrieben.

▶ Wie gut ist denn die Produktqualität der indischen Wettbewerber?

Die ist natürlich ein Level tiefer, aber damit wird trotzdem der lokale Zweck erfüllt: Die Geräte liefern Kälte. Dass wir dafür ein paar Kilowatt weniger benötigen, wird dort zurzeit noch nicht honoriert.

▶ Der Qualitätsanspruch, der mit German Engineering verbunden wird, birgt eine große Chance, kann aber auch ein Risikofaktor sein, wenn er nicht marktgerecht ist.

In der Vergangenheit hat man oft versucht, mit der europäischen bzw. der deutschen Technologie jeden Markt zu durchdringen – das halte ich für äußerst schwierig und fragwürdig. In der Industrie ist es sehr schwer, eine Zwei-Marken-Politik unter einem Dach zu führen. In der Automobilindustrie kann das gelingen – z. B. bei VW, Skoda und Seat. Aber wenn wir ein „abgespecktes" Produkt in China auf den Markt bringen, dann ist das auch ausschließlich für den chinesischen Markt, weil es bestimmte europäische Standards nicht erfüllt.

Dieses notwendige Wissen zu den Marktgegebenheiten und -anforderungen geht sogar über die lokalen Vorschriften hinaus. Dazu fällt mir eine Anekdote eines Automobilherstellers ein, der den indischen Markt erobern wollte. Er musste natürlich wissen, welche Anforderungen erfüllt sein müssen, damit sein Auto in Indien zugelassen werden kann. Darüber hinaus sollte er jedoch die tatsächlichen Anforderungen an Autos in Indien kennen – z. B. dass dort die Nutzlast generell überschritten wird und zum Teil zehn Menschen auf dem Auto stehen. Solche Lastfälle muss man natürlich in der Konstruktion berücksichtigen. Es ist also enorm wichtig, das Produktverständnis im Marktumfeld zu kennen und zu verstehen.

Strategie

▶ Kommen wir zum Thema Strategie. Welche Faktoren müssen aus Ihrer Sicht bei der Umsetzung einer erarbeiteten Strategie berücksichtigt werden?

Zunächst muss die Strategie von oben getragen und „top down" in das Unternehmen eingeführt werden. Wenn das nicht funktioniert, hat die Strategie keine Chance. Wenn in der Mannschaft die Meinung vorherrscht: „Da ist etwas geschrieben worden, naja, machen wir weiter", dann ist etwas grundlegend schiefgelaufen. Es muss organisatorisch geregelt werden, wie das Unternehmen konkret an die Strategie angepasst werden kann. Darüber hinaus benötigt man dann ein Controlling-Instrument.

▶ Braucht es Ihrer Ansicht nach eine Umsetzungsgruppe für diese Aufgabe?

Nein, meiner Meinung nach muss die operative Organisation in der Lage sein, Strategien umzusetzen. Das „Herunterbrechen" der Strategie in konkrete Handlungen für jeden Mitarbeiter ist Aufgabe der operativen Einheiten. Sonst hätte ich eine Organisation in der Organisation. Die Maßnahmen sind operativ umzusetzen – und dazu sollte man jährlich einen Check durchführen, um zu überprüfen, wie gut das gelingt. Mindestens alle drei Jahre sollte man zudem die Strategie reviewen, denn auch die ist ja nicht in Stein gemeißelt. Hier ist zu prüfen, ob man noch auf dem richtigen Weg ist.

Anhand der Budget- und der Mittelfristplanungen kann dann überprüft werden, ob die gewünschten Auswirkungen der Strategie erreicht werden. Nur wenn bei der Planung für das operative Geschäft Druck herrscht, wird die Strategie auch mit Maßnahmen hinterlegt und umgesetzt.

Die operative Organisation muss in der Lage sein, Strategien umzusetzen.

▶ Wie funktioniert der Strategie-Reviewprozess genau?

Beim Strategie-Reviewprozess kommen diejenigen, die für die Strategie und für die Marktstudien zuständig sind, in einem Workshop zusammen und analysieren, ob der eingeschlagene Weg noch der richtige ist. Das heißt, man betrachtet die alten Strategien und vergleicht diese mit dem, was sich in der Zwischenzeit am Markt getan hat. Wenn es hier Unstimmigkeiten gibt, wird überlegt, wie diese beseitigt werden können – und so gelangt man zu den Strategieanpassungen.

Wir bei GEA Refrigeration Technologies führen jährlich auch „Innovation Days" durch. Das sind jeweils drei Tage, an denen alle Disziplinen – also aus jeder Country-Sales-Organisation und jedem Technologie-Center – zusammenkommen und über die Strategien und die jeweiligen Projekte diskutieren. Damit bieten wir der Organisation eine Plattform und können selbst auch bestimmte Dinge aufnehmen.

▶ Welche Rolle spielt beim Technologieunternehmen GEA, bei dem man klassischerweise erst einmal an Produkte und neue Technologien denkt, das Thema Service? Gibt es Versuche, sich mit Services ein neues Geschäftsfeld aufzubauen und sich gleichzeitig vom Wettbewerb zu differenzieren?

Der Service ist integriert in das Kerngeschäft, das ist wichtig, damit er von allen Organisationseinheiten richtig unterstützt wird und sich nicht im Laufe der Zeit immer mehr abkoppelt. Service sollte nah am Geschäft, aber als separate Aktivität transparent sein. Wenn ich beispielsweise einen Service für Kompressoren habe, dann muss ich die Mitarbeiter auch schulen und in den Fabriken trainieren. Dort sollte ein gewisses Back-up vorhanden sein. Darüber hinaus ist es sinnvoll, das Servicegeschäft über die Kontraktoren zu betreiben, da diese direkt am Endkunden sind. Wer mit dem Endkunden einen Vertrag abschließt, wird ihm auch den Service anbieten. Unsere Serviceleistungen konzentrieren sich auf unsere Basiskomponenten und die Kontroll- und Steuerungstechnik. Denn darauf haben die Externen weniger Zugriff. Wenn wir schon die kompakten, integrierten Einheiten liefern, dann sind auch das Controlling und die Software so ausgelegt, dass wir als Servicepartner bevorzugt werden.

Service muss im Kerngeschäft integriert sein, um richtig unterstützt zu werden.

▶ Spielt das Thema M2M, also Machine-to-Machine-Kommunikation, bei GEA nur im Bereich Farm Technology eine Rolle – oder auch in Ihrem Bereich Refrigeration?

Im Bereich Farm Technology ist das ein sehr zentrales Thema. Bei uns wird sich das vermutlich erst noch entwickeln. Häufig wird M2M-Kommunikation eingesetzt, um die Services lukrativer zu machen. Meine Kollegen im Bereich Farm Technology können mit Hilfe von M2M nahezu jede Kuh auf der Welt zentral monitoren. Sie erkennen sofort, welche Kuh krank wird, welche weniger Milch gibt usw. Doch für uns stellt sich hier die Frage: Ist der Kunde auch bereit, dafür zu zahlen? Und da lautet die Antwort: Zurzeit noch nicht. Unsere Refrigeration-Kunden sind noch nicht so weit. Ich kenne Kühlhäuser mit veralteten Türen, die dazu noch häufig offen stehen, um den „Betrieb" zu erleichtern. Um hier nicht unnötig Kälte rauszulassen und die Effektivität des Kühlhauses wesentlich zu steigern, muss investiert werden. Wenn der Kunde dazu nicht bereit ist, kann ich ihm auch keinen verbesserten Service durch M2M-Kommunikation verkaufen.

Prozesse

▶ Auf der Prozessebene wollen wir auf zwei Themen eingehen: zum einen das Thema Innovationsprozess und zum anderen das Thema schlanke Prozesse. Beginnen wir beim Innovationsprozess. Wie funktioniert der bei Ihnen?

Der Innovationsprozess beginnt natürlich mit der Ideensammlung. Wir haben im Prinzip drei wesentliche Quellen dafür: Das ist einmal das Innovation- und Improvement-Management, das früher Vorschlagswesen genannt wurde. Das ist bei uns sehr ausgeprägt. Hier gibt es ein monatliches Monitoring. Die anderen beiden Quellen sind unsere Workshops und unsere Forschung und Entwicklung.

▶ Werden die Ideen aus dem Vorschlagswesen denn auch genutzt?

Ja, das ist ein Instrument, das sehr gut funktioniert. In jedem Quartal gibt es dazu ein Reporting. Das zeigt z. B. die eingereichten Ideen bezogen auf die Anzahl der Mitarbeiter und auch die Implementationsquote der Ideen.

▶ Was wird als Implementierung angesehen – wenn die Idee ein bestimmtes Gate erreicht hat oder wenn man den ersten Umsatz mit dem Produkt macht?

Als implementiert gilt eine Idee, wenn die ersten Benefits erreicht wurden – das ist bei Produktinnovationen natürlich Umsatz. Unter den eingereichten Ideen ist von internen Prozessoptimierungen bis hin zu Produktinnovationen alles dabei. Es gibt 24 Klassifikationen von Ideen, die die Mitarbeiter ankreuzen können. Derzeit laufen in meinem Bereich ca. 60 Innovationsprojekte parallel, die aus dem Vorschlagswesen kommen. Die Benefitquote im Reporting zeigt konkret an, was das dem Unternehmen gebracht hat. Bei uns im Bereich Refrigeration war das eine Ergebnisverbesserung von 100 € pro Kopf!

Eine Herausforderung im Innovationsprozess ist es, die Kundenbedürfnisse richtig einzuschätzen.

▶ Da vollzieht sich im Innovationsmanagement gerade ein Wandel, der auch schon in der Produktion stattgefunden hat. Während man früher in der Produktion nach dem Prinzip „Push" handelte, schafft man heute eine gewisse Entlastung durch „Pull". Das heißt, der Bedarf steuert die Produktion. Den Trend sehen wir auch im Innovationsprozess. Wenn es gelingt, diesen mit den Bedürfnissen der Kunden zu verzahnen, kann die Quote der wirklichen Markterfolge enorm gesteigert werden.

Zum Teil gelingt uns das bereits. Die schon erwähnte Idee der Kühlung durch CO_2 und ein daraus abgeleitetes Entwicklungsprojekt basieren auf dem Bedürfnis eines Kühl-Containerherstellers, der in vielen Ländern eine hohe CO_2-Abgabe zahlen muss. Wenn er aber „Natural Refrigerant" nutzt, also die CO_2-basierte Kühlung, dann muss er diese Summen nicht zahlen. Der Prototyp für einen solchen Container ist gerade im Entstehen.

▶ Kommen wir nun zum Thema schlanke Prozesse, Stichwort Lean Production bzw. Lean Administration. Wo sehen Sie die größten Herausforderungen bei der Optimierung der Prozesse?

Die Herausforderung liegt zunächst darin, die Mitarbeiter für die Verschlankung von Prozessen zu begeistern. Wenn wir die Prozesse in einer Fabrik optimieren, haben die Mitarbeiter verständlicherweise erst einmal Angst vor der Veränderung, weil sie befürchten, sie könnten ihren Arbeitsplatz verlieren oder Ähnliches. Diese Angst muss man ihnen nehmen. Wir haben kürzlich eine Fabrik konsequent nach Lean-Manufacturing-Prinzipien umgestellt. Das Ergebnis: Die Kapazität hat sich fast verdoppelt.

Meiner Meinung nach sollte es für derartige Prozessverbesserungen eine Zentralfunktion geben. Vieles hat mit Erfahrung zu tun, die man von einer Fabrik auf eine andere übertragen kann und sollte – damit nicht jede Business Unit oder jede Abteilung die gleichen Erfahrungen noch einmal machen muss. Es sollte eine zentrale Funktion geben, die bestimmte Prozessstandards setzt – insbesondere bei der Fabrikationsplanung.

Nach der konsequenten Umstellung einer Fabrik auf Lean-Manufacturing-Richtlinien hat sich ihre Kapazität fast verdoppelt.

▶ Beziehen Sie das jetzt speziell auf Produktions- oder Fabrikprozesse oder gilt das auch für die administrativen Prozesse?

Natürlich gilt das auch für die administrativen Prozesse. Eine zusätzliche Herausforderung liegt dabei in der Historie der GEA: Das Unternehmen ist gewachsen durch einen Zusammenschluss von vielen kleinen und mittelständischen Unternehmen. Nicht nur die Produkte, auch die Organisationsformen sind hier sehr unterschiedlich – und das in über 50 Ländern, in denen wir überall eine rechtliche Selbstständigkeit brauchen.

▶ Dann haben Sie ja diese Heterogenität in der gesamten Prozesslandschaft – nicht nur segmentübergreifend, sondern auch innerhalb Ihres Bereiches Refrigeration Technologies. Unterschiedliche Prozessstandards von Land zu Land und von Werk zu Werk sind eine große Herausforderung.

Ja, deshalb müssen wir die Standardisierung der Prozesse vorantreiben – derzeit vor allem im Bereich Lean Manufacturing. Hier schauen wir uns die Situation vor Ort in der entsprechenden Fabrik an, beraten die zuständigen Mitarbeiter und versuchen dann, alles zu einem Gesamtkonzept zusammenzuführen – und das funktioniert auch.

Systeme

▶ Die IT ist ja eine Art Enabler für solche Prozesse. Welche Erwartungshaltung haben Sie als Top-Manager an eine gute IT? Was muss die IT aus Ihrer Sicht gewährleisten?

Zunächst muss IT benutzerfreundlich sein. Das merke ich selbst jeden Tag aufs Neue. Wir dürfen IT-Systeme nicht zum Selbstzweck betreiben. Der Erfolg des iPads basiert ja im Wesentlichen auch auf Benutzerfreundlichkeit. Niemand liest gern lange Gebrauchsanweisungen oder Betriebsanleitungen – IT muss in einem gewissen Maß selbsterklärend sein.

▶ Was sind für Sie aus Managementsicht die großen Herausforderungen bei der Einführung eines neuen IT-Systems?

Eine zentrale Herausforderung bei der Einführung neuer IT-Systeme ist für mich die Integration und Migration von Altdaten. Aber eine fast noch größere Herausforderung ist, den Mitarbeitern vor Ort klarzumachen, dass sie durch den Systemwechsel einen Vorteil haben. Sie dürfen nicht das Gefühl haben, das ihnen ein Projekt übergestülpt wird, dass für sie nur Mehrarbeit und Umgewöhnung bedeutet. Man muss die Mitarbeiter mitnehmen und begeistern.

Bei der Einführung neuer IT-Systeme muss man die Mitarbeiter von der Produktivitätssteigerung des Systems überzeugen.

Wir führen demnächst ein neues IT-System ein – zunächst am Standort Berlin, da dieser viele verschiedene Bereiche umfasst: Fertigung, Service, Technologiecenter, Vertrieb etc. Wenn es dort läuft, kann es auch an anderen Standorten ausgerollt werden. Unsere IT-Abteilung geht dann in die einzelnen Länder und unterstützt vor Ort bei der Einführung. Neben der Bewältigung der technischen Herausforderungen ist es auch ihre Aufgabe, die Mitarbeiter vor Ort zu begeistern und zu überzeugen. Man kann nicht alles schulen, oftmals ist Learning by Doing die effektivste Variante. Aber man muss den zukünftigen Nutzern des Systems zumindest klarmachen, dass die Produktivitätserhöhung, die mit dem neuen System einhergeht, keine Arbeitsplätze kostet, um hier die Angst zu nehmen.

▶ Herzlichen Dank für das interessante Gespräch, Herr Dr. Blaum!

Dr. Hugo Blaum
Dr. Hugo Blaum ist seit Januar 2010 President des Segments GEA Refrigeration Technologies der GEA Group. Das Segment richtet seinen Fokus auf industrielle Kälteerzeugung. Der 1951 geborene promovierte Segment President hat in Kaiserslautern Elektrotechnik studiert. Nach der Promotion an der Universität Braunschweig ist er nach verschiedenen leitenden Funktionen und Aufsichtsratsmandaten in der Industrie seit 2002 für die GEA Group tätig. Von 2002 bis 2009 war er Division President für den Bereich Air Treatment.

GEA Group AG
Die GEA Group Aktiengesellschaft ist einer der größten Systemanbieter für die nahrungsmittelverarbeitende Industrie sowie für ein breites Spektrum von Prozessindustrien mit einem Konzernumsatz von über 5,7 Mrd. € im Jahr 2012. Sie konzentriert sich als international tätiger Technologiekonzern auf Prozesstechnik und Komponenten für die anspruchsvol-

len Produktionsprozesse in unterschiedlichen Endmärkten. Der Konzern generiert ca. 70% seines Umsatzes aus den langfristig wachsenden Industrien für Nahrungsmittel und Energie. Zum 31. März 2013 beschäftigte das Unternehmen weltweit rund 24.500 Mitarbeiter. Die GEA Group zählt in ihren Geschäftsfeldern zu den Markt- und Technologieführern. Das Unternehmen ist im deutschen MDAX (G1A, WKN 660 200) notiert.

Prof. Klaus Hekking, Vorstandsvorsitzender SRH Holding, im Gespräch mit Tomas Pfänder

„Auch wenn es vielleicht nicht dem Zeitgeist entspricht: Ich glaube mehr an die Kräfte des Marktes als an die staatliche Regulierung."

© Springer-Verlag Berlin Heidelberg 2014
S. Bille et al. (Hrsg.), *Managementdialoge – Zukunftsorientierte Unternehmensgestaltung*, DOI 10.1007/978-3-662-43707-0_11

Für Prof. Klaus Hekking ist die Fähigkeit, veränderte Kundenbedürfnisse früh zu erkennen und schnell darauf reagieren zu können, essentiell für eine zukunftsorientierte Unternehmensgestaltung. Hekking betont die Bedeutung, die Markt und Wettbewerb auch innerhalb von Unternehmen haben, um verkrustete Strukturen aufzubrechen. Mit Hilfe der Kräfte des Marktes können laut Hekking auch das Gesundheits- und Bildungswesen – beide geprägt durch starke politische Regulierung – effizienter und kundenfreundlicher gestaltet werden.

Zukunftsorientierte Unternehmensgestaltung

▶ Was verstehen Sie unter zukunftsorientierter Unternehmensgestaltung?

Wir alle sind von unseren Erfahrungen in der Vergangenheit geprägt und neigen dazu, sie in die Zukunft zu extrapolieren, auch wenn sich das Umfeld erheblich verändert. Dabei kann der Erfolg der Vergangenheit schnell zum größten Feind des Erfolgs in der Zukunft werden. Eine zukunftsorientierte Unternehmensführung hat deshalb vor allem drei Aufgaben:

Erstens, das Unternehmen immer wieder infrage zu stellen und neu zu erfinden im Sinne von Schumpeters „Prinzip der schöpferischen Zerstörung". Als ich die SRH Anfang der 80er-Jahre übernahm, definierte sie sich als staatsorientierte und staatsgetragene Reha-Einrichtung. Das war zwar bequem, aber hoch riskant, denn wir wissen, wie schnell sich in der Politik Meinungen und Prioritäten ändern. Und so kam es auch: Rehabilitation verlor an Bedeutung, und es erwies sich als richtig, sich strategisch neu im Bildungs- und Gesundheitsmarkt aufzustellen. So konnten wir der Abwärtsspirale entgehen und einen neuen Wachstumszyklus einleiten.

Zweitens, kontinuierlich die Zielmärkte und die Bedürfnisse der Kunden zu screenen, um geschäftliche Chancen und Risiken frühzeitig zu erkennen und aktiv gestalten zu können. Wir müssen quasi in den Gehirnwindungen unserer Kunden spazieren gehen! Das darf keine Managementfloskel sein. Ab einer bestimmten Größe neigen Unternehmen zur Trägheit und zur Binnenorientierung nach dem Motto: „Das haben wir schon immer so gemacht!" Aber die Bedürfnisse der Kunden verändern sich heute immer schneller, und sie werden differenzierter. Wer sich nicht im ständigen Dialog mit den Kunden befindet, kann sich recht schnell auf einem Abstellgleis wiederfinden. Ich habe Ende der 80er-Jahre von Studenten gelernt, dass ihnen der bürokratische Massenbetrieb an den staatlichen Hochschulen keinen besonderen Spaß machte. Daraus entstand die Idee, private Hochschulen zu gründen, bei denen die Studenten im Zentrum des Interesses standen. Ein, wie sich heute zeigt, sehr erfolgreiches Modell.

Drittens, die Unternehmensstruktur möglichst flexibel und reversibel zu gestalten, um erforderliche Anpassungen schnell und kostengünstig vornehmen zu können. Ich habe deshalb Mitte der 90er-Jahre das Einheitsunternehmen Stiftung Rehabilitation in eine sehr flexible Unternehmensgruppe umgewandelt mit einer zentralen strategischen Führung durch die Konzernspitze und dezentraler Verantwortung der operativen Einheiten. Bildlich gesprochen: Wir haben aus einem schwerfälligen Tanker einen sehr beweglichen Verbund von Schnellbooten gemacht.

Man muss seine Unternehmensstruktur flexibel gestalten: Nicht als Tanker, sondern als Verbund von Schnellbooten ist man erfolgreich.

▶ Sie haben erwähnt, dass sich die Bedürfnisse der Kunden heute immer schneller verändern. Wie gehen Sie bei der Bedürfniserforschung konkret vor?

Wichtig ist vor allem, mit den Kunden zu sprechen. Wenn wir beispielsweise ein neues Studienmodell entwickeln, dann beziehen wir die Studenten mit ein, befragen sie und testen das Ganze mit ihnen, wie jetzt zum Beispiel das neue Studienmodell „CORE" an unserer Heidelberger Hochschule. Das Gleiche gilt im Krankenhaus, wo wir derzeit neue computergestützte Bewegungstherapien mit den Patienten erproben. Regelmäßige Befragungen über die Bedürfnisse und Präferenzen der Kunden sind ebenfalls sehr wichtig. Sie führen übrigens zum Teil zu ganz anderen Ergebnissen als die Mitarbeiterbefragungen, so dass wir Binnensicht mit externer Sicht vergleichen können. Auch das Beschwerdemanagement ist eine wichtige Erkenntnisquelle. Schließlich machen wir Benchmarks mit unseren Konkurrenten. Da erfährt man, wo man im Wettbewerb steht – das ist sehr aufschlussreich.

▶ Warum vereint SRH die beiden Bereiche Bildung und Gesundheit in einem Geschäftsmodell? Welche Idee steckt dahinter?

Bildung und Gesundheit sind Wachstumsmärkte, die kaum von der Konjunktur abhängig sind und uns eine stabile Entwicklung ermöglichen. Beides sind personenzentrierte Dienstleistungen, die viele Gemeinsamkeiten und Parallelen aufweisen, aus denen sich fachliche und wirtschaftliche Synergien generieren lassen, für ein Unternehmen also eine Traumkonstellation.

Aber beide Märkte sind stark vom Staat reguliert. Dies zwingt uns, eine gute Balance zwischen Marktanforderungen und der Regulierung durch den Staat zu halten, um Innovation und Rentabilität nicht zu gefährden.

▶ Welche Vorteile hat das Modell Stiftung? Nutzen Sie es gezielt in der Unternehmensgestaltung?

Ja, das ist für uns ein ganz wichtiges Element – in zweierlei Hinsicht: Zunächst einmal ist eine Stiftung unabhängig von Kapitalinteressen. Sie kann sich also völlig auf ihren Unternehmenszweck konzentrieren und muss auf keine andersgearteten Interessen von Anteilseignern Rücksicht nehmen. Ebenso darf sie keine Gewinne ausschütten, sondern muss sie in die Erfüllung des Stiftungszwecks investieren. Damit ist eine nachhaltige Unternehmensentwicklung garantiert.

Beides verleiht uns eine hohe Glaubwürdigkeit, die in beiden Märkten – Bildung und Gesundheit – absolut lebensnotwendig ist. Diese Glaubwürdigkeit hilft uns auch bei Akquisitionen, z. B. von kommunalen Krankenhäusern, weil wir als verlässlicher und berechenbarer Partner wahrgenommen werden. Es hilft auch bei Kooperationen. Beispielsweise sind wir bei kleineren Kliniken im ländlichen Raum auf Kooperationen mit Unikliniken angewiesen. Wir bewegen uns als großer privater Krankenhausträger mit ihnen auf Augenhöhe, ohne aber als aggressiver, gewerblicher Konkurrent wahrgenommen zu werden.

Vorausschau

▶ Was tut Ihr Unternehmen, um die Herausforderungen der Zukunft zu erkennen?

Wir überprüfen unsere Strategie in Fünf-Jahres-Zyklen und führen dann jeweils ein Update durch. Dabei arbeiten wir mit der Szenario-Technik, mit der wir uns im Kreis der Führungskräfte unter Beteiligung externer Experten auf künftige Entwicklungen in unserem Umfeld vorbereiten. Die Szenarien diskutieren wir in Open-Space-Veranstaltungen auf breiter Ebene mit den Mitarbeitern, die sich mit ihrer Meinung einbringen können. So erarbeiten wir gemeinsam mittelfristige Ziele und Strategien, die dann förmlich als Orientierungslinie verabschiedet und in jährliche Aktionspläne auf betrieblicher Ebene umgesetzt werden. Das ist ein sehr fordernder und anspruchsvoller Prozess, aber er lohnt sich.

▶ Welche Erfahrungen haben Sie mit der Einbindung der Mitarbeiter in diesen Prozess gemacht – insbesondere bei Ärzten, die sich auf Spitzenleistungen im OP konzentrieren müssen? Spitzenleistung findet immer im Detail statt – sei es bei einem guten Wirbelsäulenchirurgen oder einem Forscher. Daneben braucht es aber auch Menschen, die übergreifend denken und das große Ganze vorantreiben. Das gilt im Gesundheitswesen ganz besonders. Die Herausforderung ist, dass die Ärzte anerkennen, dass es auch die anderen – also das Management – braucht.

Das ist eine kulturelle Frage. Die interdisziplinäre Unternehmensplanung im Dialog von Management und Fachkräften, die wir in anderen Industrien vorfinden, ist meiner Meinung nach im eher hierarchischen und von berufsständischer Versäulung geprägten Gesundheitswesen noch nicht so weit fortgeschritten. Hier müssen wir noch erheblich dazulernen.

> Was macht SRH konkret, um diese kulturelle Wende früher einzuleiten als der Wettbewerb? Oder sagen Sie, das wird immer so bleiben?

Als privates Unternehmen haben wir etwas andere Voraussetzungen als z. B. eine Universitätsklinik, bei der es so etwas wie eine kollektive Führung von kaufmännischer und ärztlicher Leitung gibt und wo deshalb auch strategische Entscheidungen quasi im „demokratischen" Konsens gefunden werden müssen.

Bei uns liegt die Führungsverantwortung klar bei Vorstand und Aufsichtsrat; sie treffen die strategischen Entscheidungen und haften auch dafür. Das ermöglicht klare und schnelle Entscheidungen im Interesse des Unternehmens und macht auch die Verantwortlichkeiten klar: Wir verantworten das Unternehmens-Ganze, die Fachleute ihre fachliche Leistung.

Mit dieser Struktur ist die SRH in den vergangenen 30 Jahren insgesamt hervorragend gefahren, wenn ich mir Wachstum, Rentabilität, Arbeitsplatzsicherung, Image und Kundenzufriedenheit anschaue.

> Eine der wesentlichen Herausforderungen ist meiner Ansicht nach, die Ärzte teamfähig zu machen. Denn dieser Aspekt wird im Medizinstudium nicht vermittelt.

Auch wenn es besser geworden ist, die Ausbildung der Ärzte basiert immer noch sehr auf hierarchischen Prinzipien. Das hat wohl auch seinen Sinn: Wer schnell und richtig Entscheidungen von häufig weitreichenden Konsequenzen für Leib und Leben anderer Menschen treffen muss, wie z. B. ein Chirurg, der kann bei seiner medizinischen Arbeit keine langen Diskussionen über das richtige Vorgehen führen. Hier muss eine Kommandostruktur herrschen. Etwas anders ist die Sache gelagert, wo es um die Personalführung geht. Da können heute hierarchische Führungsstile nur noch schwerlich Mitarbeiter zur Leistung motivieren. Es wäre zu wünschen, wenn sich diese Auffassung auch in der Aus- und Weiterbildung von Ärzten niederschlagen würde. Ich habe aber den Eindruck, dass die jetzt ins Amt kommenden Chefärzte dieses Prinzip sehr viel stärker vertreten als die sogenannten „Halbgötter in Weiß" in der Vergangenheit.

Strategie

▶ Welche Gefahren sehen Sie für Ihr etabliertes Geschäft – mit Blick auf die Entwicklung von Märkten im Bereich Bildung und Gesundheit?

Bildung und Gesundheit als hoch qualifizierte Humandienstleistungen werden nicht nur von den für jede Branche relevanten Einflussfaktoren, wie z. B. Technik, Finanzierung und Gesetzgebung, geprägt. Bei uns spielen der demografische Wandel, der Wandel von individuellen und politischen Wertvorstellungen und die öffentliche Meinung darüber eine gewaltige Rolle. Nicht alles, was aus unternehmerischer Sicht sinnvoll ist, kann mit Blick darauf auch gemacht werden.

Bei uns spielen der demografische Wandel, der Wandel von individuellen und politischen Wertvorstellungen und die öffentliche Meinung darüber eine gewaltige Rolle.

Generell steckt die Entwicklung unserer Märkte Bildung und Gesundheit in folgendem Dilemma: Die Nachfrage wird immer das Finanzierbare weit übersteigen. Deshalb wird sich die Politik immer wieder bemüßigt sehen, regulierend einzugreifen. Das müssen wir in unsere Planungen einbeziehen, um daraus resultierende Restriktionen so gering wie möglich zu halten. Das gelingt uns dann am besten, wenn wir durch intelligente Produktivitätssteigerung das „Gap" zwischen dem Wünschenswerten und dem Machbaren so gering wie möglich halten.

Dazu ein Beispiel: Eine der wichtigsten Ursachen von Verschwendung im Gesundheitswesen ist nicht die Leistungsproduktion als solche, sondern die Parallelität von Versorgungssystemen der stationären, ambulanten und rehabilitativen Versorgung. Hier könnte durch Systemintegration viel erreicht werden, um das Gesundheitswesen patientenorientierter und wirtschaftlicher zu machen.

Mit den Medizinischen Versorgungszentren (MVZ) ergibt sich diese Möglichkeit. Als Krankenhausträger können wir hier ambulante und stationäre Versorgung zu einem Gesamtkonzept integrieren. Das ist sowohl wirtschaftlich als auch medizinisch sinnvoll, um die Qualität und Ganzheitlichkeit der Patientenversorgung zu sichern. Unternehmerisch bietet uns dies die Chance, regionale Gesundheitszentren zu entwickeln. Aber dabei müssen wir strategisch vorgehen und dürfen nicht blindlings Kassenarztsitze aufkaufen, nur um möglichst viele „Zuweiser" zu haben. Es geht nicht darum, „Zuweiser" aufzukaufen, sondern darum, Verantwortung für die ambulante Versorgung in der Fläche zu übernehmen. Wer das nicht sieht, läuft schnell Gefahr, das Vertrauen der Patienten zu verspielen. Wir haben deshalb eine Bewertungsmatrix über den Ankauf von MVZ entwickelt, mit der wir sehr genau selektieren können, was Sinn macht und was nicht. Dabei spielen medizinische, wirtschaftliche, synergetische und personelle Faktoren eine gleichwertige Rolle.

Ähnliches gilt im Bildungswesen, wo jeder vom „lebenslangen Lernen" redet, aber keiner dies realisiert. Wir dürften vermutlich einer der ganz wenigen Bildungsträger sein, die die gesamte Bildungskette von der vorschulischen Bildung über die schulische, akademische Bildung bis zur beruflichen Weiterbildung in einer Hand abbilden. Damit können wir theoretisch ein ganzes Bildungsleben mit einem abgestimmten System begleiten.

▸ Was halten Sie denn von dem Versicherungsmodell, das in der Branche schon seit Längerem diskutiert wird – im Sinne von „Ich biete die Leistung an und kaufe die Leistung ein"? Im Prinzip handelt es sich dabei um eine Verlängerung der Wertschöpfungskette.

Eine interessante Idee, die einige unserer Konkurrenten im Gesundheitswesen diskutieren. Ich habe damit ein ethisches und ordnungspolitisches Problem. Zum einen führt dies zu völliger Abhängigkeit des Kunden von einem Unternehmen, zum anderen kann diese verlängerte Wertschöpfungskette zu Interessenkollisionen zwischen „Finanzierern" und „Dienstleistern" in einem Unternehmen führen. Bei Verkauf und Finanzierung von Autos, wo dieses Modell ja inzwischen ein Klassiker ist, mag das angehen. Bei Humandienstleistungen bin ich sehr skeptisch. Wir haben einen klaren Wertekanon: Wir wollen unseren Kunden in ihrem persönlichen Interesse dienen und ihnen nichts „andrehen", was wir ihnen zwar finanzieren, was sie aber nicht brauchen.

▸ Wie binden Sie – als strategischer Kopf von SRH – die Ideen anderer ein? Wo holen Sie sich Ihre Inspiration?

Ich verschanze mich nicht in der Firmenzentrale, sondern gehe, so oft mir das möglich ist, in unsere Betriebe und rede nicht nur mit den Geschäftsführern, sondern auch mit den anderen Mitarbeitern. Das ist die Grundlage meiner Führungsphilosophie: „Wer fragt, der führt." Open-Space ist dazu ein gutes Vehikel. Durch direkte Gespräche, Workshops und Umfragen beziehe ich die Ansichten und Meinungen von Mitarbeitern in strategische Entscheidungen ein. Das hat auch etwas mit Wertschätzung zu tun. So merken unsere Mitarbeiter: Der kommt nicht vorbei, um uns „vollzutexten", sondern der stellt Fragen und hat ernsthaftes Interesse an unseren Antworten.

Ich halte umgekehrt aber nichts von der Devise: „Wir müssen alle mitnehmen." Das geht in einem so großen und komplexen Unternehmen wie der SRH nicht. In rund 30 Jahren an der Spitze habe ich gelernt, dass längerfristig vorausschauende Entscheidungen manchmal von den Mitarbeitern, die mehr am Hier und Jetzt interessiert sind, nicht verstanden oder akzeptiert werden. Das kann mich aber von meiner Verantwortung für die nachhaltige Unternehmensentwicklung nicht entbinden, und diesen Konflikt muss ich aushalten.

▶ Dieses Einbeziehen der Mitarbeiter ist angesichts der Komplexität der SRH eine große Herausforderung.

Wir haben jetzt über 30 Unternehmen im Konzern und sind über ganz Deutschland verteilt, da kann man nicht mit allen im ständigen Dialog stehen. Aber wir müssen das ja auch nicht jeden Monat machen. Wir haben für die drei Konzernbereiche Bildung, Hochschulen und Gesundheit jeweils Bereichskonferenzen, in denen sich einmal im Monat die Geschäftsführer und die Experten der Holding treffen, um die anstehenden Themen zu besprechen. Sie bringen auch die Meinungen von Mitarbeitern ein. Dann gibt es ja noch E-Mail und Intranet. Also: Wer seine Sache vortragen will, hat verschiedene Wege, dies zu tun.

▶ Welche Erfolgsfaktoren sind Ihrer Ansicht nach für die Umsetzung einer Strategie entscheidend?

Das ist in jedem Unternehmen anders. Deshalb halte ich nichts von allgemeinen Strategiekonzepten und -prozessen. Generell gilt jedoch: Zunächst muss man die Ziele des Unternehmens definieren – „Wo will ich bis wann stehen?", dann kann man über Strategien reden – „Wie komme ich dahin?". Ich betone das deshalb, weil ich häufig erlebe, dass die Leute über den Weg reden, bevor sie das Ziel kennen. Stehen Vision, Ziele und Strategien, sind für die einzelnen funktionalen Strategien, also Marketing, Personal etc., Aktionspläne zu formulieren, die sagen, wer bis wann mit welchen Ressourcen was zu tun hat. Nur so ist eine klare Fokussierung der Energien und Ressourcen auf die wesentlichen Themen gewährleistet.

Wesentlich ist auch eine verständliche und vor allem kontinuierliche Kommunikation von Zielen und Strategien, sodass jeder Mitarbeiter versteht, worum es geht. Es gilt: „Rede einfach, kurz und so verständlich wie möglich!" Gute Führung zeichnet sich dadurch aus, dass sie Komplexität nicht erhöht, sondern reduziert. Durch die Akademisierung des Managements werden heute aus einfachen unternehmerischen Überlegungen häufig ganze Doktorarbeiten, die die Menschen mehr verwirren, als ihnen Orientierung zu geben.

Gute Führung zeichnet sich dadurch aus, dass sie Komplexität nicht erhöht, sondern reduziert.

Schließlich ist eine kontinuierliche Umsetzungskontrolle von Bedeutung, wenn man verhindern will, dass alles in der Alltagsroutine versandet. Nur wenn immer wieder über die vereinbarten Ziele und Strategien und ihre Umsetzung gesprochen wird, prägen sich diese ein.

Ein weiterer Erfolgsfaktor sind motivierte und vor allem loyale Führungskräfte, die eine geschlossene Führungsmannschaft bilden und wirksam im Sinne von Zielen und Strategien führen.

▶ Welche Rolle spielen dabei Kennzahlen für die strategische Führung?

Kennzahlen spielen für mich eine sehr große Rolle, denn sie ermöglichen Vergleiche und Messbarkeit. Wir haben für die einzelnen Konzernbereiche Kennzahlensysteme entwickelt, die wir immer wieder auf ihre Relevanz überprüfen und erforderlichenfalls modifizieren und die wir vor allem für interne und externe Benchmarks nutzen.

▶ Kritiker von stark kennzahlenorientierter Unternehmensführung sagen, dass der Blick dabei nicht weit genug ist, um die Chancen und Risiken für das Geschäftsmodell zu erkennen. Wie begegnen Sie dieser Herausforderung?

Kennzahlensysteme sind nur ein Teil des Controllings. Ein wachsamer Blick auf die sogenannten „sanften Faktoren" sowie Erfahrung und unternehmerischer Instinkt runden sie ab. Die gesunde Mischung aus allen vier Elementen macht den Erfolg aus.

▸ Welche Rolle spielt die Expansion ins Ausland bei Ihren strategischen Überlegungen?

Bildung und Gesundheit sind traditionell „local business". Sie zu exportieren erfordert gute Kenntnis der Zielmärkte und ihrer Traditionen, einen langen Atem und ausreichende finanzielle Ressourcen. Dennoch sollte man in einer zunehmend vernetzten Welt auch den Blick über die nationalen Grenzen hinaus richten. Was das Thema Kliniken anbelangt, so werden wir allerdings auf absehbare Zeit nicht ins Ausland expandieren, da wir in Deutschland im Rahmen der Umstrukturierung des Krankenhausmarktes noch ausreichend Potenzial für Wachstum sehen, z. B. durch die Akquisition kommunaler Kliniken.

In der Bildung, vor allem im Hochschulbereich, sieht das ganz anders aus: Die Wissenschaftswelt wächst schnell zusammen, und es gibt schon eine Reihe international aufgestellter Bildungskonzerne. Der Bologna-Prozess fördert diese Entwicklung, und schaue ich auf die nach 2020 rückläufigen Studentenzahlen in Deutschland, dann sollten wir diese Option sehr sorgfältig prüfen.

Das deutsche Bildungswesen hat vor allem in den Schwellenländern immer noch einen sehr guten Ruf und bietet uns Chancen. Es liegt auf der Hand, jetzt zu internationalisieren. Wir haben uns zunächst den asiatischen Raum angesehen, der natürlich, was die weltwirtschaftliche Entwicklung angeht, hochinteressant ist. Dennoch haben wir uns für Lateinamerika entschieden, weil es dort deutlich niedrigere Einstiegshürden gibt. Mit unserem Projekt einer deutsch-paraguayischen Universität in Asunción werden wir erste Erfahrungen mit einem begrenzten Risiko sammeln.

Das deutsche Bildungswesen hat in den Schwellenländern einen sehr guten Ruf und bietet uns Chancen.

Prozesse

▶ Wo sehen Sie die größten Herausforderungen bei der Optimierung und Verschlankung von Geschäftsprozessen?

Entscheidend ist, dass Notwendigkeit und Sinnhaftigkeit einer Optimierung von allen Beteiligten erkannt werden. Wer verändern will, muss beweisen, dass die Veränderung notwendig ist und zur Optimierung führt. Nach meiner Erfahrung sind Veränderungen leichter umzusetzen, wenn man nicht von der Spitze her ändert, sondern Prozesse initiiert, bei denen die Mitarbeiter selbst die Notwendigkeit der Veränderung erkennen und sie dann auch selbst wollen und umsetzen.

Als Beispiel kann ich hier das Thema „Lean Hospital", also die Einführung von Lean-Management-Prinzipien im Krankenhaus, anführen. Eine solche Innovation muss enorm hohe Eintrittshürden überwinden – weil das Vorhaben immer unter dem Verdacht steht, dass es letztendlich darum geht, Personal einzusparen. Die Überzeugungsarbeit funktioniert nur dann, wenn man die Mitarbeiter mit Begeisterung von dieser Innovation ansteckt und sich persönlich für die Sache engagiert.

▶ Gibt es einen Innovationsprozess bei SRH?

Ja, den gibt es – aber eher als intuitiven, von einzelnen Personen initiierten und getragenen Prozess. Um Innovation nicht dem Zufall zu überlassen und von Einzelpersonen abhängig zu sein, muss sie zu einem gemanagten Prozess werden. Das sagt sich leichter, als es getan ist, denn neue und zukunftsträchtige Ideen sind in einer um exzellente Fachkräfte konkurrierenden Wirtschaft immer auch das persönliche Kapital des Einzelnen, das er zu eigenem Nutzen vermarkten will. Gemanagte Innovation bedeutet deshalb, Wege zu finden, in denen für das Unternehmen und für den innovativen Mitarbeiter eine „Win-Win-Situation" entsteht. Der Einzelne bringt seine Ideen ein, das Unternehmen stellt die Ressourcen zur Verfügung, um sie umzusetzen und zu vermarkten. So profitieren beide von der entstehenden Innovation.

Gemanagte Innovation bedeutet, Wege zu finden, in denen für das Unternehmen und den innovativen Mitarbeiter eine „Win-Win-Situation" entsteht.

Dazu müssen wir bereit sein, Raum zu geben für Menschen, die außerhalb der üblichen Bahnen denken. Das beginnt mit Kleinigkeiten, wie einem Vorschlagswesen. Da sind die Krankenschwester, die weiß, wie man die Laufwege im Krankenhaus optimiert, die Therapeutin, die eine neue Therapie einführt, der Professor, der eine neue Lernmethode ausprobieren will.

Bei großen Innovationen muss sichergestellt sein, dass jemand, der etwas aus eigenem Antrieb, aus eigener Leidenschaft erreichen will, nicht durch Bürokratie ausgebremst wird. Das ist auch wiederum eine Aufgabe der strategischen Führung, solche Persönlichkeiten zeitweise aus den üblichen Abläufen herauszunehmen, damit sie den Freiraum haben, Innovationen zu entwickeln.

▸ Können Sie das an einem Beispiel veranschaulichen? Welche Innovation hat SRH intern hervorgebracht?

Ich kann das an einem Beispiel aus dem Hochschulbereich erläutern. Als die iPads aufkamen und alle – inklusive mir – begeistert von dieser neuen Technologie waren, haben wir iPads an unsere Führungskräfte verteilt, damit sie lernen, damit umzugehen. Dieses „Selbst-Ausprobieren" ist ein wesentliches Element von Innovationen. Dann haben wir die Idee entwickelt, die Möglichkeiten, die einem das iPad bietet – nämlich immer und überall fast alle Informationen verfügbar zu haben –, für ein neues Bildungsangebot zu nutzen. Schließlich haben wir mit unserer SRH Fernhochschule Riedlingen einen MBA-Studiengang eingeführt, der komplett iPad-basiert ist. Sie war die erste Hochschule in Deutschland, die das ausprobiert hat. Die Studenten bekommen das iPad von uns gestellt, und die Tutoren stehen den Studenten beispielsweise über Videotelefonie zur Verfügung. Die Zielgruppe für diesen Studiengang sind Berufstätige, die sich nebenbei akademisch weiterqualifizieren wollen. Die haben ihr iPad ohnehin dabei und können jetzt, wenn sie z. B. eine Stunde am Flughafen warten, eine Lektion abarbeiten. Das ist eine echte Innovation. Das lief anfangs noch zögerlich, ist dann aber ein Erfolg geworden, sodass wir das Konzept auch auf andere Studiengänge ausweiten werden.

Systeme

▸ Was macht für Sie ein optimales IT-System aus?

Im Grunde nur zwei Dinge: echter betrieblicher Nutzen und Nutzerfreundlichkeit. Entscheidend ist, dass die Systeme so einfach wie möglich sind und ohne viel Brimborium gehandhabt werden können. Das heißt auch: so wenig IT wie möglich, so viel wie nötig. Heutige Softwaresysteme sind meist viel umfangreicher, als die Praxis das erfordert. Ein gutes IT-System verzichtet auf überflüssige Spielereien, läuft stabil, bleibt über unkomplizierte, schnelle Updates aktuell und ist möglichst günstig. Ein gutes Beispiel sind die Apps auf dem iPhone: einfach, schnell und billig.

▸ Welche Gefahren sehen Sie im Zusammenhang mit IT-Systemen in den Unternehmen?

Ich beobachte oft den Hang, Geschäftsprozesse IT-getrieben zu designen: Die IT bestimmt, wie das Unternehmen arbeitet. Das ist aus meiner Sicht nicht zielführend. Die IT muss sich nach den Bedürfnissen des Unternehmens richten, nicht umgekehrt. Das muss ein Vorstand den IT-Experten auch deutlich sagen. Das beginnt bereits mit dem Ausmerzen unverständlicher IT-Begriffe.

Die IT muss sich nach den Bedürfnissen des Unternehmens richten, nicht umgekehrt.

Die Anbieter versuchen häufig, den Nutzern ihre Vorstellungen überzustülpen, um langfristig profitable Geschäftsmodelle zu lancieren und sich möglichst unverzichtbar zu machen. Umgekehrt sind die Nutzer häufig nicht in der Lage, ihre Anforderungen klar zu beschreiben, und werden dann leichte Beute der IT-Unternehmen. Aufgabe der Unternehmensführung ist es hier, den Dialog durch gutes Projektmanagement so zu organisieren, dass sich beide Seiten vernünftig aufeinander einstellen können. Die SRH hat hier bei der Implementierung von Krankenhaus- und Hochschulinformationen viel Lehrgeld bezahlt, und wir wissen künftig, wie wir bei komplexen Systemen vorgehen.

Daneben beobachte ich auch eine von den IT-Abteilungen forcierte Tendenz, die IT zum Selbstzweck zu machen und damit Abhängigkeiten bei den Nutzern zu schaffen. Dieser Tendenz wirken wir konsequent entgegen. Es gibt einen Primat der strategischen und unternehmerischen Führung – und die IT ist nur ein Hilfsmittel. Eine Verselbstständigung der IT ist tödlich für jedes Unternehmen, weil sie Kosten ohne Nutzen produziert.

Wir sind dabei, unsere IT-Abteilung von einem gesetzten Player, der generell von den Tochterunternehmen in Anspruch zu nehmen ist, zu einem IT-Anbieter umzustrukturieren, der sich im Wettbewerb gegen andere behaupten muss. Lediglich die zwingend konzernweit zu nutzenden Systeme, wie das Finanzbuchhaltungssystem, müssen von dieser Abteilung bezogen werden. Bei allen anderen Systemen steht die Abteilung im Wettbewerb mit Drittanbietern. So umgehen wir das Entstehen von konzerninternen Monopolstrukturen und fördern Flexibilität und Nutzerorientierung unserer IT.

▶ Vielen Dank für diesen interessanten Dialog, Prof. Hekking!

Prof. Klaus Hekking

Prof. Klaus Hekking ist seit 1985 Vorstandsvorsitzender der SRH Holding. Der 1950 in Berlin geborene Jurist lehrte an der Colorado State University in Fort Collins, USA, und ist Ehrendoktor der Russischen Staatlichen Sozialwissenschaftlichen Universität in Moskau. Er ist Vorstandsvorsitzender des Verbands der Privaten Hochschulen und Mitglied des Vorstands der Baden-Württembergischen Krankenhausgesellschaft. Darüber hinaus engagiert er sich im Beirat der Commerzbank und in mehreren Aufsichtsräten.Nach dem Studium der Rechts- und Staatswissenschaften in Freiburg war Prof. Hekking als Regierungsdirektor u. a. persönlicher Referent der Minister Lothar Späth und Dietmar Schlee und freier Mitarbeiter der Unternehmensberatung Roland Berger & Partner.

SRH Bildung und Gesundheit
Die SRH ist ein führender Anbieter von Bildungs- und Gesundheitsdienstleistungen. Sie betreibt private Hochschulen, Bildungszentren, Schulen und Krankenhäuser. Mit 9.000 Mitarbeitenden betreut die SRH 420.000 Bildungskunden und Patienten im Jahr und erwirtschaftet einen Umsatz von 600 Mio. €. Der Unternehmensverbund steht im Eigentum der SRH Holding, einer gemeinnützigen Stiftung mit Sitz in Heidelberg. Ziel der SRH ist es, die Lebensqualität und die Lebenschancen ihrer Kunden zu verbessern. Dabei verbindet sie unternehmerisches Handeln mit sozialer Verantwortung. Als Stiftung ist die SRH von Kapitalinteressen unabhängig und wirtschaftet nachhaltig.

Laurie Miller, CIO Bayer MaterialScience, im Gespräch mit Dr.-Ing. Frank Thielemann und Prof. Dr. Hans H. Jung

„Alles dreht sich um größere Flexibilität."

Laurie Miller betont im Gespräch, dass enge Zusammenarbeit und intensiver Austausch ein wesentlicher Erfolgsfaktor sind. Ihrer Ansicht nach wird es einen umfassenden Wandel in der Arbeitswelt geben: weg von der zeitbasierten, hin zur ergebnisorientierten Messung. Mit den Stichworten Flexibilität und Work-Life-Balance beschreibt sie die unternehmerische Welt von morgen. Ursache dafür ist die zunehmende Dynamik in allen Lebensbereichen – insbesondere aufgrund der technologischen Möglichkeiten, die uns heute zur Verfügung stehen. Sie betont, wie wichtig – trotz aller Systemunterstützung – kompetente und gefestigte Führungspersönlichkeiten sind. Ihre Kernkompetenz muss zukünftig in der Fähigkeit liegen, Menschen durch den Wandel zu führen. In ihrer Rolle als CIO erklärt Miller, dass die zielgerichtete Bereitstellung von Informationen ein zentraler Aspekt zukunftsorientierter Unternehmensgestaltung ist.

Zukunftsorientierte Unternehmensgestaltung

> Was verstehen Sie unter dem Begriff „zukunftsorientierte Unternehmensgestaltung"? Welche Bilder verknüpfen Sie damit?

Ich denke bei diesem Thema darüber nach, wie sich die Unternehmenswelt, wie wir sie heute kennen, in fünf oder zehn Jahren entwickeln wird. Ich glaube, die Menschen werden noch mehr und größeren Zugang zu Informationen erwarten. Informationen müssen in dem Umfang zur Verfügung stehen, dass jeder seine Arbeit effizient erledigen kann. Dieser Zugang kann an beliebiger Stelle und in beliebiger Form erfolgen. Er sollte sehr einfach und schnell sein – und überall möglich.

In der IT-Welt, in der wir heute leben, haben wir Informationen immer sofort parat: Wir sitzen z. B. beim Essen zusammen, und jemand stellt eine einfache Frage. Sofort greift man zum Smartphone und googelt danach. Die Antwort ist sofort verfügbar. Dann muss man jedoch entscheiden, welcher der Quellen, die Google liefert, man glaubt. Diese Entscheidung muss man selbst treffen. Dies ist ein Element, das sich meiner Meinung nach noch verstärken wird: Jeder Einzelne erhält eine größere Entscheidungsbefugnis.

Die Menschen erwarten einen immer größeren Zugang zu Informationen.

Wenn ich sehe, wie meine Kinder mit Facebook oder Twitter umgehen, dann gibt mir das eine Vorstellung davon, was wir im unternehmerischen Umfeld zu erwarten haben und wie der Wandel von unserer heutigen in die zukünftige Welt stattfindet. In unserem persönlichen Umfeld sind diese Veränderungen schon angekommen. Aber wie zeigen sie sich in einer unternehmerischen Rolle, wie fördern und unterstützen wir diese Entwicklungen in einem unternehmerischen Umfeld?

Wie Sie wissen, arbeiten wir sehr stark an Automatisierung. Die Zeitschrift „Time Magazine" hat in den USA kürzlich einen Artikel zur Fertigungsindustrie in den USA veröffentlicht. Danach wird die Fertigungsindustrie nicht verschwinden, sondern sich lediglich verändern. Das Wissen und die Intelligenz, die man von Mitarbeitern erwartet, werden sich verändern. Mitarbeiter werden den Prozess und die IT-Systeme, die diesem zugrunde liegen, kennen müssen. Manuelle Tätigkeiten werden auf einer anderen Ebene stattfinden. Hauptsächlich geht es um Automatisierung und Vereinfachung – denn letztendlich soll durch all diese Veränderungen unser ganz persönliches Leben etwas harmonischer und bequemer gemacht werden.

Man kann hier auch von „Work-Life-Balance" sprechen. Ich werde von vielen danach gefragt, wegen meiner Familie und insbesondere meiner Söhne. Meine Antwort lautet dann, dass es funktioniert. Meine Balance ist gut. Denn mit solchen Geräten, wie meinem Smartphone, stehe ich ständig in Verbindung. Ich kann entscheiden, wann ich das Gerät nutze, wann ich es ein- und wann ich es ausschalte. Die Geräte befähigen mich dazu. Ich habe keinen üblichen Acht-Stunden-Arbeitstag – und das ist sowohl beruflich als auch privat von Vorteil. Ich möchte, dass man in der Unternehmenswelt nach seinen Ergebnissen und nicht nach der aufgewendeten Zeit beurteilt wird. Hier sehe ich auch eine zukünftige Veränderung.

▸ Es geht also um eine Art ergebnisorientiertes Management. Werden Führungskräfte ergebnisorientierter handeln?

Ja. Die Stechuhr wird überflüssig. Alles dreht sich um Work-Life-Balance und um größere Flexibilität. Ein weiterer interessanter Punkt ist die Dynamik der Generationen. Wir haben bereits heute zum Teil vier verschiedene Generationen im Unternehmen, die alle unterschiedlich arbeiten, denken und unterschiedliche Erwartungen haben. Wenn man also von der zeitbasierten zur ergebnisbasierten Messung wechseln und für Ergebnisse statt für den Zeitaufwand zahlen will, ist eine erhebliche Umstellung erforderlich – eine große Herausforderung insbesondere bei der Arbeit mit den verschiedenen Generationen.

Mitarbeiter sollten nach ihren Ergebnissen und nicht nach der aufgewendeten Zeit beurteilt werden.

▸ Das ist ein sehr interessanter Aspekt. Aus Sicht des Managements hat das mit kulturellem Gedankengut zu tun.

Ja, richtig. Ich kenne die Veränderungen, die Bayer MaterialScience zurzeit durchläuft. Wenn man in der Vergangenheit erfolgreich sein wollte, waren das Wissen und das Know-how entscheidend, das man auf seinem Gebiet hatte. Also haben Menschen mit dem richtigen Wissen eine steile Karriere gemacht. Heute ist außerdem wichtig, mit Veränderungen und kultureller Dynamik umgehen zu können. Führungskräfte müssen heute in der Lage sein, ihre Mitarbeiter durch einen Wandel zu führen.

▸ Um es zusammenzufassen: Es geht bei zukunftsorientierter Unternehmensgestaltung um eine kulturelle Geisteshaltung, um Führung und um Flexibilität.

Vorausschau

▶ Führungskräfte müssen sich mit Blick auf die technologische Entwicklung und den demografischen Wandel fragen: Was bedeutet das für unser Geschäft? Welche Chancen haben wir? Es gilt, eine Vorausschau zu entwickeln, statt nur zu reagieren. Ziel muss es sein, zu agieren und die Veränderungen herbeizuführen.

Genau. Ich kann das an einem Beispiel erläutern: In Afrika sind die Landwirte alles andere als wohlhabend, aber viele von ihnen haben Smartphones, die sie zum Beispiel für ihre Bankgeschäfte einsetzen. Wir müssen uns also fragen: Was bedeutet das für uns, für unsere Geschäftsfelder CropScience und Healthcare? Wie erreichen wir die Menschen? Wie können wir produktiver und effizienter in unseren internen Verfahren werden?
Die Welt ist sehr dynamisch, alles verändert sich sehr schnell. Heute ist beispielsweise Indien ein attraktives Land für die IT-Welt. Die Frage lautet aber: Werden wir dort in fünf Jahren immer noch wettbewerbsfähig sein? Aus diesem Grund müssen wir in einer unternehmerisch geprägten Welt anpassungsfähig sein, deutlich agiler und flexibler werden, um gemeinsam mit unseren strategischen Partnern erforderliche Veränderungen umzusetzen.
Wir müssen vorausschauen auf das, was in der Zukunft passieren wird – nicht nur im nächsten Jahr. Die entscheidende Frage ist doch: Welche wichtigen Trends zeichnen sich ab, vielleicht nicht in einem Jahr, sondern in 40 Jahren? Wir müssen uns die Frage stellen, wie wir unsere Strategie anpassen und sie gemäß diesen Trends weiterentwickeln.

> **Wir müssen vorausschauen auf das, was in der Zukunft passieren wird – nicht nur im nächsten Jahr.**

▶ IT gehört ja zu den Einflussfaktoren, die das Geschäft definitiv verändern. Früher dauerte es in der Automobilindustrie über eine Woche, bis eine Kundenbestellung von einem Händler im Ausland zur Zentrale und in die Produktion gelangte. Heute dauert dies nur wenige Sekunden. Welche IT-Trends werden die nächsten Geschäftsveränderungen in Ihrem Unternehmen herbeiführen? Welche Maßnahmen ergreifen Sie diesbezüglich?

Meiner Meinung nach ist ein Aspekt ganz entscheidend: Man sollte eng und partnerschaftlich mit seiner Organisation zusammenarbeiten und das Geschäft gründlich kennen. Das gelingt, wenn wir unsere IT-Mitarbeiter mit den Mitarbeitern anderer Bereiche zusammenbringen, damit sie ein Verständnis für die Arbeit der anderen entwickeln und erkennen, wie sie sie aus IT-Sicht unterstützen können. Wir müssen in die Produktion, in das Marketing, in den Vertrieb gehen und uns die Arbeit vor Ort genau ansehen. Wichtig ist also, partnerschaftlich zu agieren und – egal worum es geht –zuzuhören.

Ein IT-Trend, der die Unternehmenswelt vermutlich noch weiter verändern wird, ist der Einsatz von Social Media. Wir haben vor etwa zwei Jahren die Plattform Connections@Bayer eingeführt, eine Art Kombination aus Facebook und Twitter, die dann vor einem Jahr zum offiziellen Standard für Social Networking innerhalb des Bayer-Konzerns wurde. Sie ist jedoch noch nicht so weit entwickelt, wie es möglich wäre. Doch hier sehen wir das System als Treiber. Es löst bestimmte Aktivitäten aus und erschließt diese Netzwerke für eine gemeinsame Nutzung. Bisher ist dies nur ein internes Verfahren. Doch ich glaube, in Zukunft wird man diese Netzwerke auch für Lieferanten und Kunden zugänglich machen. Dabei muss man natürlich darauf achten, dass alles rechtlich in Ordnung ist. Schließlich geht es hier um unser geistiges Eigentum. Das müssen wir schützen, ebenso wie unsere Informationen. Allerdings erwarte ich mehr und engere Zusammenarbeit, nicht nur intern, sondern auch extern.

Ich glaube, in Zukunft wird man soziale Netzwerke nicht mehr nur intern nutzen, sondern auch für Lieferanten und Kunden zugänglich machen.

Strategie

> Die IT hat viele Verbesserungen bewirkt und bewirkt sie noch immer. Allerdings bedeutet sie für einige Unternehmen auch ein hohes Risiko: Alle Industriestrukturen haben sich geändert, einige von ihnen sind bedingt durch neue Technologien zusammengebrochen. Gibt es etwas, das Sie als Risiko für das bestehende Geschäftsmodell von Bayer ansehen?

Zurzeit sehe ich eine Gefahr im Zusammenhang mit unserem geistigen Eigentum. Ich bin gerne zu engerer Zusammenarbeit bereit, und ich weiß, Zusammenarbeit wird für alle Unternehmen einen hohen Wert darstellen. Aber meiner Meinung nach ist mit der IT auch die Gefahr verbunden, dass Menschen Zugang zu bestimmten Dingen erhalten, ohne dass dies bemerkt wird. Es stellt sich also die Frage, wie man das Bewusstsein seiner Mitarbeiter und Kollegen für diese Problematik schärft – selbst bei so einfachen Dingen wie dem Austausch von E-Mails oder den Informationen, die man auf Konferenzen bekannt gibt. Wir neigen dazu, anderen Menschen zu vertrauen und im Zweifel davon auszugehen, dass jemand wohlwollende Absichten hat. Hier liegt meiner Meinung nach ein großes Risiko. Man muss einerseits sein geistiges Eigentum und Know-how schützen, andererseits in bestimmten Bereichen aber auch weitergeben.

Ich sehe aber noch eine weitere Gefahr. Bei Bayer legen wir viel Wert auf Diversifikation. Unser Portfolio ist sehr breit gefächert und reicht von Healthcare über CropScience bis hin zu MaterialScience. Innerhalb der IT-Welt – und meiner

Meinung nach auch in anderen Bereichen – müssen wir jedoch strategische Partner wählen, denn das schützt uns vor bestimmten Gefahren. Wenn wir uns aber bei allen Themen ausschließlich auf diese strategischen Partner verlassen würden, könnten wir dann flexibel und schnell auf die Veränderungen von außen reagieren? Es würde uns vielmehr einschränken, wenn uns ein Partner sagen muss, wie der nächste Schritt aussieht und was am besten zu uns passt. Deshalb bevorzuge ich ein diversifiziertes Portfolio. So vermeiden wir dieses Risiko und schützen uns selbst.

Wir müssen strategische Partner finden, um uns vor bestimmten Gefahren zu schützen.

Daneben gibt es viele kleine Firmen mit sehr guten Ideen. Diese Unternehmen unterstützen uns großartig, wenn wir z. B. ihre Technologie oder Anwendung implementieren. Aber wenn es um die Unterstützung im laufenden Betrieb geht, gehen wir ein zusätzliches Risiko ein. Hier müssen wir uns fragen, ob sie auch langfristig wirklich vertrauenswürdig sind und auch zukünftig für uns da sein werden.

Prozesse

> Kommen wir nun zur Prozessebene und beginnen mit dem Thema Innovationsprozesse: Wie stellen Sie sicher, dass Ihre Innovationsprozesse funktionieren? Für uns umfasst der Innovationsprozess alles von der Idee bis zur Markteinführung. Dabei muss man sehr schnell und flexibel sein, denn die Produktlebenszyklen werden immer kürzer. Was unternehmen Sie, um im Hinblick auf Innovationsmanagement schnell zu sein?

Der Innovationsprozess in der chemischen Branche, also für Bayer MaterialScience, stellt sich vermutlich anders dar als der von Bayer CropScience oder Bayer Healthcare. Wir nutzen ein spezielles Tool, um die Ideen zu erfassen, zu überwachen und sie durch die verschiedenen Phasen zu bringen. Das Werkzeug unterstützt die Prozesse, denn es geht hier um einen Workflow. Damit können Sie tatsächlich Ihren Innovationsprozess in den Workflow einbinden. Dennoch braucht es für den Innovationsprozess eine gute Führungspersönlichkeit, die einen Schritt zurücktritt und sich die Frage stellt: „Bewegen wir uns mit dieser Idee in die richtige Richtung?"

Ein Tool unterstützt den Prozess und kann strukturbildend sein. Die Menschen sind noch nicht an diese innovative Umgebung gewöhnt. Was man aber auf keinen Fall machen sollte, ist, die persönliche Leidenschaft, Begeisterung und Emotionen zu eliminieren. Leidenschaft muss immer mit hineinspielen. Sie ist die treibende Kraft.

Persönliche Leidenschaft und Begeisterung sind immer die treibende Kraft.

▶ Das heißt, es geht im Prinzip um den Prozess des Workflows, um Lenkung und schließlich um die Leidenschaft der Menschen. Gibt es bezüglich der Leidenschaft einen Unterschied zwischen den USA und Deutschland?

Ich denke, in den USA zeigt man die Emotionen etwas stärker, aber man kann sie auch in Deutschland sehen. Vielleicht ist der Unterschied physisch, aber in Deutschland zeigt man es auch. Menschen entwickeln eine starke Leidenschaft und sind stolz auf etwas, das sie entwickelt und erschaffen haben.

▶ Es gibt geschäftskritische Märkte, die sich viel schneller verändern als in der Vergangenheit. Die entscheidende Frage ist doch: Kann man diese Veränderungen identifizieren? Gibt es aus Ihrer Sicht etwas, das sich in Unternehmen verändern muss?

Ich denke, Hierarchien werden verschwinden. Es gilt, funktionsübergreifende Teams innerhalb eines Unternehmens aufzubauen. Das ist der Schlüssel: stärker auf funktionsübergreifende Teams zu setzen und nicht auf Abteilungen und hierarchische Strukturen.

Funktionsübergreifende Teams statt fester Abteilungen und Strukturen sind der Schlüssel.

▶ Müssen Unternehmen sich in projektorientierte Organisationen wandeln?

Ja. Daneben könnte es einige Kerngruppen in einem Unternehmen geben, die für den stabilen Ablauf, für laufende Aktivitäten zuständig sind. Hier könnten verschiedene Ressourcenoptionen vorteilhaft sein.

▶ Betrachten wir nun das Thema „schlanke Prozesse". Dabei geht es um Effizienz und darum, mit standardisierten Prozessen Geld zu sparen. Wir fassen das unter dem Begriff „Umstrukturierung der Geschäftsprozesse" zusammen. Das ist ein Thema, mit dem auch Sie viel in Berührung kommen, richtig?

Das ist unsere Kultur hier. Das ist unsere Mentalität. Wir leben die Idee der kostenbewussten Führung und die der kontinuierlichen Verbesserung – Stichwort „Lean".

Bei kostenbewusster Führung geht es nicht um die kostengünstigste Option. Es geht darum, für den Wert zu zahlen, den man erwartet.

Wir leben die Idee der kostenbewussten Führung und die der kontinuierlichen Verbesserung.

Auch das Thema kontinuierliche Verbesserung gehört zu unserer Kultur. Bei Prozessverbesserungen kommt es insbesondere auf das richtige Vorgehen an. Es geht nicht, dass die IT zu einer Abteilung sagt: „Hier ist ein Tool. Wir werden es implementieren, und ihr müsst es einfach benutzen!" Stattdessen arbeiten wir mit den Abteilungen zusammen und gehen eine Partnerschaft mit ihnen ein. Dann schafft man ganz automatisch so eine starke Kultur, wie wir sie hier bei Bayer MaterialScience haben: Wir wissen alle, was es bedeutet, vor diesen Herausforderungen zu stehen, und wir alle ziehen am gleichen Strang. Dabei lassen wir uns selten durch irgendwelche administrativen Prioritäten behindern. Wir überlegen, wer die besten Personen sind, aus denen wir das Team zusammenstellen. Wir sehen uns die Idee für diesen Prozess an, um festzustellen, wie wir ihn verbessern können. So gehen wir vor. Wir sprechen miteinander, und wir arbeiten zusammen. Ich glaube an diese Vorgehensweise. Es hilft auch, wenn IT-Mitarbeiter zur Business-Rolle und umgekehrt wechseln. Eine Kultur cross-funktionaler Vielfalt hat einen großen Mehrwert.

Auch im Hinblick auf das Thema Innovation ist der Schlüssel zum Erfolg die enge Zusammenarbeit. Einige Anwendungen des Social Networkings können das fördern und Informationen wesentlich abgestimmter und verfügbarer für unsere Mitarbeiter, aber auch für unsere Lieferanten und Kunden machen.

▶ Was sind aus Ihrer Sicht die größten Herausforderungen beim Verschlanken der Prozesse?

Um ehrlich zu sein: Die größte Herausforderung liegt in den Einstellungen der Menschen. Wir haben meist schon sehr lange auf diese Art und Weise gearbeitet, dass wir uns fragen: „Warum soll ich das ändern?" Wir sind nicht immer in der Lage, das Gesamtbild zu erkennen und mögliche Verbesserungen nachzuvollziehen. Wir sehen, dass unser Teilprozess sehr gut funktioniert, und deshalb finden wir keinen Grund für eine Veränderung. Ich persönlich glaube, wenn man Änderungen herbeiführen will, muss man die Menschen, die von der Veränderung betroffen sind, mit einbeziehen.

Rede mit den Mitarbeitern und höre ihnen zu. Erfahre, welche Gedanken und Ansichten sie haben, und beziehe diese in deine Arbeit ein. – Dann kann man auch zu einem Team, zu einer Organisation zusammenwachsen und ein gemeinsames Ziel verfolgen.

▶ Häufig sehen die Betroffenen eine Gefahr für ihre persönliche Rolle.

Wenn jemand Veränderungen erfährt, geht es immer wieder um die Frage: „Welche Auswirkungen hat das für mich?" Letztendlich steht dahinter die große Furcht, die Arbeit zu verlieren. Ich denke, das ist eine unserer größten Ängste, und deshalb sträuben wir uns gegen Veränderungen. Deshalb muss man bei seinen Mitarbeitern Vertrauen aufbauen, fair vorgehen und sie einbeziehen, um diese Ängste abzubauen.

Systeme

▶ Betrachten wir zum Schluss die Ebene IT-Systeme. Die IT reflektiert im Grunde genommen die Entscheidungen, die auf den Ebenen Vorausschau, Strategie und Prozesse getroffen wurden. Aber gleichzeitig hat die IT selbst einen starken Einfluss auf diese Ebenen. Wie sehen Sie die Rolle der IT-Systeme in einem Unternehmen?

Meiner Meinung nach ist die IT ein ganz wesentliches Element von zukunftsorientierter Unternehmensgestaltung. Ich glaube, dieses Element wird das Rückgrat von Unternehmen werden. Immer mehr Unternehmen verlagern die IT-Verantwortung in die Vorstandsebene – ob man diese Rolle nun CIO nennt oder anders –, um die Bedeutung des Themas zu betonen. Diese Funktion ist von Natur aus strategisch und ein entscheidendes Werkzeug für viele Unternehmen. In gewissem Umfang kann man dies jetzt schon beobachten. Die IT wird zu einem Enabler, der alles wesentlich stärker verbindet. Darum wird es in Zukunft gehen.

▸ Viele Unternehmen nutzen die IT als Werkzeug, um mehr darüber zu erfahren, wie Kunden ihre Produkte nutzen. Sie entwickeln beispielsweise neue Oberflächen und Lösungen, um das Nutzungsverhalten der Kunden kennenzulernen und die nächste Generation der Produkte zu entwickeln. Wie stellen Sie sich die Rolle einer marktgesteuerten IT oder eines Marketing Technology Officers vor?

Ich denke, die IT wird das Marketing befähigen. Mit Hilfe von Social Media können wir Trends aufspüren und die Gewohnheiten und Interessen der Menschen ermitteln. Wir nutzen diese Informationen, entwickeln Annahmen und entdecken vielleicht Märkte, die wir erschließen können. Wir können unseren Marketingverantwortlichen in dieser Hinsicht viel bieten und mit ihnen zusammenarbeiten, um diese Informationen an einem Ort zur Verfügung zu stellen. Unser Marketing könnte mit einem Klick alle Informationen über einen bestimmten Markt finden. Wir haben das noch nicht erreicht, aber wir können dorthin gelangen.

▸ Wie sieht Ihrer Meinung nach das perfekte IT-System aus?

Meine Vision des perfekten Systems sieht wie folgt aus: Ich bin Laurie Miller, CIO und Head of Organization & Information bei Bayer MaterialScience. Immer wenn ich das Gebäude betrete, werde ich per Augen-Scan oder Fingerabdruck identifiziert. Ich trage kein Namensschild, werde aber sofort als Laurie Miller, CIO, identifiziert und habe Zugang zu allem, was ich für meine Arbeit benötige. Ich habe bestimmte Berechtigungen und sogar eine Liste der für mich erforderlichen und empfohlenen Schulungen. Alles steht mir vom ersten Tag an zur Verfügung – einfach, weil ich in meiner Funktion erkannt werde. Ich muss keine Formulare mehr ausfüllen. Dies ist nur ein Beispiel für ein intuitives System. Einige Unternehmen sind bereits auf diesem Stand.

Das perfekte IT-System ist durchgängig intuitiv. Niemand muss Formulare ausfüllen.

▶ Es zeichnet sich durch Innovation aus, und es ist „lean". Denkt man an die Zeit vor zehn Jahren zurück, erkennt man, wie sich vieles schon verändert und entwickelt hat – in Bezug auf Ihre Vision.

Wenn ich mich an meine beruflichen Anfänge erinnere, fällt mir ein, dass uns damals in einer Abteilung mit 20 Mitarbeitern zwei PCs zur Verfügung standen. Man musste also immer nachsehen, ob ein PC frei war, und manchmal waren beide belegt. Man sollte sich das ab und zu wieder bewusst machen, um wertschätzen zu können, wie weit wir bereits gekommen sind. Mein ältester Sohn hat gerade sein Studium begonnen – was wird ihn wohl erwarten, wenn er in die Unternehmenswelt eintritt? Wahrscheinlich muss er sich keinen PC mit anderen teilen, aber er wird ein Formular ausfüllen müssen, um das zu erhalten, was er benötigt. Oder – die fortschrittlichere Variante – er bekommt einen Laptop, wird online gehen und das Benötigte anfordern.

▶ Das waren alles sehr interessante Aspekte! Vielen Dank für die Teilnahme an unserem Managementdialog.

Laurie Miller
Laurie Miller, CIO und Head of Organization & Information bei der Bayer MaterialScience AG (BMS), trägt weltweite (Nordamerika, Europa, Asien) Verantwortung für IT und Information/Wissensmanagement Strategie und Operations bei BMS. Sie ist auch zuständig für IT-Anwendungen, IT-Infrastruktur und Social-Media-Plattformen. 1988 erwarb Laurie Miller ihren Abschluss in Rechnungswesen an der Robert Morris University in Pittsburgh mit der Note Magna Cum Laude. 1994 schloss sie das MBA-Programm mit dem Schwerpunkt Marketing und International Business an der Joseph M. Katz Graduate School of Business der University of Pittsburgh ab. Im Laufe ihrer Karriere übernahm Laurie Miller leitende Positionen in den Bereichen Controlling, im operativen und strategischen Marketing sowie

in den Bereichen Acquisitions und Divestures, bevor sie zum ProgramOne Design Team wechselte. Vor ihrer Ernennung zum CIO bei BMS war Laurie Miller außerdem Head of ProgramOne Finance to Manage NAFTA Deployment.

Bayer MaterialScience

Mit einem Umsatz von 11,5 Mrd. € im Jahr 2012 gehört Bayer MaterialScience zu den weltweit größten Polymer-Unternehmen. Geschäftsschwerpunkte sind die Herstellung von Hightech-Polymerwerkstoffen und die Entwicklung innovativer Lösungen für Produkte, die in vielen Bereichen des täglichen Lebens Verwendung finden. Die wichtigsten Abnehmerbranchen sind die Automobilindustrie, die Elektro-/Elektronik-Branche sowie die Bau-, Sport- und Freizeitartikelindustrie. Bayer MaterialScience produziert an 30 Standorten rund um den Globus und beschäftigte Ende 2012 rund 14.500 Mitarbeiter. Bayer MaterialScience ist ein Unternehmen des Bayer-Konzerns.

Jan Geldmacher, CEO Vodafone Global Enterprise, im Gespräch mit Christoph Plass und Dr. Michael Herbst

Alles, was technisch möglich ist, wird auch passieren. Unsere Aufgabe ist es, dies in marktbegleitende Geschäftsmodelle umzusetzen.

Für Jan Geldmacher beinhaltet zukunftsorientierte Unternehmensgestaltung die konsequente Beobachtung von drei Komponenten: allgemeine wirtschaftliche und gesellschaftliche Veränderungen, die technologische Entwicklung sowie die daraus folgenden Veränderungen für die Kunden. Seiner Ansicht nach sind Unternehmen nur dann langfristig erfolgreich, wenn sie sich einem kontinuierlichen Transformationsprozess unterziehen, in dem sich ursprüngliche Kerngeschäfte zu Randgeschäften entwickeln können und immer wieder neue Geschäftsmodelle erschlossen werden. Dabei ist es jedoch von zentraler Bedeutung, dass das jeweils aktuelle Kerngeschäft auch als solches identifiziert wird und – vor allem hier – operative Exzellenz vorherrscht, um Wettbewerbsvorteile generieren zu können.

Zukunftsorientierte Unternehmensgestaltung

▷ Was sind für Sie – gerade in Ihrer sich schnell verändernden Branche – die Hauptcharakteristika einer zukunftsorientierten Unternehmensgestaltung?

In unserer Branche ist die Innovationsgeschwindigkeit extrem hoch. Nach dem Mooreschen Gesetz vervielfältigt sich Prozessor-Power im Laufe der Zeit. Nun wird immer deutlicher, dass sich parallel dazu auch die Bandbreiten in der Telekommunikation entwickeln. Diese exponentielle Entwicklung der Bandbreitengeschwindigkeit schneidet nun die Kurve der Prozessor-Power-Entwicklung. Dadurch entsteht das, was wir gemeinhin „Cloud Computing" nennen, nämlich eine komplette Verlagerung der IT-Bereiche von rechenzentrumsbasierten in netzbasierte Umgebungen. Das führt schließlich zu weiteren Innovationen. Ich glaube, diese Tatsache ist noch nicht allen wirklich bewusst. Aber langsam kristallisiert sich auch auf Kundenseite heraus, dass das wirklich maßgebliche Veränderungen nach sich ziehen wird.

Die Grundlage für Phänomene, wie Cloud Computing oder Social Media, ist tatsächlich die technische Veränderung. So wie sich das Wasser seinen Weg sucht, sucht sich auch die technologische Entwicklung ihren Weg. Alles, was technisch möglich ist, wird auch passieren. Unsere Aufgabe ist es, dies in marktbegleitende Geschäftsmodelle umzusetzen. So verändern sich neben der Technologie auch die Geschäftsmodelle.

Der Schlüssel für zukunftsorientierte Unternehmensgestaltung liegt meiner Meinung nach in der Kombination aus Kundensicht, Technologiesicht und dem, was Analysten am Markt beobachten und welche Trends sie vorhersagen können. Aus dieser Melange kann man dann Leitlinien für die Unternehmensgestaltung – im Sinne einer Strategie – ableiten.

Der Schlüssel für zukunftsorientierte Unternehmensgestaltung liegt in der Kombination aus Kundensicht, Technologiesicht und dem, was Analysten am Markt beobachten.

▶ Kommunikation spielt heutzutage eine unglaublich wichtige Rolle. Damit wächst auch die Verantwortung von Vodafone als Kommunikationsdienstleister. Sehen Sie diesbezüglich Unterschiede zwischen dem Firmenkundengeschäft und dem Privatkundengeschäft von Vodafone?

Im Firmenkundengeschäft ist Telekommunikation oft ein Business-kritischer Faktor. Beispielsweise haben wir für unseren Kunden ARD das Hybnet gebaut. Das ist das Breitbandnetz, das die 16 Landesrundfunkanstalten der ARD-Gruppe miteinander verbindet, auf dem das HD-Programm, Fernsehen und Radio läuft. Das ist die Fabrik der ARD. Wenn dieses Netz nicht funktioniert, dann läuft die Tagesschau nicht. Das darf nicht passieren. Hier wird 100-prozentige Betriebsbereitschaft gefordert. Das ist ein wesentlicher Unterschied zum Privatkundengeschäft.

Allerdings werden die Trends aus dem Großkundengeschäft häufig auch zu einem späteren Zeitpunkt für die Privatkunden relevant. Ich denke da beispielsweise an das Smartphone als Bezahlinstrument oder als Autoschlüssel. Es gibt viele Überlegungen, wofür Telekommunikationsmittel genutzt werden können. Das Privatkundengeschäft ist nach wie vor die Säule, die das Unternehmen Vodafone trägt. Aber das Wachstum kommt aus dem Enterprise-Geschäft, das es vor ungefähr fünf Jahren so bei Vodafone noch gar nicht gab.

Das heißt, hier findet eine Transformation unserer Gesamtorganisation statt. Diese Transformation ist nichts, was von heute auf morgen abgeschlossen ist. Im Gegenteil ist es ein permanenter Prozess. Unternehmen erfinden sich immer wieder neu und verändern sich. Aus dem ursprünglichen Kerngeschäft wird vielleicht ein Randbereich, und ein neues Geschäft wird zum Kerngeschäft.

Unternehmen erfinden sich immer wieder neu und verändern sich. Aus dem ursprünglichen Kerngeschäft wird vielleicht ein Randbereich, und ein neues Geschäft wird zum Kerngeschäft.

▶ Was sind für Sie die entscheidenden Faktoren, um trotz des ständigen Wandels als Unternehmen erfolgreich zu sein?

Man muss natürlich immer an den Trends dranbleiben und vorausschauend handeln. Aber bei einer zukunftsorientierten Ausrichtung darf man auch nicht das augenblickliche Kerngeschäft vernachlässigen. Meine Strategie ist deshalb immer gewesen, das Kerngeschäft als solches auch zu identifizieren und herauszustellen. Denn es kann fatale Folgen haben, wenn man jedem kurzfristigen Hype hinterherläuft und dabei das Kerngeschäft vernachlässigt.

Die Strategie des Geschäftskundenbereichs bei Vodafone ist, das Kerngeschäft exzellent zu beherrschen – das heißt, die Prozesse zu optimieren und so schneller als die Wettbewerber zu sein.

Es kann fatale Folgen haben, wenn man jedem kurzfristigen Hype hinterherläuft und dabei das Kerngeschäft vernachlässigt.

Vorausschau

▶ Um die Rolle als Enabler einzunehmen, müssen Sie wissen, was die Zukunft in den Industrien Ihrer Kunden bereithält. Wie kommt Vodafone zu dem Wissen, wie beispielsweise die Zukunft des Autos aussieht, um dann die Kunden aus der Automobilindustrie zu unterstützen?

Wie bereits erwähnt, verfolgen wir die technologische Entwicklung sehr genau. Dabei richten wir den Blick beispielsweise auf unsere Lieferantenstruktur: Welche Innovationen, welche Entwicklungen kommen von unseren Lieferanten. Zudem stehen wir in intensivem Dialog mit unseren Kunden. Schließlich beziehen wir auch Beratungs- und Analystenergebnisse ein, um daraus ebenfalls wichtige Schlüsse zu ziehen. Darüber hinaus beschäftigen wir bei Vodafone Global Enterprise ein eigenes Innovationsteam im Silicon Valley. So stellen wir sicher, dass wir als Unternehmen am Puls der Zeit sind. Wir führen regelmäßig mit unseren Kunden Innovationsworkshops durch, bei denen wir sie nach ihren Strategien befragen. Nach und nach bauen wir so ein gewisses Branchen-Know-how auf. Unsere Global-Account-Manager sind absolute Branchenexperten, die die Prozesse und Produkte unserer Kunden genau kennen. Allerdings sind unsere Lösungen eher horizontal. Denn wir entwickeln Plattformen, keine industriespezifischen Lösungen. Dennoch gelingt es uns, diese horizontalen Lösungen industriespezifisch einzusetzen und damit die Produktivität unserer Kunden zu verbessern.

▶ Können Sie uns ein konkretes Beispiel geben? Wie sieht die Zukunft des Automobils aus? Welchen Beitrag kann Vodafone hier leisten?

Die Zukunft des Automobils liegt klar in der Vernetzung – und das nicht nur in Bezug auf Navigation. Ich gebe Ihnen mal ein Beispiel, das vermutlich in nicht weiter Zukunft Realität sein wird: Nehmen wir an, ein Auto hat 130 PS. Sie möchten damit in den Urlaub über die Alpen fahren und einen Wohnwagen anhängen. Dann können Sie sich für diese Reise 50 PS dazukaufen – bequem vom Terminal Ihres Autos aus. Das Ganze ist softwarebasiert und wird vom Automobillieferanten aktiviert. Dieser schickt Ihnen eine Rechnung über 350 €, und Sie können mit 50 PS mehr in den Urlaub fahren. Das ist ein ganz simpler Gedankengang, der eben mit Telekommunikation im Auto realisiert werden kann.

BMW gelingt es derzeit sehr gut, diesen Paradigmenwechsel in der Automobilindustrie zu meistern: Das Unternehmen investiert sehr stark in Softwareentwicklung, weil es weiß, dass dies die Zukunft ist. Es geht nicht mehr nur um das Automobil an sich, sondern um den gesamten Mobilitätsprozess.

In Zukunft werden sich Autofahrer PS mobil dazukaufen können – softwarebasiert direkt aus dem Auto heraus.

▶ Welche Hauptbranchen sind neben der Automobilindustrie relevant für die Zukunft von Vodafone?

Die Finanzindustrie ist natürlich hier in London eine ganz besonders relevante Branche. Daneben ist für uns die Energiebranche sehr wichtig, denn sie steht vor einem extremen Wandel, bei dem Telekommunikationstechnologie eine zentrale Rolle spielt. Ich denke dabei an Smart Meter, Smart Grid, Virtual Power Plants, also virtuelle Kraftwerke. In diesen Bereichen können wir uns sehr stark einbringen.

Zudem liegt unser Fokus auf der Logistikbranche. Für diese Industrie spielen IT und Telekommunikation mittlerweile eine zentrale Rolle. Aber auch den klassischen Maschinen- und Anlagenbau bedienen wir mit Machine-to-Machine-Kommunikationslösungen.

Des Weiteren arbeiten wir mit der Medizintechnikbranche zusammen. Als Telekommunikationsunternehmen bieten wir Lösungen für medizinische Geräte, um den Gesundheitszustand von Patienten zu Hause ständig zu überwachen. Das entlastet das Gesundheitswesen enorm, und gleichzeitig wird der Heilungsprozess beschleunigt, weil die Menschen in ihrer gewohnten Umgebung nachweislich schneller genesen als im Krankenhaus.

▶ Durch den Einsatz von Kommunikationslösungen in Medizintechnikprodukten oder Maschinen entstehen neue Geschäftsmodelle und Kooperationsmöglichkeiten.

Immer wenn neue Segmente entstehen, stürzen sich viele, ganz unterschiedliche Unternehmen auf das Thema – vom Start-up bis hin zum industriespezifischen Anbieter, der sein Portfolio erweitern will. Dann gibt es irgendwann eine Konsolidierung, und es stellt sich heraus, wie die Technik am effizientesten eingesetzt werden kann. Wir denken natürlich auch immer darüber nach, wie wir unser Portfolio erweitern können. Dabei ist für uns wichtig, dass die Projekte, die wir angehen, auch tatsächlich zu unserer „DNA" passen. Deshalb würden wir eine Remote-Monitoring-Station für das Gesundheitswesen nicht als eigenes Portfolioelement von Vodafone anbieten. Das passt nicht zu uns. Wir wissen, wie man investiert, wie man Netze baut, wie man Plattformen betreibt und wie man Skaleneffekte erzielt. Dann gibt es andere, die wissen, wie man eine Software schreibt, und Dritte, die wissen, wie man mit Patienten umgeht. Hier kommt es auf effektive, branchenübergreifende Zusammenarbeit an.

▸ Diese branchenübergreifende Zusammenarbeit entwickelt sich immer mehr zum Erfolgsfaktor. Viele Unternehmen könnten ihr Volumen deutlich erhöhen, wenn sie von den Erfahrungen der anderen partizipieren und mutiger neue Innovationsfelder besetzen würden.

Ja, das Problem sind meist die extrem hohen Anfangsinvestitionen. Wenn man dann nicht zu 100 % vom Erfolg einer Idee überzeugt ist, stellt das ein enormes Risiko dar. Beispiel Automobilbranche: Eine SIM-Karte im Auto gibt es schon lange. Aber in welchen Autos? In Oberklasselimousinen. Doch der typische Fahrer einer Oberklassenlimousine ist über 50, lässt sich E-Mails häufig noch ausdrucken und nutzt eher selten eine SIM-Karte im Auto. Warum fängt man stattdessen nicht in Kleinwagen an, SIM-Karten einzusetzen? Weil dies bei Massenmodellen sehr teuer ist. Die Kosten für die Einführung einer solchen Innovation sind enorm hoch. Deshalb geht es immer um ein Abwägen von Risiken und Chancen. Letztendlich ist es eine unternehmerische Entscheidung.

▸ Wenn der Automobilhersteller den „Bring your own Device"-Ansatz verfolgen würde, hätte er die Technologie viel schneller zur Verfügung.

Diese beiden Konzepte gibt es ja: zum einen die eingebaute SIM-Karte und zum anderen „Bring your own Device", d. h. das Auto wird zum Hot-Spot, was vor allem bei amerikanischen Herstellern verbreitet ist. Doch was passiert, wenn sich der Fahrer im Grenzbereich, z. B. zwischen Deutschland und Holland, befindet und das Auto ständig im fremden Netz roamt und internationale Roaming-Gebühren anfallen? Die amerikanischen Automobilhersteller kommen aus einem großen, weiten Land, wo sie diese Roaming-Probleme überhaupt nicht kennen. Ich glaube, dass sich das Konzept der eingebauten SIM-Karte durchsetzen wird. Es ist einfach ein großer Vorteil, wenn die Kommunikationskosten gleich im Kaufpreis inbegriffen sind. Dann können Sie einen Concierge-Service im Auto nutzen, sich Ihre E-Mails im Auto vorlesen lassen – und haben keine Extra-Kommunikationskosten. Gemeinsam mit BMW haben wir dieses Modell umgesetzt.

Strategie

▶ Wie würden Sie den Wandel von Vodafone auf strategischer Ebene beschreiben?

Wir haben uns im Prinzip von einem Lieferanten von Features zu einem Business Process Reengineerer entwickelt. Heute verkaufen wir Flexibilität. Wir schaffen Umgebungen, in denen Kunden flexibel auf makroökonomische Einflussfaktoren reagieren können. Unser Modell wandelt sich derzeit von einem reinen transaktionalen Geschäft in ein Total-Cost-of-Ownership-Modell.

Heute verkaufen wir Flexibilität.

▶ Wie schaffen Sie es als Organisation, sich immer wieder infrage zu stellen und zu überprüfen, ob Sie mit Ihrer Strategie noch auf dem richtigen Weg sind? Was sind die Tools, was ist die Organisationsstruktur, die das ermöglicht? Haben Sie ein Geheimrezept?

Vielleicht ist das Geheimrezept: Nur das, was man messen kann, passiert auch. Wir messen, zählen und wiegen alles, was wir tun, und setzen uns dabei Ziele. Das Ziel ist immer, besser zu sein als die Wettbewerber. Wenn wir das nicht schaffen, müssen wir uns fragen, warum das so ist. Dann verändern wir uns. Eigentlich relativ simpel.

Der Telekommunikationsmarkt entwickelt sich in einer bestimmten Geschwindigkeit. Ziel ist es, die anderen Marktteilnehmer zu schlagen, also müssen wir uns mit einer höheren Geschwindigkeit bewegen. Das ist das Entscheidende.

▶ Wie gelingt es Vodafone trotz des enormen Wettbewerbsdrucks, Wachstum zu generieren?

Da es sich um einen schrumpfenden Markt handelt, müssen wir natürlich gleichzeitig Möglichkeiten finden, in denen Wachstum generiert werden kann. Diese Möglichkeit haben wir, genauso wie viele andere Industrien, im Bereich Managed Services. Darauf basiert der Bereich Unified Communications, der aktuelle Themen, wie Cloud Computing, Mobilität, flexibles Arbeiten, Machine-to-Machine-Kommunikation, umfasst. Diese Themen repräsentieren echte Wachstumssegmente. Eine erfolgreiche, auf die Zukunft ausgerichtete Strategie darf jedoch das Kerngeschäft, das solche Wachstumssegmente zunächst mitfinanziert, nicht vernachlässigen.

> Diesen Mut, solche neuen Felder zu besetzen, müssen zukunftsorientierte Unternehmen aufbringen, um langfristig erfolgreich zu sein. Wie funktioniert das konkret bei Ihnen? Entwickeln Sie gemeinsam mit Ihren Großkunden Technologie-Roadmaps oder setzen Sie auf eine aktive Gestaltung des Marktes? Anders formuliert: Fragen Sie den Kunden, was er benötigt? Oder halten Sie es eher wie Steve Jobs und entwickeln Dinge, von denen Ihre Kunden noch nicht wissen, dass sie sie brauchen können?

Da muss man unterscheiden zwischen dem Consumer-Geschäft, das sehr emotional geprägt ist, und dem großen Firmenkundengeschäft, in dem viel rationaler entschieden wird. Einem CIO können Sie ein Apple-Produkt nicht verkaufen, weil das Design besonders schön ist. Ihm müssen Sie eine Produktivitätssteigerung nachweisen können.

Natürlich beeinflusst der Consumer-Bereich auch den Enterprise-Bereich – und umgekehrt. Mitarbeiter kommen aus dem Studium, sind fantastische IT-Instrumente gewohnt und sollen dann in der Firma mit einem alten BlackBerry arbeiten. Das wird nicht mehr akzeptiert. Die Veränderung, die im Bereich Endgeräte stattfindet, kommt natürlich aus dem Consumer-Geschäft. Bei Geschäftsmodellen ist das anders. Das Einrichten von Home Office anstelle von Präsenzzeiten im Unternehmen ist ein Ergebnis einer rationalen Produktivitätsuntersuchung – und nicht der Tatsache geschuldet, dass es schöne Geräte gibt, die man zu Hause benutzen kann.

▶ Die Innovationsgeschwindigkeit ist in Ihrer Branche ja besonders hoch. Lassen Sie uns im Folgenden die Vodafone-Strategien zu den einzelnen Branchen betrachten. Wie gelingt Ihnen z. B. die Zusammenarbeit mit der bereits erwähnten Automobilbranche, die viel längere Entwicklungszyklen hat? Angesichts der Probleme, die die Automobilindustrie mit dem gesamten Softwaremanagement hat, könnten die Hersteller doch von Ihrer Innovationsgeschwindigkeit profitieren.

Ich glaube, diese Entwicklung findet auch statt. Das haben einige Automobilhersteller bereits erkannt. Ziel des Connected-Car-Ansatzes ist letztendlich, das Terminal im Auto, das bisher das Navigationssystem beherbergt hat, zu einem Kiosk umzuwandeln, über den der komplette Service angeboten wird. Dabei sind wir nicht nur Partner für die Telekommunikation, sondern ein strategischer Partner der Automobilindustrie, weil es auch um Standardisierung geht. So bringen wir beispielsweise die Anforderungen von BMW in die Standardisierungsbestrebungen bei der GSMA[1] ein. Natürlich stoßen da Innovationsgeschwindigkeiten aufeinander. Dafür benötigt man Management. Das ist unsere tägliche Aufgabe.

▶ Sie hatten bereits erwähnt, dass auch der Energiesektor eine wichtige Zukunftsbranche für Sie ist. Welche Rolle nehmen Sie in einem sich so verändernden Markt ein?

---

[1] Global System for Mobile Communication Association.

Für uns ist natürlich gerade im Machine-to-Machine-Umfeld der Utility-Markt einer der großen Wachstumsmotoren – gerade weil dort etwas regulatorisch betrieben ist. Hier arbeiten wir an Kommunikationselementen für Smart Meter – mit dem Ziel, diese zu Kosten zur Verfügung zu stellen, die im Strompreis auch abgebildet werden können.

Aber das Geschäft im Energiebereich geht natürlich potenziell weit darüber hinaus. Die nicht eindeutige Ausrichtung, die wir in der Branche zurzeit in Deutschland vorfinden, führt dazu, dass sich dezentrale Geschäftsmodelle entwickeln werden.

Ich habe beispielsweise die Idee einer Art Revenue-Sharing-Modell mit Stadtwerken entwickelt. Es ist gesetzlich festgelegt, dass die Stadtwerke die Grundversorgung sicherstellen müssen. Gleichzeitig baut jedoch die energieintensive Industrie selbst Kraftwerkskomponenten auf. Die Stadtwerke müssen aber dafür sorgen, dass selbst, wenn diese Kraftwerke nicht funktionieren, trotzdem die Versorgung sichergestellt ist. Das ist volkswirtschaftlich betrachtet völliger Unsinn. Warum schafft man nicht einen Ausgleich, indem man die Stadtwerke in die Kapazität der privaten, energieintensiven Industrie investieren lässt und für eine entsprechende Abnahmeverpflichtung sorgt? Über die Kommunikationsinfrastruktur könnte dann im Falle von Lastspitzen oder Unterlasten ein Ausgleich geschaffen werden.

Die in Deutschland zurzeit unklare Ausrichtung der Energiebranche führt dazu, dass sich dezentrale Geschäftsmodelle entwickeln.

> Wir haben versucht, in Ostwestfalen mit einigen Partnern ein Smart Grid zu entwickeln. Auch wenn viel darüber geredet wird, tatsächlich gibt es das in Deutschland ja noch nicht. Gibt es hier in Großbritannien ähnliche Probleme wie in Deutschland?

Wir machen im Bereich Smart Meter, nicht nur was Strom betrifft, sondern auch im Gasgeschäft, sehr viel in England. Hier gibt es große Ausschreibungen, um das ganze Land mit entsprechenden Metering-Kompetenzen auszustatten. Das ganze Smart-Metering-Thema wird nicht aus Deutschland heraus getrieben. Australien, Neuseeland und generell der angelsächsische Raum nehmen da eine Vorreiterrolle ein. Wobei auch in Deutschland viel passiert. Dort hat es aber derzeit noch mehr einen Versuchscharakter. Aber auch in Deutschland sind wir an Smart-Meter-Projekten beteiligt.

▶ Welche Erfahrungen machen Sie in der Gesundheitsbranche? Auch hier kann Kommunikationstechnik eine wichtige Rolle spielen, wenn z. B. erkannt wird, dass sich Kliniken untereinander auch vernetzen können. Ein intelligentes Wissensnetzwerk bringt große Vorteile mit sich. Insofern sind das ja auch interessante Märkte für Sie, oder?

Ja, das Gesundheitswesen im weitesten Sinne und Medizintechnik im engeren Sinne sind für uns sehr interessant. Technologisch sind wir in der Lage, als Branche viele Probleme zu lösen. Allerdings muss das auch von der Industrie gewollt sein. Wenn zu viele unterschiedliche Interessenlagen aufeinandertreffen und man sich nicht darüber einig ist, wer was zahlt und wer wovon profitiert, dann ist es schwierig, die Konzepte umzusetzen. Überall dort, wo zu stark reguliert wird, ist dies häufig der Fall.

Vodafone investiert sehr stark in Social-Responsibility-Projekte. Dabei ist es sehr interessant zu sehen, wie schnell sich neue Geschäftsmodelle durchsetzen, wenn die Not besonders groß ist. So ist es zum Beispiel in Afrika selbstverständlich, dass die elektronische Gesundheitsakte des Patienten auf seinem Handy mitgetragen und bei einem Arztbesuch ausgelesen wird. Da denkt niemand darüber nach, dass das Nachteile haben könnte, weil es im Prinzip auch nur Vorteile hat. Vergleichen Sie das mal mit der Implementierungsgeschwindigkeit in Deutschland. Die Unterschiede sind enorm, auch wenn man beispielsweise betrachtet, wie schnell indischen Bauern einfachste, Smartphone-basierte Handelsplattformen zur Verfügung standen – und wie lange es im Vergleich dazu dauert, einen deutschen Bauernhof zu elektrifizieren.

Es ist erstaunlich, wie schnell sich Geschäftsmodelle durchsetzen, wenn die Not besonders groß ist. In Afrika ist es selbstverständlich, dass Patienten ihre elektronische Gesundheitsakte auf ihrem Handy mitführen.

▶ Häufig liegt es auch an der deutschen Mentalität, eher das Negative und nicht die Chancen zu sehen. Aber ein internationaler Konzern hat ja die Möglichkeit, in den Märkten, wo es funktioniert, einen Vorstoß zu machen.

Ich zeige die Beispiele aus unseren Social-Responsibility-Projekten oft in Kundenterminen mit großen Konzernen, um zu zeigen, was alles möglich ist. Wir haben immer Angst vor der Implementierung, aber wenn man sieht, dass es irgendwo implementiert wurde und gut funktioniert, können solche Ängste abgebaut werden.

Prozesse

▶ Sie hatten bereits erwähnt, dass das Kerngeschäft klar auch als solches betrachtet und behandelt werden muss, um neue Geschäfte langsam aufbauen zu können. Umso wichtiger sind schlanke und effiziente Prozesse im Kerngeschäft, um hier maximalen Erfolg zu erzielen.

Unser Kerngeschäft befindet sich in einem Verdrängungswettbewerb. In einem schrumpfenden Markt kann man nur erfolgreich sein, indem man vom Wettbewerb Marktanteile bekommt. Das gelingt wiederum nur über den Preis. Günstige Preise kann man jedoch nur anbieten, wenn man im operativen Geschäft exzellent aufgestellt ist, wenn man intelligentere und schnellere Prozesse hat als die Wettbewerber. Ein sehr großer Teil unseres Engagements muss darin bestehen, das Kerngeschäft zu stärken. Deshalb haben wir das Projekt „Enterprise Excellence" aufgesetzt, um die Lieferprozesse zu optimieren und so einen Wettbewerbsvorsprung generieren zu können – einfach dadurch, dass wir schneller und besser sind.

Günstige Preise kann man nur anbieten, wenn man im operativen Geschäft exzellent aufgestellt ist.

▶ Neben den klassischen Prozessen müssen auch die Führungssysteme optimal ausgerichtet sein. Gerade im Massengeschäft kann es fatale Auswirkungen haben, wenn sich beispielsweise jemand für nicht zuständig hält.

Bei uns ist das relativ einfach. Ich habe ein Managementteam mit einem gemeinsamen Zielsystem. Bei uns arbeitet nicht jeder für seine eigenen, individuell festgelegten Ziele. Wir nutzen ein übergreifendes Zielsystem. Wenn man zum Beispiel einem Technikchef das alleinige Ziel gibt, die Kosten der Infrastruktur zu senken, ist das kontraproduktiv. Er wird dann nämlich nicht mehr die Infrastruktur liefern, die der Vertrieb benötigt, um seine Auftragseingänge zu realisieren und Umsatz zu generieren. Wenn der Technikchef neben seinem Kostenziel auch noch ein Umsatzziel hat, ist dieses Problem gelöst. Integrierte Zielsysteme bilden einen Großteil unserer Planungsarbeit.

▸ Vor dem Hintergrund von Fachkräftemangel und demografischer Entwicklung ist es zudem wichtig, die Personalentwicklung zu fördern und den Mitarbeitern ein Umfeld zu bieten, in dem sie gern arbeiten.

Das machen wir auch sehr intensiv. Vodafone hat ein gutes Talentmanagement. Ich glaube, man muss viel aus eigener Kraft heraus machen, aber auch neue Sichtweisen und Ideen von außen zulassen. Viele Unternehmen machen das durch M&A-Arbeit. Es ist auch wichtig, ab und zu neue Leute an Bord zu holen, die frische Ideen mitbringen. Die müssen sich dann aber wiederum schnell in unsere Unternehmenskultur einfinden.

▸ Angesichts der Größe Ihres Unternehmens müssen Sie aber auch unterschiedliche Kulturen und Prozesse vor Ort zulassen. Man kann ja nicht alles zentral steuern, oder?

Für Vodafone Global Enterprise arbeiten 2.000 Leute in 50 Ländern. Die kommen alle aus unterschiedlichen Gesellschaften und Organisationseinheiten, unterstützt durch unterschiedliche IT-Prozesse. Wenn man das alles auf ein modernes Modell heben will, muss sich die gesamte Organisation transformieren. Das dauert natürlich. Je größer die Organisation ist, desto länger dauert es. Es muss die richtige Mischung sein aus zentral und dezentral, aus Regelwerk und Freiheit. Generell tendiert man ja immer zu Pendelbewegungen: Erst wird alles zentral organisiert, dann wieder komplett dezentral. Die Kunst liegt eben darin, das auszubalancieren.

Systeme

▶ Sie hatten bereits erwähnt, dass der Bereich Unified Communications für Sie ein relevantes Geschäftsfeld ist. Das Ziel von Unified Communications ist ja, verschiedene Kommunikationsdienste in einer Anwendungsumgebung zusammenzuführen und so die Erreichbarkeit zu verbessern und Prozesse zu beschleunigen. Wie gehen Sie vor, wenn Sie diese Systemlösungen bei einem Kunden implementieren wollen?

Dieser Prozess ist unglaublich schwierig. Denn die Kunden müssen in gewisser Weise den Rat akzeptieren, den wir – aus Innovationssicht – geben. Wenn mir ein Kunde sagt, er möchte eine große Wireless-LAN-Infrastruktur aufbauen, dann muss ich ihn davon überzeugen, dass dies angesichts des fortschreitenden Ausbaus von LTE-Netzen nicht sinnvoll ist.

Uns muss es hingegen gelingen, die Total-Cost-of-Ownership-Sicht unserer Kunden in unsere Produkte zu integrieren. Wir müssen unseren Firmenkunden ein ganzheitliches Kommunikationssystem liefern können, mit dem sie global roamen können, kein WLAN benötigen, nur jeweils eine Voice Mail und ein Helpdesk verwenden usw. Aus Total-Cost-of-Ownership-Gesichtspunkten kann das realisiert werden, vielleicht mit einem höheren Tarif, aber dafür benötigt der Kunde vieles andere nicht mehr. Diesen Schritt gemeinsam mit dem Kunden zu gehen und ihm klarzumachen, dass er eine Technologie wie LTE in seinen Plänen antizipiert, ist oft nicht einfach. „Consultative Selling" ist die große Herausforderung.

„Consultative Selling" ist die große Herausforderung.

▶ Welche Erfahrung machen Sie beim Thema Cloud Computing mit Ihren Kunden? Herrscht hier überwiegend Skepsis, oder sind sie bereit, ihre Daten in die Cloud zu legen?

Sowohl als auch. Aber ich glaube, die Diskussion, die da geführt wird, ist nicht angebracht. Das ist alles eine Frage von Verfügbarkeit der Netze und Zugangssicherheit. Die Daten in einem Google-Rechenzentrum sind garantiert sicherer als im privaten Rechenzentrum eines Unternehmens. Natürlich wissen Sie bei Google nicht, wo die Daten liegen. Die sind nach Algorithmen in verschiedenen Rechenzentren auf der Welt fragmentiert – und das hat enorme Sicherheitsvorteile. Aber solange behauptet wird, bei Google sind die Daten unsicher, wird die Entwicklung hier nur langsam voranschreiten. Dennoch wird der Durchbruch kommen, weil die Skaleneffekte, die ein Cloud-Anbieter erzielen kann, deutlich über denen eines normalen Unternehmens liegen. Das ist ein Trend, den wir klar sehen: Sharing von Infrastruktur, um Skaleneffekte zu erzielen.

Die Skaleneffekte, die ein Cloud-Anbieter erzielen kann, liegen deutlich über denen eines normalen Unternehmens.

▶ Was halten Sie vom sogenannten „Bring-your-own-Device"-Trend, also von der Organisationsrichtlinie, die besagt, dass Mitarbeiter ihre eigenen elektronischen Bürogeräte zu dienstlichen Zwecken nutzen dürfen? Ist nicht die Methode „Use-Enterprise-Devise-private" sinnvoller? Denn wenn die Mitarbeiter über einen Gehaltsanteil eine Mitfinanzierung des Gerätes ermöglichen, kann sowohl die Mehrwert- als auch die Einkommenssteuer gespart werden.

Es gibt ganz viele verschiedene Modelle, aber wir müssen die steuerlichen Besonderheiten und die Gepflogenheiten in jedem Land individuell betrachten. In den USA beispielsweise machen wir sehr viel Geschäft über Rahmenverträge, die wir mit Unternehmen schließen, von denen dann der Mitarbeiter privat profitieren kann und sich selbst sein Gerät kauft. In Deutschland ist das nicht so populär. In Indien hingegen ist es absolut normal, dass die Mitarbeiter ihr eigenes Gerät kaufen, und den Tarif nutzen, der von der Firma abgeschlossen ist.

▶ In Deutschland sehen wir das als Mitarbeiterbindungsthema für den Mittelstand.

In diesen Geräten liegt ja ein Produktivitätsgewinn, wenn man sie richtig einsetzt. Wenn man es nun aber dem Mitarbeiter überlässt, zu entscheiden, wann das Unternehmen Produktivitätsgewinn erschließen kann und wann nicht, dann hat man wahrscheinlich einen Fehler gemacht. Das heißt also, wenn die Unternehmensführung erkennt, wie man diese Systeme und die Innovationen einsetzen kann, um die Produktivität zu steigern, dann sollte sie auch in der Lage sein, diese Endgeräte den Mitarbeitern zur Verfügung zu stellen. Außerdem sollten wir bei diesen ganzen Trends die Innovationsgeschwindigkeit berücksichtigen. Ich glaube nicht, dass dieser Bring-your-own-device-Ansatz dies heute schon tut. Wir sollten uns nicht, um kurzfristig Hardwarekosten zu sparen, durch kommerzielle Modelle den Weg verbauen, in Zukunft Innovationen richtig einsetzen zu können.

► Vielen Dank für Ihre wertvollen Antworten in unserem Managementdialog.

Jan Geldmacher

Jan Geldmacher ist seit 1. September 2012 Chief Executive Officer von Vodafone Global Enterprise. Zuvor verantwortete er als Geschäftsführer das Firmenkundengeschäft von Vodafone Deutschland. Von 2005 an war Geldmacher Chief Executive Officer bei British Telecom BT (Germany) in München. Vor seinem Wechsel zu BT gehörte Jan Geldmacher bei T-Systems International von 2001 bis 2004 dem Management Board an, davor war er Head of International Networks & Joint Ventures bei der Deutschen Telekom AG in Bonn. Von 1999 bis 2000 war Geldmacher Vice President Network Operations & International Support Telecommunications Services bei Debis Systemhaus in Leinfelden-Echterdingen. Von 1996 bis 1999 arbeitete er bei o.tel.o communications in Köln als Key Account Manager und zuletzt als Head of Sales Partner Management. Nach Abschluss seines Studiums der Betriebswirtschaftslehre an der Universität Köln war Geldmacher in verschiedenen leitenden Funktionen bei NCR/AT&T Global Information Solutions in den USA und in Deutschland tätig.

Vodafone Global Enterprise

Als Teil der Vodafone Group bietet Vodafone Global Enterprise (VGE) internationalen Großkonzernen Kommunikationslösungen rund um den Globus – in Europa, Afrika, dem asiatisch-pazifischen Raum, dem Mittleren Osten und den USA. Die Unit betreut rund 1.500 Großkunden-Accounts. Dabei reicht das Produkt- und Serviceangebot von Mobil- und Festnetzleistungen über Sicherheits- und Cloud-Lösungen bis zu Managed Communications und Outsourcing-Angeboten. Die Vodafone Group ist einer der weltweit größten Telekommunikationskonzerne mit mehr als 400 Mio. Kunden. Das Unternehmen ist in über 30 Ländern mit eigenen Netzen präsent und unterhält Partnerschaften mit anderen Netzbetreibern in weiteren 50 Märkten.

Dr. med. Alex Blaicher,
Geschäftsführer der Malteser
Sachsen Kliniken, im Gespräch mit
Dr.-Ing. Frank Thielemann und Meik
Eusterholz

„Die Herausforderung der Zukunft ist das Handling der Komplexität."

Dr. Blaicher betont im Managementdialog, dass Zukunftsorientierung eine grundlegende Führungsaufgabe ist. Er beschreibt ausführlich die Besonderheiten der Gesundheitswirtschaft – beispielsweise, dass klassische Marktprinzipien hier nicht funktionieren –, findet jedoch auch Gemeinsamkeiten mit anderen Branchen: Eine wesentliche Herausforderung der Zukunft stellt die stetig steigende Komplexität in allen Bereichen dar. Eine gesteuerte Kommunikation sowohl innerhalb des Unternehmens als auch übergreifend ist daher für einen langfristigen Erfolg unabdingbar. Einen Zukunftsmarkt sieht Blaicher beispielsweise in der Alten-Medizin. Vor dem Hintergrund des demografischen Wandels bietet eine Spezialisierung hier Wachstumspotenzial.

Zukunftsorientierte Unternehmensgestaltung

▶ Was assoziieren Sie mit dem Begriff „zukunftsorientierte Unternehmensgestaltung"?

Zukunftsorientierung ist die Kernaufgabe der Unternehmensführung. Da es in einem Unternehmen verschiedene Ebenen gibt, müssen Führungskräfte die Mitarbeiter der jeweiligen Ebene dazu bewegen, das Unternehmen erfolgreich in die Zukunft zu entwickeln. Die Manager denken also langfristig voraus, während die „Sachbearbeiter" konkret umsetzen.

Meine Aufgabe als Geschäftsführer der Malteser Sachsen Kliniken ist es also, dafür zu sorgen, dass uns die Patienten auch in Zukunft vertrauen. Denn die Grundlage dafür, dass wir als Unternehmen auch künftig noch bestehen bzw. erfolgreich sind, ist, dass sich die Patienten vertrauensvoll an uns wenden.

Zukunftsorientierung ist die Kernaufgabe der Unternehmensführung.

▶ Wesentliche Herausforderungen für Industrieunternehmen sind heute die große Volatilität am Markt, die rasante Technologieentwicklung und immer kürzere Produktlebenszyklen. Ist diese steigende Dynamik auch im Gesundheitsmarkt spürbar?

Es gibt einen wesentlichen Unterschied zwischen unserer Branche und anderen Industrien. Die Gesundheitswirtschaft funktioniert nicht nach dem Prinzip Angebot und Nachfrage – mit Verkäufern und Käufern. In der Gesundheitswirtschaft gibt es jeweils einen, der bezahlt, einen, der leistet, und einen, der bekommt. Derjenige, der bekommt, wählt gleichzeitig den, der bezahlt. Der Zahlende stattet den

Leistenden mit Geld aus. Aufgrund dieses Dreiecksverhältnisses funktioniert das klassische Angebot-und-Nachfrage-Prinzip nicht. Deshalb werden Trends im Gesundheitswesen weniger von der Konkurrenz bestimmt – und die Produktzyklen sind länger als zum Beispiel in der Automobilindustrie.

Ein weiterer Unterschied ist, dass der Kunde in der Gesundheitswirtschaft, also der Patient, die Leistung gar nicht beurteilen kann – dafür ist wieder der Zahlende, also der Staat mit seinen Qualitätskriterien, zuständig. Der Autokäufer kann sein Auto fahren und damit das Produkt irgendwie fassen. Der Patient wird hingegen operiert und sieht am Ende nur eine Narbe. Er kann beurteilen, ob das Essen im Krankenhaus gut geschmeckt hat, ob die Schwester nett war und der Arzt sich Zeit für ihn genommen hat. Diese sogenannten Surrogat-Parameter sind das, wonach der Patient seinen Arzt bzw. sein Krankenhaus aussucht. Deshalb ist die Frage „Wie fühle ich mich aufgehoben in einer Behandlung?" in unserer Branche ganz zentral. Das ist in der Vergangenheit so gewesen und wird sich auch in Zukunft nicht ändern.

Was sich jedoch verändert hat, ist die Komplexität der Kommunikation, der wir ausgesetzt sind. Das ist wiederum eine Gemeinsamkeit mit anderen Branchen. Eine Brustkrebs-Patientin wurde früher von einem Chirurgen betreut, der dann den Tumor herausgeschnitten hat. Die Betreuung einer Brustkrebs-Patientin ist heute nicht mehr Sache eines einzigen Arztes: Heutzutage benötigt man einen Gynäkologen, einen Chirurgen, einen Strahlentherapeuten, einen Radiologen, einen Pathologen usw. Die Kommunikation wird also immer komplexer: Immer mehr Menschen reden und handeln in diesem Prozess. Das nimmt stetig zu, da die Medizin spezifischer wird.

Als ich 1988 mein Studium begonnen habe, war der Austria-Kodex, also das Verzeichnis der Medikamente Österreichs, ein dünnes Büchlein. Mittlerweile ist es ein fünf- oder sechsbändiges Werk. Das gibt eine Vorstellung davon, wie allein die Zahl der Medikamente zugenommen hat.

Wenn ich heute in eine Apotheke gehe und nach dem Schmerzmittel Diclofenac frage, überfordert mich die Menge der Medikamente, die mir angeboten wird – und ich bin Anästhesist und habe zu diesem Thema habilitiert. Das heißt also: Immer mehr Menschen wissen immer weniger Bescheid.

Immer mehr Menschen müssen in dieses komplexe Zusammenspiel eingebunden werden – dafür ist Kommunikation erforderlich, und diese muss gesteuert werden, um der Komplexität der Behandlungsentscheidungen gerecht zu werden. Das ist eine wesentliche Herausforderung der Zukunft.

In der Automobilindustrie ist das ähnlich: Die Autos werden immer komplexer – und beginnen nun miteinander zu kommunizieren: Wenn ein Auto bremst, meldet es das rechtzeitig an das Auto hinter ihm. Das sind alles sehr komplexe Dinge – und irgendwann wird es auch in den Werkstätten jemanden geben, der sich um das Licht kümmert, jemanden, der die Motoren repariert usw. Denn ein Mechaniker wird dann nicht mehr das gesamte Auto verstehen und reparieren können.

Die Zukunft ist also das Handling der Komplexität. Das hat Auswirkungen auf alle Bereiche: Ich kann als Chef nicht mehr sagen, was jeder einzelne Mitarbeiter tun soll. Ich kann nur einen Sinn, ein gemeinsames Ziel vorgeben. Unser Ziel ist, dafür zu sorgen, dass die Menschen Vertrauen zu uns haben. Dazu muss jeder Mitarbeiter seinen persönlichen Beitrag leisten. Denn Vertrauen ist das höchste Gut, das uns unsere Patienten geben können. Wer uns vertraut, fühlt sich in seiner Behandlung aufgehoben und vertraut uns auch seine Kinder, seine Eltern usw. an.

Vorausschau

▶ Welche Risiken sehen Sie für Ihr Unternehmen?

Eine Gefahr verbirgt sich hinter der Frage: Wie weit möchte oder kann die Gesellschaft das Gesundheitswesen in Zukunft finanzieren? Wir haben in den vergangenen 20 Jahren die Effizienz gesteigert und konnten unsere Ausgaben, gemessen am Bruttoinlandsprodukt, stabil halten. Im privaten System der USA ist das anders: Hier sind die Ausgaben jedes Jahr um ca. ein halbes Prozent gestiegen. Wir haben hingegen die gestiegene Komplexität mit der Steigerung der Effizienz bezahlt. Irgendwann ist das Effizienzpotenzial jedoch erschöpft – dann ist die Frage: Geben wir mehr Geld in die Gesundheit, schränken wir die Leistungen ein oder erbringen wir die Leistungen in einer niedrigeren Qualität? Das würde letztendlich in eine Zweiklassenmedizin münden.

Gesundheit ist eben nicht verhandelbar, das Prinzip Angebot und Nachfrage funktioniert hier nicht. Wenn jemand eine schwere Erkrankung hat, wird er für eine wirksame Behandlung jeden Cent zusammenkratzen und notfalls Schulden machen. Der Anbieter kann darauf warten, denn er hat nicht das Problem. Beim Autokauf ist das anders: Hier kann man sich statt der E-Klasse für eine niedrigere Qualität entscheiden, wenn man nicht über ausreichend Geld verfügt.

Gesundheit ist nicht verhandelbar, das Prinzip Angebot und Nachfrage funktioniert hier nicht.

Daneben gibt es noch eine weitere Gefahr. Wir haben in Deutschland eine sehr gute Mischung von privaten, öffentlichen und den sogenannten freigemeinnützigen oder kirchlich getragenen Krankenhäusern. Das hat positive Auswirkungen auf den Gesundheitsmarkt: Die Privaten sorgen für Effizienzsteigerung und bringen so Druck in das System hinein. Die Öffentlichen übernehmen im Maximalversorgungssegment auch die kostenintensiven Patienten. Wenn es nur die Privaten gäbe, ginge es ausschließlich um Profit. So ist beispielsweise die Hauptaufgabe von Helios Kliniken, die Investoren mit ihrer Rendite zu befriedigen. Das ist gut, denn höhere Rendite bedeutet auch höhere Effizienz – und damit waren sie auch Vorbild für alle anderen. Die Gefahr ist, dass dieses Gleichgewicht zwischen den einzelnen Klinikformen kippt – in welche Richtung auch immer.

Strategie

▶ Es gibt zahlreiche Veränderungen im Bereich Kliniken, die die Branche beschäftigen. Beispielsweise hat sich die Verweildauer in Krankenhäusern fast halbiert. Die Anzahl der Betten ist deutschlandweit gesunken, und es gibt immer mehr Zusammenschlüsse von Kliniken. Zudem sind die Patienten wesentlich aufgeklärter, da sie heute mehr Recherchemöglichkeiten haben. Gehen die Malteser Kliniken hier systematisch vor, um herauszufinden, wie sich dies weiterentwickeln wird – und wie man sich intern ausrichten muss?

Die Frage, die wir uns diesbezüglich stellen, lautet: Warum sollte sich ein Patient für uns entscheiden? Was bieten wir anderes oder Besseres an als unsere Marktbegleiter? Unsere Chance liegt hier in der Spezialisierung. Wir müssen uns auf das Wesentliche konzentrieren. Die nächste Frage lautet: Wo können wir uns spezialisieren? Wo können wir Akzente setzen, sodass die Patienten uns vertrauen und wir ihnen etwas bieten können, was andere nicht bieten?

Wir Malteser konzentrieren uns auf die Alten-Medizin. Denn wir sind vor dem Hintergrund unseres katholischen Glaubens davon überzeugt, dass Menschen insbesondere an den Schnittpunkten ihres Lebens Unterstützung brauchen. Das beginnt mit Themen wie dem Schutz des ungeborenen Lebens und endet bei einem würdigen Tod: Geben wir Hoffnung auf die Ewigkeit oder versorgen wir alte Menschen in Tausendbettenburgen mit Nahrung – wie es in den ersten Generationen der Altenheime der Fall war?

Unsere Chance liegt in der Spezialisierung.

Erst im nächsten Schritt – nach der grundsätzlichen Richtungsentscheidung – geht es um die medizinische Leistung, die wir anbieten. Die muss natürlich den Standards und Richtlinien entsprechen. Die technischen Fragestellungen sind dann: Ist unsere Behandlung effektiv? Ist sie effizient? Das sind zwei unterschiedliche Dinge: Effizient kann es sein, jemandem eine Prothese einzubauen. Effektiv ist es nur dann, wenn er diese auch wirklich benötigt. Einem 95-jährigen Bettlägerigen eine Hüftprothese einzubauen, weil er einen Schenkelhalsbruch hatte, ist keine effektive Behandlung. Effektiv wäre es, ihm einen Draht einzubauen, damit er keine Schmerzen mehr hat, da er ohnehin nicht mehr laufen kann. Dieser Eingriff ist für ihn weniger anstrengend und mit weniger Komplikationen verbunden. Der Patient würde in diesem Fall also von einer niedrigschwelligeren Behandlung profitieren.

Das heißt, wir müssen uns überlegen, was für den individuellen Patienten die beste Behandlung ist. Es geht also nicht nur um die Frage, ob der Schenkelhals aus Titan oder Stahl ist, sondern zunächst darum, ob der Patient überhaupt eine Bruchregulierung benötigt.

Strategie

▸ Sie haben erwähnt, dass Sie strategisch gesehen eine Spezialisierung anstreben und die älteren Patienten fokussieren. Diese Strategie müssen Sie sowohl nach innen – Stichwort Mitarbeiter einbinden – als auch nach außen – Stichwort Markenbildung – umsetzen. Was sind hier die Erfolgsfaktoren?

Der erste Schritt ist, ein gemeinsames Bild zu schaffen – bei uns ist das, wie bereits erwähnt, die Leitfrage: „Wie gelingt es uns, dass die Patienten Vertrauen zu uns aufbauen?" Diese Frage müssen wir mit entsprechenden Leistungen und Produkten beantworten. Das haben wir gemeinsam mit unseren Mitarbeitern erarbeitet: Unsere Produkte sind in Görlitz Lungenmedizin, Gefäßmedizin und Urologie, in Kamenz Bauchmedizin, die Uro-Gynäkologie und die Fokussierung auf alte Menschen im Speziellen. In Kamenz und Umgebung gibt es einen enormen Anstieg der alten Bevölkerung – dem möchten wir auch gerecht werden.

Als Nächstes gilt es, die Prozesse in unserer Organisation so umzugestalten, dass sie unseren Produkten, also unseren Leistungen, dienen. Daneben sind für die Erreichung unserer Ziele die Mitarbeiterauswahl und -weiterentwicklung sowie ausreichende Liquidität wichtig.

Diese Fragen bringen natürlich Unruhe in einen Betrieb. Das Ganze gelingt nur auf Basis des Vertrauens, das wir zueinander haben, und des einheitlichen Bildes unserer Leistungen. Nur wenn das in allen Köpfen verankert ist – vom Chefarzt bis zur Pforte –, können wir diese drei Punkte Personalentwicklung, Finanzplanung und Prozesse voranbringen.

▶ Entscheiden Sie sich für eine strategische Fokussierung tatsächlich aus einer Planung heraus, oder hängt das im Wesentlichen auch davon ab, welche Ärzte Sie kennenlernen?

Es kommt auf drei Faktoren an. Erstens: Auf welchem Markt bewegen wir uns und was benötigt der Markt? Zweitens: Wer sind unsere Kunden? Sind sie durchschnittlich 20, 40 oder 80 Jahre alt? Drittens: Was können wir besonders gut? Das hängt natürlich auch davon ab, welche Ärzte bei uns arbeiten. Wir haben in der Uro-Gynäkologie herausragende Experten. Da gibt es niemanden mit gleichwertigen Qualifikationen im Umkreis.

▶ Überprüfen Sie dieses Zielbild auch von Zeit zu Zeit? Wie sieht diese Überprüfung konkret aus?

Wir haben mit den Führungskräften der BG Sachsen, also mit den Chefärzten, den Direktorenmitgliedern und den sogenannten Stiftsleitern – insgesamt waren es 22 Personen –, Strategierunden durchgeführt, in denen das Zielbild entwickelt wurde. Dann gibt es Datenbanken, die uns beispielsweise sagen, wie viele Lungenpatienten es in und um Görlitz gibt, die derzeit nicht behandelt sind. Daraus können wir das hier vorhandene Einnahmenpotenzial ableiten, was wiederum in die Finanz- und Liquiditätsplanung einfließt. So ergibt sich nach und nach eine Unternehmensplanung. Diese Planung gehen wir monatlich mit den Abteilungsleitern durch und überprüfen, ob sie ihre Ziele erreichen.

Prozesse

▶ Wie gelingt es Ihnen, die Prozesse in Ihren Kliniken zukunftsorientiert auszurichten?

Die Frage, die wir uns bei der Ausrichtung der Prozesse stellen, lautet: Wie schleusen wir den Patienten am besten durch unser System? Das gelingt nur dann, wenn die Mitarbeiter Hand in Hand arbeiten und das Zusammenspiel optimal funktioniert.

Zunächst muss entschieden werden, welchen Weg der Patient einschlagen wird. Dann gibt es standardisierte Abläufe, die es ermöglichen, ihn mit möglichst hoher Qualität durch unser System zu bringen. Wenn die Qualität hoch ist, dann sind auch die Kosten niedrig. Qualitätsmängel können im Krankenhaus schnell zu Infektionen führen, die auch wiederum behandelt werden müssen. Deshalb gilt: Gute Prozesse sorgen für gute Qualität und niedrige Kosten.

Gute Prozesse sorgen für gute Qualität und niedrige Kosten.

Beim Thema Prozesse gibt es jedoch ein Missverständnis in der gesamten Branche, das wir gerade im Begriff sind aufzuklären – auch in unserem Unternehmen: Bei Prozessen geht es nicht um die Frage: „Wie automatisieren wir alles, damit wir möglichst kostengünstig sind?", sondern um die Frage: „Wie kann ich die Entscheider in unseren Systemen von der Routinetätigkeit entlasten?"

Dieses grundlegende Missverständnis führt zu einem realen Problem: Der Patient trifft zunächst immer auf den am niedrigsten qualifizierten Arzt und wird dann mit seinem Problem immer eine Ebene höher gereicht, bis er irgendwann beim Chefarzt landet. Das müssen wir umkehren: Der Patient müsste zuerst auf den qualifiziertesten Arzt treffen, der dann entscheidet, auf welcher „automatisierten Schiene" der Patient das System durchläuft.

Der Arzt muss dabei dem Patienten zuhören und ggf. nachfragen, um die Therapie unter Berücksichtigung der Lebenswirklichkeit des Patienten auswählen zu können. Ist die Entscheidung gefallen, gibt es standardisierte Abläufe für die Therapie. Durch gute Prozesse steigern wir die Qualität und folglich auch das Vertrauen der Patienten.

▶ Was sind Ihrer Meinung nach die größten Herausforderungen bei der Einführung dieser neuen Prozesse?

Die größte Herausforderung ist wieder die Kommunikation: Die Schwester muss verstehen, was der Arzt braucht, und der Arzt muss verstehen, was er tun muss, damit die Schwester arbeiten kann. Ein gutes Beispiel ist hier die Visitenpünktlichkeit. Wenn der Arzt eine halbe Stunde zu spät zur Visite kommt, dann steht dort das ganze System still, und niemand kann arbeiten. Wenn hingegen der Arzt zur Visite kommt und nichts vorbereitet ist, kann er keine Entscheidungen treffen. Es gilt, die Bedürfnisse der anderen über Kommunikation herauszufinden und sich bewusst zu machen, was das konkret für die Zusammenarbeit bedeutet. Das ist insbesondere in der Gesundheitswirtschaft herausfordernd, weil hier das System sehr hierarchisch aufgebaut ist.

Natürlich kostet die Arztstunde mehr als die Schwesternstunde. Aber es gibt mehr Schwestern als Ärzte. Wenn also die Schwestern nicht gut organisiert sind, dann bleibt nicht ausreichend Geld übrig, um dem Arzt ein Ultraschallgerät zu kaufen. Es kommt auf die gesamte Arbeitsorganisation an.

Deshalb gilt: Wenn sich alle Mitarbeiter über unsere Produkte und den Zweck unseres Unternehmens im Klaren sind – nämlich Patientenvertrauen zu schaffen –, dann können wir gemeinsam in die Prozessreorganisation einsteigen. Mit entsprechenden Techniken kann in diesem Veränderungsprozess auch Vertrauen unter den Mitarbeitern geschaffen werden. Dann werden zuvor sehr emotionale Themen plötzlich sachlich besprochen. In Wirklichkeit ist es ganz egal, ob die Visite morgens um acht Uhr oder nachts um drei Uhr stattfindet: Es müssen sich nur alle einig sein, dass sie zur gleichen Zeit am gleichen Ort sind und dass alles vorbereitet ist.

▸ Über eine Prozessmodellierung werden den Beteiligten häufig erst die Zusammenhänge klar. Dann merken sie, welche Folgeprozesse an einer Visite hängen und welche Auswirkungen Verzögerungen für das gesamte Unternehmen haben. Dies ist ein wichtiger Faktor im Change-Management. So kann man diesem klassischen Einwand „Das haben wir aber schon immer so gemacht" entgegenwirken und die Notwendigkeit der Veränderung verdeutlichen.

Systeme

▸ Wenn man dann die richtigen Prozesse etabliert hat, ist es wichtig, dass auch die IT-Systeme diese Prozesse unterstützen. Wie sieht denn aus Ihrer Sicht das optimale IT-System aus?

Die IT – das ist meine Überzeugung – ist nur ein Mittel zum Zweck. Zuerst kommt, wie gesagt, das Unternehmensziel, dann folgen die Produkte, dann die Prozesse, und erst dann kommt die IT. Ich habe es einige Male erlebt, dass hier umgekehrt vorgegangen wurde. Beispielsweise stülpt SAP seinen Kunden oftmals ein Produkt über, das vielleicht gar nicht den speziellen Anforderungen der Branche oder des Kunden entspricht. Das funktioniert insbesondere in der Gesundheitswirtschaft nicht, weil es hier keine Industriestandards gibt. Jedes Krankenhaus ist historisch anders gewachsen und hat andere Abläufe, andere Verantwortlichkeiten. Man muss also zunächst die Prozesse aufsetzen und dann die IT entsprechend entwickeln. Wenn Sie umgekehrt vorgehen, haben Sie IT-Systeme und die Menschen erfinden Dinge, um diese vorgegebenen Prozesse der IT zu umgehen. Dann entstehen Nebendokumentationen – was wiederum zu einem Qualitätsproblem führt. Wenn man aber erst die Prozesse definiert, diese dann einführt und sie anschließend durch entsprechende IT unterstützt, hat man ein geschlossenes System, das den Mitarbeitern auch Spaß macht. Daher gilt: Die IT kommt immer zum Schluss.

Die IT ist nur ein Mittel zum Zweck. Zuerst kommen die Prozesse, erst dann die IT.

▶ Das Gleiche erleben wir in unseren Klinikneubauprojekten. Die vierte Ebene in unserem Modell, also Systeme, könnte man hier auch durch Architektur ersetzen.

Richtig. Das ist ein vergleichbares Beispiel. Die ausgefallenen Lichtkonzepte der Architekten dürfen nicht im Vordergrund stehen. Ein Krankenhaus ist in erster Linie ein Zweckgebäude – eine Art Industrieunternehmen, ein Produktionsbetrieb und keine Kathedrale oder ein Gebäude, das als Kunst wirken soll. Es muss dafür gesorgt werden, dass der Weg des Patienten durch die Klinik optimal verläuft.

▶ Man muss es von innen nach außen planen – nicht umgekehrt.

Deshalb bin ich mittlerweile zu der Überzeugung gelangt, dass man Architekten nur dann in den Klinikbau einbezieht, wenn es darum geht, ein Konzept für die Außenhülle zu erstellen, damit das Gebäude auch in das Stadtbild passt. Aber innen kommt es auf die Funktionen und vor allem auf eine zukunftsorientierte Planung an: Wie kann ich in fünf oder zehn Jahren dieses Raumkonzept zu vertretbaren Kosten umbauen, um den künftigen Ansprüchen weiterhin gerecht zu werden? Wie vernetzen wir große Infrastrukturen? Diese Themen werden in den OPs eine immer größere Rolle spielen. Damit wird sich auch die räumliche Struktur verändern – und folglich auch die dahinterliegenden Sekundärprozesse. Hier müssen wir flexibel bleiben.

▶ Kommen wir noch einmal zurück zum Thema IT. Welche Veränderungen sehen Sie diesbezüglich auf die Gesundheits- bzw. Klinikbranche zukommen?

In Zukunft wird es keine Großsysteme mehr geben. Die künftige Welt der IT zeichnet sich dadurch aus, dass überall kleine Server stehen, die miteinander kommunizieren. Ähnlich wird auch in Zukunft das Krankenhaussystem funktionieren: Es wird Expertensysteme für OP-Management, für Catering-Management und für Bettenmanagement geben. Diese müssen miteinander vernetzt werden – da tun sich die großen Anbieter derzeit noch schwer.

Es wird Expertensysteme für OP-Management, für Catering Management und für Bettenmanagement geben. Diese müssen miteinander vernetzt werden.

Denn die Infrastruktur war bisher immer verwaltungsbezogen. Die KIS, also die Krankenhausinformationssysteme, sind entstanden, weil es gesetzliche Vorgaben dazu gibt, was dokumentiert werden muss. Angefangen hat es damit, dass man Vornamen, Nachnamen, Wohnort und Krankenkasse des Patienten sowie seine Liegezeit im Krankenhaus brauchte, um eine Rechnung zu stellen. Später kam die Leistung hinzu: Was wurde mit dem Patienten gemacht? Der nächste Schritt war das Bettenmanagement … – so entstand ein komplexes System, das ursprünglich aus einem ganz anderen Grund und folglich auch mit einer anderen Datenbankgrundstruktur programmiert wurde. Das System kann nur dann optimal die Prozesse unterstützen, wenn die einzelnen Module autark voneinander sind und mit einer dynamischen Komponente miteinander vernetzt werden.

▶ Herzlichen Dank für den interessanten Dialog, Herr Dr. Blaicher!

Univ.-Doz. Dr. med. Alex Blaicher, MBA
Der Geschäftsführer der Malteser Sachsen-Brandenburg gGmbH Dr. Blaicher ist Facharzt für Anästhesiologie und Intensivmedizin. Er absolvierte 2004 sein MBA-Studium im Internationalen Spitalsmanagement. Von 2006 bis 2011 war er Ärztlicher Direktor im Schwerpunkt-Krankenhaus Vöcklabruck und zuvor drei Jahre als Berater von Krankenhäusern bei Paracelsus Consulting tätig. Blaicher ist verheiratet und hat fünf Töchter.

Die Krankenhäuser der Malteser Sachsen-Brandenburg gemeinnützige GmbH

Die Malteser Krankenhäuser St. Carolus in Görlitz und St. Johannes in Kamenz gehören zum Verbund der Malteser Krankenhäuser in Deutschland. Jährlich betreuen die Teams der Krankenhäuser über 33.000 Patienten stationär und ambulant. Eine kontinuierliche Aus-, Fort- und Weiterbildung der 550 Mitarbeiter an beiden Standorten gewährleistet eine Arbeit nach dem neuesten Stand von Medizin und Pflegewissenschaft. Interdisziplinäre Stationen und die multidisziplinäre Behandlung nehmen eine starke Rolle in den Krankenhäusern ein, beispielsweise im neueröffneten Lungenzentrum am St. Carolus Krankenhaus. Kennzeichnend für die Malteser als katholischer Krankenhausträger ist ein hohes ethisches Engagement. Eine ganzheitliche Perspektive, die den Menschen in seinen körperlichen wie seelischen Bedürfnissen wahrnimmt, bildet dabei eine wichtige Grundlage.

Dr. Jens Effenberger, Exportleiter bei
VW Nutzfahrzeuge, im Gespräch mit
Stephan Bille und Prof. Dr. Hans H. Jung

„Der Trend der Individualisierung wird sich in Zukunft noch verstärken."

Ein zentrales Thema im Managementdialog mit Dr. Jens Effenberger ist der zunehmende Trend der Individualisierung. Darauf gilt es, sich langfristig einzustellen und sowohl die Produktionsprozesse als auch die IT-Systeme auszurichten, um z. B. eine vom Markt getriebene Produktion und eine personalisierte Kundenansprache zu ermöglichen. Auch die verstärkte Einbindung von Partnern hilft, der Herausforderung zunehmender Individualisierung erfolgreich zu begegnen. Weiterer Schwerpunkt im Gespräch war das Thema Internationalisierung, denn langfristig sieht Effenberger weniger Wachstumsmöglichkeiten in Europa. Neue Absatzmärkte, z. B. in China oder Nordamerika, müssen deshalb erschlossen werden.

Zukunftsorientierte Unternehmensgestaltung

▸ In den Medien wird ja manchmal diskutiert, dass VW Trends oft abwartet und ein Fast-Follower ist. Wie sehen Sie das? Erhoffen Sie sich hier künftig eine andere Positionierung?

Der Volkswagenkonzern in Summe zeichnet sich vor allem dadurch aus, dass hier sehr gewissenhaft gearbeitet wird. Dieses gewissenhafte Arbeiten dauert vielleicht manchmal länger als ein kurzfristiges Agieren. Ich glaube aber, dass uns genau das immer weiter auf der Erfolgsspur gehalten hat; denn unser Ziel ist es, unseren Kunden nur ausgereifte Technik und Produkte anzubieten.

Zudem waren wir die Ersten mit einem Transporterkonzept. Mit dem T1 waren wir tatsächlich Pionier und sind bis heute auch die Erfolgreichsten in diesem Segment. Auch mit dem Caddy sind wir die Erfolgreichsten in Europa – gerade weil wir ihn behutsam entwickelt und seit 2003 stets weiterentwickelt haben. Zukunftsorientierung bedeutet nicht, immer der Erste zu sein, sondern langfristig vorausschauend zu agieren.

Vorausschau

▶ Wie sehen Ihre Zukunftsbilder der Mobilität – speziell der Nutzfahrzeugmobilität – aus?

Im innerstädtischen Lieferverkehr wird es in Zukunft vermutlich andere Formen der Mobilität geben, als wir sie heute kennen. Ich glaube, das Thema E-Mobilität wird dort eine Rolle spielen, wahrscheinlich auch stärker als bei Pkw.

Anders ist das beim Überlandverkehr. Hier gibt es Laufleistungen von 100.000 Kilometer pro Jahr und mehr, z. B. bei Kurierfahrern. Deshalb wird sich dieser Verkehr meiner Ansicht nach nicht stark verändern. Hier spielt vermutlich nur das Thema Hybridisierung eine Rolle. Der Trend geht weiter zu effizienter und verbrauchsarmer Technologie. Aber es wird keinen kompletten Paradigmenwechsel geben.

Im innerstädtischen Lieferverkehr wird E-Mobilität eine Rolle spielen, wahrscheinlich stärker als bei Pkw.

▶ Gelten diese Zukunftsbilder weltweit – oder gibt es da Unterschiede?

Wir beobachten, dass sich diese Bilder weltweit immer stärker angleichen. Europa und Nordamerika nehmen dabei eine führende Rolle ein. Ich gehe aber davon aus, dass China in Zukunft ein stärkeres Gewicht haben wird als heute.

▸ Wie gehen Sie bei VW Nutzfahrzeuge mit dem Thema „Mobilität und Fahrzeuge von morgen" um? Beschäftigen Sie sich mit Zukunftsszenarien?

Da haben wir den Vorteil, Teil eines so starken Konzerns zu sein, der sich eigene Abteilungen für Vorausschau leisten kann. Hier sind wir sehr gut aufgestellt und betrachten sowohl Technik- als auch Marktentwicklungen. Dabei wird vor allem die Szenarioanalyse genutzt. Wir, als Marke „Volkswagen Nutzfahrzeuge", machen das nicht selbst, profitieren aber sehr stark davon, was der Konzern auf diesem Gebiet leistet. Das versuchen wir dann auf unser originäres Geschäftsfeld zu projizieren, um die für uns notwendigen Rückschlüsse ziehen zu können. Diese geben wir dann natürlich auch wieder in den Konzern zurück.

▸ Auch Ihr Bereich, das Vertriebsgeschäft, hat sich in den vergangenen Jahren enorm gewandelt. Setzen Sie sich bei VW Nutzfahrzeuge auch mit dem Vertrieb der Zukunft auseinander?

Natürlich. Beispielsweise werden wir bei den Car-Konfiguratoren in Zukunft verstärkt dreidimensional arbeiten, um besser auf die einzelnen Ausstattungswünsche von Kunden eingehen zu können und damit das Fahrzeug dann auch so dargestellt wird, wie der Kunde es konfiguriert.

Zudem wird es eine stärkere Vernetzung mit allen anderen Vertriebssystemen geben, sodass die Kundenansprache noch individualisierter wird. Generell wird sich der Trend der Individualisierung in Zukunft noch verstärken. Es wird personalisierte Prospekte und Ähnliches geben. Bis zu 70 % unserer Fahrzeuge bekommen nach dem Kauf noch Umbauten – auch durch Dritte, da wir nicht alles selbst anbieten können. Aber wir versuchen, das in die Verkaufsprogramme zu integrieren und dem Kunden ein auf seine Bedürfnisse zugeschnittenes Fahrzeug anzubieten. Dazu muss er auch maßgeschneidertes Informationsmaterial bekommen.

▸ Die Produkte werden intelligenter und können im Prinzip immer mehr darüber aussagen, wie der Kunde sein Fahrzeug tatsächlich nutzt. Wird dies Ihrer Meinung nach die Marktforschung in Zukunft beeinflussen?

Ja, das wird mit Sicherheit der Fall sein. Marktforschung hat jedoch immer einen Nachteil: Sie ist nicht nach vorne gerichtet, da ich einen Kunden nur nach seinen heutigen Bedürfnissen befragen kann. Ich glaube aber, dass wir durch die neuen technischen Möglichkeiten einen permanenten Feedback-Prozess etablieren können und dieser die traditionellen Marktforschungsstudien langfristig ersetzen wird. Den Feedback-Prozess müssen wir dann noch stärker in die Produktentwicklung integrieren.

Teilweise werden diese technischen Möglichkeiten bereits für kundenindividuelle Lösungen genutzt: Wir haben einen Kunden in England, der sich von seinen Fahrern online das Fahrprofil zuschicken lässt. Wenn beispielsweise jemand die Klimaanlage angeschaltet und gleichzeitig das Fenster geöffnet hat, bekommt er eine SMS auf sein Handy: bitte Klimaanlage ausmachen oder Fenster schließen. So wird unnötiger Mehrverbrauch effizient verhindert. Der gleiche Kunde bestellt auch nur noch einen bestimmten Reifentyp bei uns, weil er über diese Online-Anbindung festgestellt hat, dass die Fahrzeuge unter den gegebenen Bedingungen und dem speziellen Fahrbetrieb der Firma mit dem Ganzjahresreifen durchschnittlich 0,2 Liter weniger verbrauchen.

In diesem Unternehmen sind die Fahrer natürlich „gläsern" – da muss man sich als Unternehmen grundsätzlich die Frage stellen, ob man das möchte oder nicht. Die technische Möglichkeit der Umsetzung besteht auf jeden Fall. Gesellschaftlich akzeptiert ist diese Methode in Deutschland noch nicht.

▸ Im Bereich Sicherheit sind die Anforderungen im Nutzfahrzeugsegment ja deutlich höher als bei den Pkw. In welchem Bereich wird sich der Trend „Autonomes Fahren" Ihrer Meinung nach eher durchsetzen?

Ich glaube, das wird zuerst bei den Pkw realisiert. Denn der Prozess ist immer ähnlich: Die Innovationen werden zunächst von der Oberklasse weiter in die Mittelklasse gereicht, sodass Nutzfahrzeuge selten die Ersten sind, über die eine solche Neuheit eingeführt wird. Das liegt allein daran, dass die Einführung der Innovationen über die Margen entsprechend abgedeckt werden muss. Das können wir im Bereich Nutzfahrzeuge nicht leisten.

Strategie

▶ Gibt es spezielle Angebote, gezielt Marktteilnehmer von VW Nutzfahrzeuge zu überzeugen und so weitere Marktanteile zu gewinnen?

Ja, wir machen Fahrern von Wettbewerbsmodellen natürlich Angebote. Das gehört zum täglichen Geschäft des Handels.

Insbesondere bei großen Flotten, wie DHL oder UPS, gibt es noch Potenzial, das wir ausschöpfen können. Diese Unternehmen zentralisieren mittlerweile auch ihre Beschaffungsprozesse: DHL ist in fast 30 Ländern in Europa unterwegs, steuert aber seine gesamten Beschaffungsprozesse zentral über Bonn. Das heißt, sie haben kein besonders großes Interesse daran, mit einem Importeur zu reden. Sie geben der jeweiligen Landesgesellschaft zwei Modelle in verschiedenen Ausstattungsvarianten zur Auswahl. Es gibt also keine nationalen Deals mehr. Die Zentrale spricht uns direkt an – dementsprechend stellen wir uns organisatorisch auf. Das betrifft nicht nur den Verkauf, sondern auch die Technik.

Das Erstaunliche ist, dass wir in der schwierigen Marktlage, in der wir uns in Europa befinden, unsere Auslieferung steigern können – obwohl der Trend in den Gesamtmärkten zurückgeht. Das ist gelungen, ohne dass wir die Konditionen aggressiver gestaltet haben, was belegt, dass Organisation und Produkte funktionieren.

▶ Welche Rolle spielen Dienstleistungen und Service im Nutzfahrzeugbereich?

Dienstleistungen nehmen auch in unserer Branche immer weiter zu – vor allem bei unseren gewerblichen Kunden ist das Thema sehr wichtig. Hier müssen wir maßgeschneiderte Finanzierungen, Wartungs- und Verschleißpakete sowie zugeschnittene Ersatzmobilität anbieten können, Stichwort After Sales. Das sind die wesentlichen Dienstleistungen, die wir unseren Kunden anbieten.

Traditionell gibt es in der Automobilindustrie immer eine starke Trennung zwischen Sales und After Sales. Die versuchen wir aufzuheben. Wir testen in einigen ausgewählten Märkten die Zusammenführung von Sales- und After-Sales-Teams. Ich glaube, es ist gerade für unsere gewerblichen Kunden enorm wichtig, dass wir eine Betreuung aus einer Hand bieten können.

Zum Service gehört auch, dass ich Fahrerprofile online darstellen kann. So weiß der Kunde immer, wo seine Fahrzeuge sind und wo sie im Notfall liegen geblieben sind, sodass wir sofort für kundenspezifische Ersatzmobilität sorgen können. Das heißt, wenn ein Crafter mit einem Kühlkofferaufbau liegen bleibt, dann muss auch für Ersatzmobilität mit Kühlkofferaufbau gesorgt werden. Wobei wir im ersten Schritt natürlich immer versuchen, das Fahrzeug sofort zu reparieren und einsatzfähig zu machen. Deshalb haben wir für Nutzfahrzeuge auch einen Expressservice aufgebaut, was im Pkw-Bereich nicht so stark nachgefragt wird.

Traditionell gibt es in der Automobilindustrie immer eine starke Trennung zwischen Sales und After Sales. Die versuchen wir aufzuheben.

▶ Märkte und Kundenanforderungen verändern sich heute viel schneller als in der Vergangenheit. Viele Kunden in Asien kaufen möglicherweise das erste Mal ein Auto und entwickeln mit diesem ersten Produkt eventuell neue Anforderungen. Was ist das für eine Herausforderung aus Sicht des Marketings und Vertriebs?

Für uns ist es eine besondere Herausforderung, weil VW Nutzfahrzeuge aktuell noch relativ stark auf Europa fokussiert ist. Die Nutzfahrzeugbedürfnisse in anderen Regionen der Welt weichen zum Teil völlig von unseren ab. In China gibt es diese dreieinhalb Meter langen Kastenwagen, die auf dem Markt zwischen 3.500 und 4.500 € kosten. Solch ein Segment kann nur über eine große Stückzahl erfolgreich bedient werden. Jedoch passt es nicht zu uns als Massenanbieter mit Premiumanspruch. Wir haben das untersucht und uns schließlich dagegen entschieden, diese Segmente zu bearbeiten. Wir würden mit unserem Qualitäts- und Sicherheitsverständnis keinen dort akzeptierten Preis anbieten können. Wir gehen aber davon aus, dass sich diese Segmente verändern werden und sich dort auch eine gewisse Europäisierung zeigen wird. Das sieht man heute auch in Nordamerika. Wir beobachten den Markt sehr genau und prüfen derzeit, ob ein Eintritt sinnvoll ist. Wir sehen zum heutigen Zeitpunkt für die langfristige Marktentwicklung in Europa nur moderate Zuwachsraten und gehen davon aus, dass Europa mehr oder weniger gesättigt bleibt, auch in den einzelnen Segmenten. Vor diesem Hintergrund ist es wichtig, andere Absatzregionen zu suchen, in denen Fahrzeuge, wie der Volkswagen Crafter, vermarktet werden können.

▸ Wie bereiten Sie den Eintritt in neue Märkte vor?

Die Märkte für leichte Nutzfahrzeuge sind immer deutlich kleiner als die Pkw-Märkte. Die Skalenerträge erzielen wir eben nicht sofort bei Markteintritt. Das macht es so schwierig. Wir sind noch sehr stark europäisch geprägt, mit einem starken Anker in Südamerika. Dort wurde bis zum Jahresende 2013 noch der alte T2 gebaut.

Dafür fehlen uns andere Regionen, wie Nordamerika und Südostasien. Dort sind wir noch schwach vertreten. Für unseren Markteintritt in China haben wir uns bewusst eine Nische gesucht: Hier verkaufen wir hochausgestattete Multivans für eine bestimmte Klientel, die es dort gibt. Mit diesem Konzept prüfen wir, ob wir dort erfolgreich sein können – wenn das der Fall ist, können wir den nächsten Schritt machen.

Für unseren Markteintritt in China haben wir uns bewusst eine Nische gesucht. So prüfen wir, ob wir dort erfolgreich sein können.

▸ Der Markt ist ja deutlich stärker segmentiert als beispielsweise im Pkw-Geschäft. Es gibt sehr viele unterschiedliche Nutzergruppen mit unterschiedlichen Anforderungen. Wie gelingt es Ihnen, eine so anspruchsvolle Segmentierung in die Vertriebsorganisation zu tragen, sodass sie auch für den Kunden erlebbar ist?

Das gelingt uns, indem wir z. B. Kundengruppenanalysen durchführen, um herauszufinden, wie groß diese einzelnen Gruppen sind. Diesen Kundengruppen machen wir dann spezialisierte Angebote – am Fahrzeug selbst, über die Software, die Finanzierung usw.

Es gibt z. B. Kunden, die das Fahrzeug nur nutzen, um zur Baustelle und wieder zurück zu fahren. Denen müssen wir eine andere Finanzierung anbieten als dem Vielfahrer. Um wirklich kundenspezifische Lösungen darstellen zu können, müssen wir mit Aufbauherstellern zusammenarbeiten. Auch das ist für uns ein wesentlicher Erfolgsfaktor. Wir haben unsere Partner auch über eine Internetplattform an uns gebunden. Mit dieser Plattform können wir letztendlich ebenfalls eine sehr starke Kundenbindung erzielen.

▶ VW steht, wie Sie bereits erwähnt haben, für Qualität und Sicherheit. Was tun Sie, damit das beim Kunden schon vor dem Kauf ankommt?

Das stellen wir natürlich in der Werbung und unserer gesamten Absatzkommunikation heraus. Der Kunde erfährt das aber auch über unsere Langzeitqualität – sprich die Restwerte, die wir darstellen können. Diese sind eben einfach deutlich höher als bei unseren Wettbewerbern. Das hat einen positiven Einfluss auf die Total Cost of Ownership (TCO), was wir auch sehr stark kommunizieren. Unsere Marktanteile belegen, dass wir damit auf dem richtigen Weg sind.

Ein sehr starker Erfolgsfaktor ist in der Tat unser Nutzfahrzeug-Vertriebsnetz, das deutlich breiter aufgestellt ist als bei allen anderen Wettbewerbern. Das ist auch dadurch bedingt, dass wir als Pkw-Marke enorm erfolgreich sind und in vielen Märkten die Netze gemeinsam nutzen. Dort, wo das nicht Fall ist, arbeiten wir mit Truck-Herstellern, wie Scania oder MAN, zusammen. Das heißt, wir müssen nicht breit in die Werbung gehen, um den Qualitätsanspruch zu kommunizieren. Das machen wir deutlich stärker über die persönliche Kommunikation. Deshalb ist uns eben diese individualisierte Kommunikation, die über die IT oder über unsere Verkaufssysteme sichergestellt werden kann, so wichtig. Wir können beispielsweise auch einen TCO-Rechner inklusive Wettbewerbsvergleich im System darstellen und so anzeigen, wie gut unser Fahrzeug ist. Das Thema TCO spielt vor allem für den gewerblichen Nutzer eine wichtige Rolle. Große Marketingkampagnen brauche ich nur dann, wenn ich neue Fahrzeuge auf den Markt bringe.

▶ Wie Sie schon angedeutet haben, gibt es im Nutzfahrzeugemarkt einen sehr wichtigen Maßstab, nämlich die TCO. Wie gelingt es, z. B. mit neuen Funktionalitäten, hier erfolgreich zu sein?

Das Thema Total Cost of Ownership ist sehr wichtig für uns. Das gehen wir weniger über die Marktforschung an, sondern stärker technikgetrieben. Das heißt, zum einen berücksichtigen wir, welche Innovationen wir aus der Pkw-Technik übernehmen und nutzen können. Zum anderen entwickeln wir nutzfahrzeugspezifische Funktionalitäten selbst. Doch nicht alle neuen Funktionalitäten sind ausschließlich TCO-getrieben. Es gibt auch im Bereich Nutzfahrzeuge durchaus das Thema Emotionen.

Wir sollten auch die Aspekte Kunden- oder Fahrerbindung noch stärker fokussieren. Scania macht das sehr erfolgreich mit Fahrerausbildungen und Fahrsicherheitstrainings, mit denen man auch eine Bindung an die Marke erzielen kann.

▶ Gibt es Werkzeuge, mit denen Sie Ihre Strategie beziehungsweise die Umsetzung der Strategie überprüfen?

Das messen wir hauptsächlich anhand der Absatzerfolge. Das Thema Internationalisierung ist eine unserer wesentlichen strategischen Ausrichtungen. Mit der Einführung des Amarok in Südamerika verkaufen wir dort auch gleichzeitig deutlich mehr T5, Crafter und Caddy. Vorher waren wir in Südamerika nur schwach präsent. So ist es uns gelungen, unser Südamerika-Geschäft zu entwickeln. Anhand solcher Parameter messen wir, ob wir mit unserer Strategie erfolgreich waren oder nicht.

Prozesse

▸ Die Vertriebsverantwortung ist eine hochinteressante Schnittstelle: Zum einen muss am Markt vermittelt werden, was die Organisation tut. Zum anderen geht es darum, die Geschehnisse am Markt zurück in die Organisation zu tragen. In welchem Verhältnis stehen diese beiden Aktivitäten?

In Summe ist das ein 50:50-Verhältnis. Zeitweise überwiegt mal das eine, mal das andere Thema. Wir haben regelmäßige Produktrunden mit unserem Produktmarketing und dem Produktmanagement, in denen wir, als Vertrieb, neue Kundenanforderungen anbringen – sodass gemeinsam Lösungen entwickelt werden können. Anschließend müssen die technischen Lösungen dann auch wieder durch uns in den Markt gebracht werden.

▸ Während es früher mehrere Wochen gedauert hat, bis eine Kundenbestellung aus Südamerika hier in die Produktionsplanung eingegangen ist, gelingt dies heute vermutlich innerhalb von Sekunden. Gibt es Ihrer Meinung nach noch Optimierungs- oder Wachstumspotenzial in diesem Bereich?

Mit Sicherheit gibt es da noch Potenzial. Wir haben beispielsweise einen relativ langen Vorlauf, der sich noch verkürzen lässt. Wenn sich die Produktion darüber hinaus nicht in Europa befindet, sondern ausschließlich in Südamerika – wie das bei unserem Pick-up anfangs der Fall war –, dauert dieser Prozess natürlich sehr viel länger.

Unser Ziel ist außerdem, kurzfristige Kundenänderungswünsche noch näher an der Produktion umzusetzen. Die Lieferzeit kann man zum Beispiel verkürzen, indem man beim Eintreffen einer Kundenspezifikation auf Fahrzeuge zurückgreift, die nicht für einen konkreten Kunden aufgelegt wurden, und dann eben nur noch die Spezifikation einbaut. An diesen Prozessverkürzungen arbeiten wir bereichsübergreifend. Sie sind in der gesamten Automobilindustrie ein wichtiges Thema.

Unser Ziel ist, kurzfristige Kundenänderungswünsche noch näher an der Produktion umzusetzen.

▶ Baut VW Nutzfahrzeuge für Großkunden auch standardisierte Aufbauten, wie man es z. B. von UPS kennt?

Es gibt für bestimmte Kunden standardisierte Aufbauten. Dafür haben wir Premiumpartner. Unseren Kunden machen wir dann entsprechende Angebote: unser Fahrzeug plus Aufbau vom Partner, spezifisch auf die Kundenbedürfnisse ausgerichtet. Diese Vernetzung von mehreren Parteien wird meiner Meinung nach immer wichtiger.

▶ Wird ein Aufbau immer von einem Partner ausgeführt, oder macht VW dies auch selbst?

Bestimmte Sachen, wie z. B. eine Laderaumbeschichtung beim Amarok, machen wir selbst bzw. unsere Tochtergesellschaften.

Aber häufig handelt es sich auch um Spezialanwendungen, die Aufbauhersteller deutlich besser darstellen können als wir. Da muss es uns gelingen, diese Aufbauhersteller frühzeitig in die Entwicklung eines Fahrzeuges schon mit einzubeziehen, um bestimmte Anforderungen von vornherein berücksichtigen zu können – z. B.: Wo muss der Tank sein, damit ein Aufbau möglich ist? Wo muss die Abgasanlage langgeführt werden?

Die Vernetzung mit Partnern wird meiner Meinung nach immer wichtiger.

▶ Bei der Einbindung der Partner müssen auch noch weitere Komponenten, z. B. die Nutzungszeit und die Verfügbarkeit der Teile, langfristig berücksichtigt werden. Solche Konstrukte leiden auch viel stärker unter

Bestellungs- und Planungsschwankungen. Veränderungen sind im hinteren Ende der Wertschöpfungskette sehr viel deutlicher spürbar als vorn. Eine wichtige Rolle spielt dabei die Frage: Wer kann wie früh auf welche Daten entlang der Wertschöpfungskette zugreifen? Früher war beispielsweise Leder ein wichtiger Wertschöpfungstreiber für den Pkw-Bereich. Deshalb galt es, Informationsprozesse aufzubauen, damit das System im Falle eines Engpasses auch rechtzeitig reagieren kann.

Das ist richtig. Genauso verhält es sich zum Beispiel, wenn wir von einem Großkunden, der einen bestimmten Reifen nutzt, eine große Bestellung bekommen. Das müssen wir dann auch rechtzeitig an unseren Reifenhersteller avisieren. Das heißt, unsere ganze Produktionsplanung muss darauf ausgelegt sein, dass wir zu dem gewünschten Zeitpunkt auch lieferfähig sind. Die gleiche Anforderung besteht auch beim Reifenhersteller, der ja bestimmte Spezialchemie bestellen muss – bei einem Unternehmen tief in der Prozesskette, das sehr sensible Produktionsanlagen hat – Stichwort Haltbarkeit etc. Deshalb gilt es, diesen Supply-Prozess umzukehren, indem man sich fragt: Was von meinem Bedarf ist planbar? Welche Aktivitäten kann ich mit dem Vertrieb absichern? Was brauche ich aus Erfahrung? Daraus gilt es einen sauberen Prozess zu gestalten, der vom Markt getrieben ist. Das ist eine große Herausforderung.

Systeme

▸ Das CRM-System ist ein zentrales IT-System für den Vertrieb. Welche weiteren wichtigen IT-Instrumente gibt es Ihrer Ansicht nach für eine Vertriebsorganisation?

Ein ganz zentrales Thema für mich ist der Verkäuferarbeitsplatz. Der muss immer weiterentwickelt und verbessert werden – zum Beispiel durch die Integration von Finanzierungsanfragen, Leasinganfragen und allen Dienstleistungen, die wir anbieten.

Zudem sollten wir dem Kunden hier auch eine Auswahl an unterschiedlichen Aufbaulösungen anbieten können. Daran arbeiten wir. Wichtig ist, dass der Handel mit dem Kunden interagiert: Wenn ein Leasingvertrag in einem halben Jahr ausläuft, muss beim Kunden nachgefragt werden, ob er das Fahrzeug übernehmen oder einen neuen Leasingvertrag haben möchte. Ob das alle Verkäufer machen, ist eine andere Frage. Die Tools sind im Prinzip aufgebaut. Als Nächstes stellt sich also die Frage: Wie bekomme ich jeden Einzelnen dazu, damit richtig zu arbeiten?

Eine weitere Herausforderung ist, über das System eine individualisierte Kundenkommunikation gewährleisten zu können, ebenso eine Interaktion zwischen potenziellen Kunden und dem Verkäufer. Auch diesen Bereich, die Geschäftsanbahnung, muss das System darstellen können.

▶ Sie haben bereits angesprochen, dass VW Nutzfahrzeuge Partnerschaften mit Aufbauherstellern eingeht. Welche Konsequenzen hat das auf der System-Ebene?

Die Vernetzung der Partner muss auch auf der IT-System-Ebene darstellbar sein. Ein Aufbauhersteller kann dies, der nächste jenes. Diese unterschiedlichen Aspekte systemseitig zusammenzuführen ist eine große Herausforderung. Hier braucht es standardisierte Schnittstellen und Prozesse, wobei bestimmte Dinge im Auto, z. B. die Bordelektronik, natürlich sicherheitsrelevant sind. Hier müssen wir als Hersteller sicherstellen, dass die Funktionen des Fahrzeugs durch Eingriffe der Aufbauhersteller nicht beeinträchtigt werden. Deshalb ist es immer ein Integrationsprozess, der da stattfindet.

▶ Das waren sehr interessante Aspekte! Vielen Dank, dass Sie sich die Zeit für das Gespräch genommen haben.

Dr. Jens Effenberger
Dr. Jens Effenberger wurde 1964 in Hamburg geboren und studierte nach Abitur und Zivildienst von 1986 bis 1991 Betriebswirtschaftslehre mit den Schwerpunkten Marketing, Personal und Psychologie in Bamberg, Birmingham und Mannheim. Er promovierte 1996 bei Prof. Dr. Wolfgang Fritz an der TU Braunschweig mit einer Arbeit über Unternehmensberatungen. Dr. Effenberger arbeitet seit 1996 bei der Volkswagen AG in unterschiedlichen Leitungsfunktionen in Marketing und Vertrieb, zuletzt als Leiter Vertrieb Export bei Volkswagen Nutzfahrzeuge in Hannover. Zum 1. September 2013 hat Dr. Effenberger die Funktion des Geschäftsführers der Volkswagen Finans AB in Södertälje, Schweden übernommen, einer Tochtergesellschaft der Volkswagen Financial Services AG. Dr. Effenberger ist verheiratet und hat eine Tochter.

VW Nutzfahrzeuge
Volkswagen Nutzfahrzeuge ist eine Marke des Volkswagen-Konzerns und stellt leichte Nutzfahrzeuge her. Die wichtigsten Modelle sind Caddy, T5, Crafter und seit 2010 der Amarok. Über 80 % der Fahrzeuge werden an gewerbliche, der Rest an private Kunden verkauft. 2012 erzielte die Volkswagen-Tochter einen Umsatz von 9,45 Mrd. €, ein Plus von 5,2 % gegenüber 2011. Das operative Ergebnis 2012 belief sich auf 421 Mio. €. 2012 wurde mit 550.400 ausgelieferten Fahrzeugen ein weiterer Rekord erzielt und die Marktführerschaft in Europa weiter ausgebaut.

Dietmar König, Vorstand BHW Bausparkasse AG, im Gespräch mit Tomas Pfänder und Dr. Ulrich Deppe

„Wir können viel von Industrieunternehmen lernen – vor allem, wie man Prozesse effizient gestaltet."

Für Dietmar König ist die Formulierung einer Unternehmensvision – die gemeinsam mit den Führungskräften erarbeitet werden sollte – ein zentraler Bestandteil zukunftsorientierter Unternehmensgestaltung. Die Ziele des Unternehmens müssen klar artikuliert und immer wieder kommunikativ hervorgehoben werden, um alle Mitarbeiter darauf einzuschwören. König ist überzeugt davon, dass effiziente Prozesse in der Abwicklungseinheit einer Bank enorme Wettbewerbsvorteile bringen. Hier konnte die Finanzdienstleistungsbranche von Industrieunternehmen lernen.

Zukunftsorientierte Unternehmensgestaltung

▶ Was verstehen Sie unter zukunftsorientierter Unternehmensgestaltung?

Zunächst handelt es sich beim Begriff Zukunft in diesem Zusammenhang wirklich um einen langfristigen Blick auf die nächsten fünf bis zehn Jahre. Für die Unternehmenssteuerung ist es wichtig, sich der Bedeutung dieser Zukunft bewusst zu sein, Trends zu antizipieren und das Unternehmen darauf auszurichten.

Es gilt, ein klares Ziel für Führungskräfte und Mitarbeiter zu formulieren, auf das man dann gemeinsam hinarbeitet. Ich bin ein Freund der klassischen Zielpyramide – wobei die Methode letztendlich zweitrangig ist. Es geht im Wesentlichen darum, eine Vision zu haben.

Bezogen auf die Finanzdienstleistungsbranche verbinde ich mit zukunftsorientierter Unternehmensgestaltung außerdem das Lernen von anderen Branchen. Wir haben enorm viel von Industrieunternehmen lernen können – weniger bezogen auf Kunden und Märkte, sondern vielmehr auf die Abwicklungseinheit: Wie gestaltet man Prozesse effizient? Kreditinstitute können, wie einst auch die Industrieunternehmen, vom „Handbetrieb" hin zu einer reinen Produktionssteuerung gelangen.

▶ Sie haben das Instrument Zielpyramide erwähnt. Wie nutzen Sie das konkret?

Im Management überprüfen wir damit unsere Strategie. Ganz oben steht unsere Vision, die für die nächsten fünf Jahre definiert ist. Darunter kommt dann die ausformulierte Strategie. Die strategischen Ziele werden auf der nächsten Ebene in konkrete KPIs, also Key Performance Indicators, heruntergebrochen. Eine Ebene darunter liegen dann die Kernmaßnahmen.

▶ Wie „erarbeiten" Sie die Vision, also die Spitze der Zielpyramide?

Hier muss man in erster Linie beobachten, wie sich die Märkte und Rahmenbedingungen entwickeln: Was passiert regulatorisch – also welche Gesetzgebungen gibt es? Wie sehen Markttrends aus? Wie entwickelt sich zum Beispiel der Wohnungsmarkt? Wie sieht der Altersvorsorgemarkt aus? All diese Aspekte müssen antizipiert werden.

Es geht auch darum, Megatrends wie die demografische Entwicklung zu betrachten und bei der Weiterentwicklung des Unternehmens zu berücksichtigen. Für uns heißt das beispielsweise, dass das Thema Altersvorsorge oder barrierefreies Bauen an Bedeutung gewinnt.

Wir prognostizieren unsere Märkte auch mit Hilfe multivariabler Analysen. Dabei geht man der Frage nach „Was sind die Trends?" und versucht, mit Daten aus der Marktforschung Handlungsfelder abzuleiten.

Vorausschau

▶ Wenn Sie das Thema Altersvorsorge als Marktchance herausgearbeitet haben – mit welchem Vorlauf agieren Sie dann bei der Produktentwicklung?

Wir brauchen in der Regel ein bis zwei Jahre für die Produktentwicklung und zusätzlich ein halbes Jahr bis zur Markteinführung, also Marktreife. Folglich benötigen wir einen Vorlauf von etwa zwei bis drei Jahren. Wir müssen quasi heute schon in der Lage sein, zu antizipieren, in welche Richtung sich der Markt in drei bis vier Jahren entwickelt.

▶ Welche neuen Märkte und Trends erwarten Sie im Finanzdienstleistungsmarkt?

Wie schon erwähnt, gibt es bereits den Megatrend Altersvorsorge. Auch der Wohnungsbautrend wird uns weiterhin begleiten. Bezogen auf die Prozesse bin ich davon überzeugt, dass moderne Technologien einen großen Einfluss auf die Branche haben werden. In Zukunft werden wir vermutlich ein anderes Prozessmodell anbieten müssen – Stichwort Zukunft Bankfilialen. Ich glaube, dass wir die Vertriebsmodelle der Finanzdienstleister überprüfen müssen. Darauf müssen wir uns schon jetzt einstellen und Themen wie zum Beispiel Videoberatung langfristig in Betracht ziehen.

Ich glaube, dass wir die Vertriebsmodelle von Banken überprüfen müssen.

▶ Ausgehend von der gesellschaftlichen Grundfunktion einer Bank: Fallen Ihnen Dinge ein, die ein Kreditinstitut in 15 bis 20 Jahren ergänzend tun könnte, die wir heute noch gar nicht mit dem klassischen Geschäft einer Bank oder einer Bausparkasse verbinden? Wird es Innovationen auf der Produkt-, Vertriebs- und Marktseite geben?

Das Thema Mobilisierung von Zahlungsfunktionen wird sich meiner Meinung nach noch stärker ausweiten. So werden wir in Zukunft überall mit unserem Handy bezahlen können. Das Handy wird EC- und Kreditkarten irgendwann vermutlich komplett ersetzen. Ihre Funktionen werden auf mobile Endgeräte übertragen – oder auf den Personalausweis. Denn im Prinzip haben PIN, M-TAN oder Chip eine Legitimierungsfunktion, die auch der Personalausweis oder in Zukunft ein mobiles Endgerät erfüllen kann. Das Grundprinzip bleibt gleich: Überweise A nach B und legitimiere mich.

Ich glaube außerdem, dass das Thema Absatzfinanzierung, also die Verschmelzung von Produktabsatz und Kredit, in Zukunft noch mehr an Bedeutung gewinnen wird; vor allem in Bereichen, in denen es um große Volumina geht, zum Beispiel Auto oder Wohnungsbau – also überall dort, wo man tatsächlich eine Risikominimierungsfunktion braucht.

▶ Wie tritt BHW hier in Zukunft auf? Als Hausverkäufer im Vordergrund oder doch als Plattform, auf der jedwedes gehandelt und abgesichert werden kann?

Letzteres, denn wir haben nicht die Kompetenz, Häuser zu verkaufen. Unsere Kernkompetenz ist, Risiken zu minimieren. Es geht darum, bewerten zu können, ob ein Kunde in der Lage ist, Kredite zu bezahlen oder nicht. Heute liest ein Kreditentscheider Gehaltsnachweise, einen Grundbuchauszug usw. In Zukunft werden Kreditentscheidungen noch stärker anhand soziodemografischer Daten und Verhaltenstypologien gefällt. Das oft als antiquiert geltende Bausparen spielt für uns und den Kunden eine wichtige Rolle, denn es minimiert Risiken, indem es Eigenkapital bildet.

In Zukunft werden Kreditentscheidungen noch stärker anhand soziodemografischer Daten gefällt.

Zudem denke ich, dass Entscheidungen über private Kredite noch stärker IT-getrieben sein werden – Stichwort neuronale Netze und Scoring-Systeme, die uns bei der Entscheidungsfindung unterstützen. Wenn man dies noch weiter denkt und es irgendwann ein intelligentes Kreditentscheidungssystem gibt, das bundes- oder europaweit funktioniert, dann werden die Menschen auf ihrem Handy so viele Informationen und die notwendige Kreditentscheidungslogik haben, dass sie damit in der Lage sind, Kreditentscheidungen zu treffen. Technisch sind wir definitiv dazu in der Lage, dies über ein mobiles Endgerät abzubilden.

▶ Das heißt, dann könnte ich Ihnen privat einen Kredit geben.

Genau. Sie sagen zu mir: Ich habe 1.000 € übrig. Dann müssen wir nur noch aushandeln, was ich dafür zahlen muss, wahrscheinlich schlägt Ihr Handy Ihnen auch den entsprechenden Zinssatz vor. Anschließend machen wir einen Datenabgleich, und Ihr Handy gibt das Okay.

Strategie

▸ Um die Vision des Unternehmens zu erreichen, ist es wichtig, einheitliche Bilder innerhalb der Organisation zu vermitteln. Wie wichtig sind Ihnen diese Bilder? Wie gelingt es Ihnen, diese konsistent in die Organisation zu bringen?

Die Vision eines Unternehmens muss in Bilder überführt werden, daher sollte sie letztendlich in verschiedenen Kriterien, wie Marktanteilen, Volumen, Effizienz und Wachstum, in Zahlen messbar sein. Auch muss man in der Lage sein, damit Menschen für etwas zu begeistern. Wenn die Unternehmenssteuerung ein klares Bild hat und weiß, wo es langgehen soll, dann müssen die Mitarbeiter – egal welcher Führungsebene – mit Begeisterung angesteckt und abgeholt werden.

Wenn die Unternehmenssteuerung ein klares Bild hat und weiß, wo es langgehen soll, dann müssen die Mitarbeiter – egal welcher Führungsebene – mit Begeisterung angesteckt und abgeholt werden.

▸ Es gibt zahlreiche Beispiele dafür, dass Unternehmen oder ganze Konzerne nicht überlebt haben, weil sie ihre Vision nicht von Zeit zu Zeit hinterfragt haben. Wie gehen Sie konkret dabei vor? In welchen Abständen hinterfragen Sie, ob Sie noch auf dem richtigen Kurs sind?

Eine Vision kann man nicht jedes Jahr neu erfinden oder ändern. Für eine Vision braucht man eine Perspektive von fünf oder mehr Jahren. Die ausformulierte Strategie, also eine Ebene tiefer, muss man aus meiner Sicht jährlich hinterfragen. Aber eine Vision hat etwas mit Trends und langfristigen Entwicklungen zu tun. Ich kann nicht heute entscheiden, dass wir uns auf den Markt der Altersvorsorge fokussieren, und nächstes Jahr einen neuen Weg einschlagen. Man braucht auch den Mut, fünf Jahre an einer Vision festzuhalten. Denn mit Hilfe der Vision muss schließlich eine ganze Organisation verändert werden.

▸ Ist das auch ein Plädoyer dafür, im Top-Management diese fünf bis zehn Jahre an Personen festzuhalten?

Absolut. Gerade ein Vorstand sollte einen Fünfjahresvertrag haben, um seine Vision auch vorantreiben zu können. Das setzt natürlich voraus, dass Gremien, wie Aufsichtsräte, den Managern auch das Vertrauen geben, konsequent daran festzuhalten.

Strategie 241

▶ Welche Erfolgsfaktoren sind Ihrer Ansicht nach für die Umsetzung von Strategien wichtig?

Hilfreich ist vor allem Transparenz über den Strategieentstehungsprozess und die Definition von konkreten Zielen. Das sind nicht zwanzig Ziele, sondern für das Management drei bis fünf Ziele, die klar adressiert werden und sich in Zielvereinbarungen auf mehreren Ebenen und letztendlich auch bei den Mitarbeitern im Bonus widerspiegeln.

Strategische Ziele müssen operationalisiert und dann gemessen werden – aus meiner Sicht mindestens monatlich, um auch eine Entwicklung aufzeigen zu können.

▶ Top-down-Prozesse bergen die Gefahr, dass Mitarbeiter und auch Führungskräfte verschiedener Ebenen sich nicht mitgenommen fühlen.

Deshalb ist es wichtig, dass vor allem die Führungskräfte strategische Themen mit erarbeiten. Sie müssen die Vision, die Strategie und die KPIs mitgestalten. Nur dann kann man sie für die gemeinsamen Ziele gewinnen. Man muss mit den Führungskräften einen Dialog führen und sie intensiv einbeziehen. Dieser Dialog ist ein ganz wesentlicher Erfolgsfaktor für die Strategieumsetzung. Gerade den Führungskräften muss bewusst sein, dass es ihre Aufgabe ist, den Change-Prozess ihrem Team zu vermitteln.

Ganz wichtig ist dabei auch das kommunikative Element: Die Unternehmensziele müssen in der Betriebsöffentlichkeit immer wieder klar artikuliert und für Mitarbeiter lebbar gemacht werden. Jedem einzelnen Mitarbeiter muss klar sein: Woran arbeiten wir? Was wollen wir als Unternehmen erreichen? Es besteht immer die Gefahr, dass das Management – gefangen in seiner operativen Tageshektik – die fertige Strategie ablegt und die Umsetzung durch die Mitarbeiter voraussetzt. Das funktioniert nicht. Die Ziele müssen immer wieder kommuniziert werden.

Die Unternehmensziele müssen in der Betriebsöffentlichkeit immer wieder klar artikuliert und für Mitarbeiter auch lebbar gemacht werden.

▶ Durch die Veränderungen, die Sie bei BHW mit der Einführung der „Fabrik" bewirkt haben, ist das Unternehmen flexibler geworden und kann dadurch neue Marktchancen ergreifen. Das ist natürlich ein unglaublicher Motivationsschub – auch für die Mitarbeiter.

Das ist so, und ich glaube, das ist auch auf jede andere Branche übertragbar. In dieser Situation besteht nur eine grundsätzliche Gefahr: Sie müssen einerseits Ihren Mitarbeitern und Führungskräften vermitteln: Wir sind stolz auf das, was wir geschaffen haben. Andererseits kann sich die Lage auch schnell wieder ändern. Dann muss man weiterhin offen für Veränderungen sein. Das ist ein Spagat, den Top-Manager beherrschen müssen.

▶ Wie gehen Sie aus strategischer Sicht das Thema Globalisierung an? In der Industrie gibt es derzeit den Trend, Produktentwicklung nahe an den Märkten zu organisieren, um die Marktspezifika eines regionalen Marktes wirklich abzudecken. Gibt es bei Ihnen Überlegungen, im Falle einer Expansion, zum Beispiel nach Asien, die Produkte vor Ort zu entwickeln?

Da gibt es natürlich eine Vielzahl von möglichen Herangehensweisen. Einer unserer Wettbewerber hat versucht, das Bausparsystem nach China zu bringen, indem er dort mit den Regulatoren gesprochen hat. Das ist natürlich eine Möglichkeit, die eigenen Modelle mit Hilfe der Regierungen woanders einzuführen. Da stößt man aber auch an Grenzen.

Prozesse

▶ Wir haben bereits kurz über die Einführung der „Fabrik" gesprochen. Dabei handelt es sich ja im Prinzip um eine reine Prozessoptimierung. Welche Ziele verfolgen Sie mit solchen Maßnahmen?

Langfristig ist unser Ziel, die Geschäftsabwicklung für die einzelnen Marken – wie Deutsche Bank, Postbank, BHW – einheitlich zu gestalten. Die Vertriebswege und Beratungsansätze der unterschiedlichen Marken sind verschieden – die Abwicklung kann jedoch auf der gleichen Bearbeitungsplattform durchgeführt werden. Diesen modularen Ansatz gibt es in der Industrie schon lange. So versuchen wir, uns den Kunden und Märkten zu stellen. Wir richten uns nach den unterschiedlichen Kundenbedürfnissen aus.

Die Vertriebswege und Beratungsansätze von BHW, Postbank und Deutscher Bank sind verschieden – die Abwicklung kann jedoch auf der gleichen Bearbeitungsplattform durchgeführt werden.

▶ Kommen wir zum Thema Innovationsprozess. Für einen auf Service eingestellten Bankkunden könnte auch das bereits erwähnte Thema Videoberatung interessant sein. Wenn über die Vorausschau erkannt wurde, dass Videoberatung eine interessante Produktinnovation ist: Wie wird das dann in der Organisation umgesetzt?

Erfolgreich können Innovationen nur sein, wenn man die Menschen motiviert, ein Pilotprojekt daraus macht und dieses als Erfolgsgeschichte bottom-up entwickelt. Aus meiner Sicht braucht man Erfolgsmodelle, die zeigen, dass es funktioniert. Das heißt, man benötigt eigentlich eine Gruppe von Mitarbeitern, der man eine gewisse Zeit und ein bestimmtes Budget gibt, um das Thema zu entwickeln. Diese Gruppe hat die Aufgabe, die Innovation zur Produktreife zu führen.

Besonders in großen Unternehmen, wo es viele „Bewahrer" gibt, ist es sehr schwierig, Innovationen voranzutreiben und umzusetzen. Ich glaube, dass man für Innovationen jemanden finden muss, der absolut begeistert von der Sache ist. Diese Person muss dann den Auftrag zur Umsetzung erhalten.

▶ Viele Banken haben ihre eigene Abteilung, die sich mit Innovationen beschäftigt. Da stellt sich die Frage: Sind die Menschen, die dort arbeiten, überhaupt noch nah genug am Tagesgeschäft, um zu erkennen, welche Innovationen sinnvoll wären?

Müssen sie denn nah am Tagesgeschäft sein? Wenn man wirklich nah dran ist, besteht die Gefahr, dass zwar immer Kleinigkeiten verbessert werden, aber wahrscheinlich nichts wirklich Innovatives dabei herauskommt.

Um Organisationen zu verändern und um innovative Produkte auf den Markt zu bringen, darf man eigentlich nicht Bestandteil des Systems sein. Ich merke, dass ich oftmals selbst Gefangener meines Systems bin. Aber um etwas zukunftsorientiert zu entwickeln, muss man außerhalb stehen und sich auch die Muße und die Zeit dafür nehmen.

▶ Wenn man dann aber ein Grundkonzept hat, ist der nächste Schritt, dieses in die Organisation hineinzubringen. Dann gilt es, Akzeptanz innerhalb des Unternehmens zu schaffen, um es intern überhaupt umsetzen zu können. Was sind dabei die Erfolgsfaktoren?

Meiner Meinung nach funktioniert dies nur über Zielvereinbarungen. Wenn eine bestimmte Reife erreicht ist – sprich: alles ausreichend in einer Organisation getestet wurde –, muss man das Ganze top-down ausrollen.

Wichtig ist aber, wie gesagt, dass die Innovation vorher umfangreich getestet wurde – vor allem, wenn sie in der Gesamtorganisation ausgerollt werden soll. Ansonsten vergaloppiert man sich, weil die Widerstände auf den einzelnen Ebenen zu groß sind. Wenn man aber sagen kann: Wir haben es zwölf Monate geprobt, und es funktioniert, dann kann man es auch gegen diverse Widerstände ausrollen.

▶ Wie viel Budget haben Sie für Innovationen? Haben Sie hier einen gewissen Freiraum?

Es gibt kein spezielles Innovationsbudget. Wir müssen versuchen, mit unserem vorhandenen Budget einzelne Themen voranzutreiben. Bei genauer Betrachtung werden in unserer Branche nur selten wirklich innovative Produkte entwickelt und erfolgreich etabliert. Dass es auch anders geht, hat BHW gerade mit neuen Bauspartarifen bewiesen. Die Frage ist: Wie definiert man Innovation? Wir sind beispielsweise der erste Baufinanzierer, bei dem Sie online eine Darlehensauszahlung vornehmen können. Wir geben unseren Managern die Verantwortung dafür, im Rahmen ihrer Budgets prozessuale Verbesserungen zu entwickeln, die letztendlich Effizienz bringen. Wir nutzen aber auch den Dialog mit unseren Kunden, um daraus Hinweise für die Verbesserung von Produkten, Service und Prozessen abzuleiten. Die Postbank hat dazu einen Kundenbeirat etabliert, der auf große Akzeptanz bei unseren Kunden und im Management stößt.

Echte Innovationen sind in der Finanzdienstleistungsbranche eher selten.

▶ Hätte Steve Jobs seine Kunden befragt, wäre das iPhone wahrscheinlich nie erfunden worden.

Ich halte auch das Thema Ideenwettbewerb von Mitarbeitern für richtig und wichtig. Da kommt eine Vielzahl von guten Ideen heraus. Aber auch das würde ich nicht als Innovation verkaufen. Auch da geht es vorrangig um Effizienzsteigerungen. Bei großen Innovationen glaube ich an Zukunftsforscher, also Menschen, die sich wirklich Zeit dazu nehmen, völlig querzudenken.

▶ Eine der wenigen disruptiven Innovationen der vergangenen Jahre im Bankenbereich sind Mikrokredite, die vor allem in Ländern wie Thailand oder Indien verbreitet sind. Greift diese Innovation das Bankenmodell in diesen Märkten schon an?

Die Kernfunktionalität von Banken ist, Risiken zu managen. Wenn ich Ihnen persönlich jetzt einen Kredit gebe, bin ich eigentlich nicht in der Lage, das Risiko vernünftig zu managen – ich kann Ihnen nur vertrauen. Deshalb glaube ich an die Intermediärfunktion einer Bank.

Systeme

▶ Wie managen Sie es, dass IT-Systeme die Prozesse in Ihrem Unternehmen auch abdecken – trotz der vielen prozessualen Veränderungen?

In Übergangsphasen und Veränderungsprozessen warten wir nicht auf IT. Hier sollten wir versuchen, Prozesse erst einmal in eine Verantwortung zu bringen, und parallel beginnen, die IT darauf auszurichten. Manager begehen oftmals den Fehler, auf die Lösung durch die IT zu warten. Das ist meiner Ansicht nach der falsche Weg. Dann ist es besser, in der Übergangszeit auf zwei verschiedenen Systemen zu arbeiten. Wichtig ist, dass die Arbeitsanweisungen und Produkt-Features aufeinander abgestimmt sind. Dass da vielleicht noch unterschiedliche Systeme dahinterstehen, die man noch nicht vereinheitlicht hat, ist zunächst zweitrangig. Nur wenn hier die richtigen Prioritäten gesetzt werden, können wir als Gestalter der Prozesse erfolgreich sein und Effizienz schaffen. Mittelfristig sollten wir natürlich alles dafür tun, die IT zu harmonisieren. Denn sonst gelingt es uns auch nicht, die Prozesse weiterzuentwickeln.

▶ Das ist ein starkes Commitment in das Vertrauen, dass wir die notwendigen Lösungen auch über IT schaffen können.

Ich bin davon überzeugt, dass man alle Prozesse mit IT abbilden kann. Wenn meine Oma, die vor circa 20 Jahren gestorben ist, sehen würde, dass ich mit einer Karte oder einem Mobiltelefon an eine Wand gehe und aus dieser Wand Geld kommt – das würde sie nicht glauben. Wir sind dazu in der Lage, Geld aus einer Wand zu holen. Das ist uns technisch gelungen. Deshalb denke ich: Jeder Prozess kann durch IT unterstützt werden.

Ich bin davon überzeugt, dass man alle Prozesse mit IT abbilden kann.

- Ich glaube aber, wenn in Zukunft IT-Lösungen deutlich schneller zur Verfügung gestellt werden, müssen wir den Menschen Zeit und Unterstützung geben, sich auf neue Prozesse oder Veränderungen in den Abläufen einstellen zu können.

Da müssen wir natürlich aufpassen. Wir entfernen uns ja gerade vom klassischen Sachbearbeiter, der alles wissen muss, und fokussieren uns auf die Bearbeitung in standardisierten Prozessen, die man im Prinzip weltweit aufbauen kann.

- Es geht also um eine Logistik für Informationen, die an verschiedene Instanzen laufen und dort zu Entscheidungen geführt werden. Das ist ein beeindruckendes Bild, da es sehr stark effizienzgetrieben ist.

Ja, es geht sehr stark um Prozesskosten. Ein weiteres Thema ist jedoch Qualität. Wie schon erwähnt, haben wir unterschiedliche Marken, wie Deutsche Bank, Postbank und BHW, mit unterschiedlichen Kundengruppen, die wiederum unterschiedliche Ansprüche haben. Für diese haben wir aber letztendlich einheitliche Kennzahlen. Das heißt, auch die Qualitätssicherung muss nach den gleichen Standards laufen.

Wir dürfen bei allen Effizienzdiskussionen nicht die Vertriebsqualität aus den Augen verlieren. Das ist das Spannungsfeld. Auch da, glaube ich, können wir von den Qualitätssicherungsprozessen aus der Industrie lernen. Die Nichteinhaltung von Qualitätsstandards hat in Branchen, wie Medizin oder Luftfahrt, zwar weitaus dramatischere Folgen, dennoch sollte uns das nicht davon abhalten, die Qualitätsstandards der Industrie auf die Finanzdienstleistungsunternehmen zu übertragen.

- Herzlichen Dank für Ihre Teilnahme an unserem Dialog! Sie haben eine Vielzahl von interessanten Aspekten eingebracht.

Dietmar König

Dietmar König ist seit 2009 Vorstand der BHW Bausparkasse AG. Für das Unternehmen ist er bereits seit 1997 tätig, unter anderem in den Positionen Abteilungsleiter Unternehmensplanung/Marketing/Produkte und Ressortleiter Bankvertrieb. Zuvor hat er zwei Jahre als Senior Manager beim Beratungsunternehmen Accenture gearbeitet.

BHW Bausparkasse AG

Die BHW Bausparkasse AG zählt mit 2,8 Mio. Kunden und 3,7 Mio. Bausparverträgen zu den größten privaten Bausparkassen in Deutschland. Das Unternehmen ist eine Tochtergesellschaft der Postbank und gehört damit zum Deutsche-Bank-Konzern. Die BHW Bausparkasse AG ist eng mit dem Filialnetz und dem mobilen Vertrieb der Postbank verzahnt. Darüber hinaus kooperiert das Unternehmen erfolgreich mit namhaften Partnern aus dem Banken- und Versicherungsbereich. Die BHW Bausparkasse AG arbeitet mit der Deutschen Bank Bauspar AG zusammen. Die Aktivitäten beider Gesellschaften werden unter der Marke BHW gebündelt – sichtbar in einer gemeinsam entwickelten Produktwelt sowie in der Markenaussage: Gemeinsam für Ihr Zuhause.

Teil III

Fazit

Nach 15 Managementdialogen lässt sich als erstes Fazit eindeutig ziehen, dass die Steigerung der Innovationskraft und der operativen Exzellenz bei allen Unternehmen auf der Managementagenda steht. Gleichzeitig wird deutlich, dass das 4-Ebenen-Modell implizit in sämtlichen befragten Unternehmen Anwendung findet. Die Führungskräfte bestätigen in vielen Zusammenhängen, dass es bei der Bearbeitung der Ebenen insbesondere auf die Reihenfolge ankommt: Strategien sind nur dann zukunftsorientiert, wenn sie auf einer vorangegangenen Vorausschau basieren; IT-Systeme können nur dann zur Effizienzsteigerung beitragen, wenn sie auf wohlstrukturierte Prozesse ausgerichtet sind.

Auch die Bedeutung von Best-Practice-Wissen in den Prozessketten wird in den Dialogen hervorgehoben. Auffallend sind dabei die branchenübergreifenden Gemeinsamkeiten. So setzen viele Unternehmen verstärkt auf Kooperationen und Partnerschaften, um der wachsenden Zahl an individuellen Kundenwünschen gerecht werden zu können. Auch das Servicegeschäft spielt in Unternehmen unterschiedlicher Branchen eine immer wichtigere Rolle.

Im Folgenden wird erläutert, inwiefern die zehn in der Einleitung aufgestellten Thesen zur zukunftsorientierten Unternehmensgestaltung in den Managementdialogen bestätigt werden und welche zusätzlichen Aspekte und branchenspezifischen Besonderheiten hier zum Vorschein kommen.

1. **Vorausschau-Kompetenz schafft Wettbewerbsvorteile.**
   Dass eine systematische Vorausschau für den langfristigen Geschäftserfolg unabdingbar ist, wurde in allen von uns befragten Unternehmen bestätigt. So betont Prof. Dr. Gunther Olesch, Geschäftsführer bei Phoenix Contact, dass

Vorausschau-Kompetenz immer wichtiger wird, und kritisiert das kurzfristige Denken in Quartalen, das in vielen Unternehmen vorherrscht. In allen Managementdialogen wird ausführlich über Zukunftschancen und drohende Gefahren berichtet. Häufig fällt dabei das Wort „Megatrends", das zentrale Zukunftsentwicklungen beschreibt. Erfolgreiche Unternehmen orientieren sich an diesen Megatrends, zum Beispiel dem demografischen Wandel, und leiten daraus langfristige strategische Ausrichtungen ab.

Die Vorausschau-Methoden sind dabei sehr vielfältig: So erklärt Prof. Klaus Hekking, dass man bei SRH mit der Szenario-Technik arbeitet. Auch eine Multifaktoranalyse, wie sie bei Fresenius Medical Care durchgeführt wurde, ist eine Möglichkeit zur Vorausschau.

2. **Das Denken in Geschäftsmodellen ist wesentliche Voraussetzung für die Strategieentwicklung.**
Insbesondere im Dialog mit Cord F. Stähler, CTO von Siemens Healthcare, wird auf diese These eingegangen: *„Wir müssen Unternehmensgestaltung als Gestaltung von Geschäftsmodellen verstehen."* Es gilt, Innovationen über eine marktorientierte Herangehensweise – und nicht ausschließlich technologieorientiert – zu entwickeln. Die Herausforderung der Zukunft ist laut Stähler, die Erkenntnisse aus Vorausschau-Projekten zur zukünftigen Markt- und Technologieentwicklung mit dem bereits bestehenden Geschäft zu verbinden – und daraus sinnvolle Geschäftsmodelle zu entwickeln. Ähnliches beschreibt Peter Vanacker, CEO der Treofan Group: *„Im Kern geht es darum, von einer Inside-Out-Philosophie zu einer Outside-In-Philosophie zu gelangen."* Gemeint ist eine Market-Pull- anstelle einer Technology-Push-Strategie. Auch Jan Geldmacher, CEO von Vodafone Global Enterprise, sieht die Kernaufgabe seines Unternehmens darin, das technisch Mögliche in marktbegleitende Geschäftsmodelle umzusetzen.

3. **Kommunikation und Führung sind der Schlüssel zur erfolgreichen Strategieumsetzung.**
Auf das Thema Kommunikation und Führung wird in nahezu jedem Managementdialog in vielfacher Hinsicht eingegangen. Vor allem im Zusammenhang mit der Umsetzung von Strategien betonen die Führungskräfte, dass das Einbinden der Mitarbeiter ein entscheidender Erfolgsfaktor ist. Insbesondere die Kommunikation strategischer Ziele und konkreter Maßnahmen wird dabei herausgestellt – zum Beispiel von Dietmar König, Vorstand der BHW Bausparkasse. Daneben hebt unter anderem Laurie Miller, CIO von Bayer MaterialScience, besonders hervor, dass das Einbinden von Mitarbeitern in Veränderungsprozesse Führungsaufgabe ist. *„Change Management ist nur mit einer sehr guten*

Firmenkultur möglich, die von der Spitze des Unternehmens vorgelebt wird", erklärt Peter Vanacker, CEO der Treofan Group. Intensive Kommunikation und konsequentes Vorleben sind dabei Schlüsselfaktoren. Besonders Volvo CE, das aufgrund zahlreicher internationaler Zukäufe vor der Herausforderung steht, die hinzugekommenen Unternehmen in Volvo CE zu integrieren, setzt bei der Umsetzung seiner Strategie auf eine umfassende Kommunikationsinitiative. Simone Kirf, Director P&S Process Harmonization bei Volvo CE, erläutert, dass das Thema Mitarbeiterorientierung nicht nur als Mittel gegen Fachkräftemangel, sondern insbesondere gegen die in Asien sehr hohe Mitarbeiterfluktuation eingesetzt wird.

Dr. med. Alex Blaicher, Geschäftsführer der Malteser Sachsen Kliniken, stellt in diesem Zusammenhang eine branchenübergreifende Gemeinsamkeit heraus: *„Die stetig steigende Komplexität in allen Bereichen erfordert eine gesteuerte Kommunikation sowohl innerhalb eines Unternehmens als auch unternehmensübergreifend."*

4. **Basis für langfristigen Erfolg sind wandlungsfähige und auf die Kunden ausgerichtete Prozesse.**

Diese These bestätigt unter anderem Heiner Faust, Leiter Vertrieb und Marketing bei BMW Motorrad: *„Wir müssen uns als Organisation flexibel aufstellen, um entsprechend kurzfristig auf Veränderungen reagieren zu können."* Dass BMW Motorrad über sehr flexible Prozesse verfügt, wurde laut Faust in der Krise 2008 deutlich, als die Produktion aufgrund veränderter Marktbedingungen kurzfristig umgestellt werden musste.

Auch für Dr. Hugo Blaum, President bei GEA Refrigeration Technologies, sind Kundennähe und die Möglichkeit, flexibel auf Veränderungen zu reagieren, erfolgsentscheidend. Dass flexible Prozesse nicht nur in industriellen Produktionsbetrieben ein zentraler Erfolgsfaktor sind, erklärt Dietmar König, Vorstand der BHW Bausparkasse AG: *„Wir können viel von Industrieunternehmen lernen – vor allem, wie man Prozesse effizient gestaltet."* Daneben betont auch Dr. med. Alex Blaicher, Geschäftsführer der Malteser Sachsen Kliniken, dass auf den Kunden ausgerichtete Prozesse einen enormen Nutzen stiften: *„Gute Prozesse sorgen für gute Qualität und niedrige Kosten."*

Prof. Klaus Hekking, Vorstandsvorsitzender von SRH, hat beim Stichwort „flexible Organisationsstruktur" eine eingängige Metapher gefunden: *„Nicht als Tanker, sondern als Verbund von Schnellbooten ist man erfolgreich."* Laurie Miller von Bayer MaterialScience geht auf die vielen Facetten einer flexiblen Organisationsstruktur ein und verdeutlicht, dass funktionsübergreifende Teams statt fester Abteilungen und Strukturen ein Schlüssel für erfolgreiche Zusammenarbeit sein können.

5. **IT wird zum Enabler – und die Gestaltung der IT-Systeme zur Managementaufgabe.**
Auch dieser Trend wurde in vielen Managementdialogen explizit erwähnt. So beschreibt Laurie Miller, CIO von Bayer MaterialScience, dass IT zunehmend zum „Rückgrat der Unternehmen" wird: *„Immer mehr Unternehmen verlagern die IT-Verantwortung in die Vorstandsebene, um die Bedeutung des Themas zu betonen. Diese Funktion ist von Natur aus strategisch und ein entscheidendes Werkzeug für viele Unternehmen."* Die zielgerichtete Bereitstellung von Informationen ist laut Miller schon heute ein wichtiger Erfolgsfaktor in Unternehmen. Die befähigende Wirkung von IT nutzt auch Bayer 04 Leverkusen. Das Unternehmen hat laut Geschäftsführer Wolfgang Holzhäuser früh erkannt, dass der Anteil der Smartphone-Nutzer stetig steigt, und darauf aufbauend ein innovatives Kommunikationskonzept im Stadion umgesetzt. Dr. Jens Effenberger von VW Nutzfahrzeuge und Heiner Faust von BMW Motorrad gehen außerdem auf das Thema Verkäufer-Arbeitsplatz ein – auch hier ist IT ein wichtiger Enabler. Beispielsweise ermöglicht sie eine individualisierte Kundenkommunikation.

6. **Produktentstehung: Innovationsmanagement ist Chefsache.**
Wolfgang Holzhäuser von Bayer 04 Leverkusen, erklärt, dass das Vorantreiben von Innovationen Führungsaufgabe ist. Denn Innovationen sind eine Voraussetzung für den langfristigen Unternehmenserfolg. Das Tick-Tock-Modell von Intel – also die Erneuerung von Produkten und Produktionsprozessen im Zwei-Jahres-Rhythmus – verdeutlicht laut Hannes Schwaderer, Geschäftsführer der Intel GmbH, exemplarisch, wie erfolgreiches Innovationsmanagement gelingen kann. Auch bei den Malteser Kliniken Sachsen gilt: Zukunftsorientierung ist die Kernaufgabe der Unternehmensführung. Sie umfasst neben Vorausschau auch das Thema Innovationen.

7. **Marketing, Vertrieb und Service: Das Servicegeschäft bietet Unternehmen neue Möglichkeiten, Wachstum zu generieren.**
Fast alle befragten Unternehmen sehen in zusätzlichen Serviceleistungen Wachstumspotenzial für ihr bestehendes Geschäft. So erklärt Dr. Emanuele Gatti, dass man bei Fresenius Medical Care in Zukunft verstärkt auf die Kombination von Produkt und Service setzt. Im Dialog mit Dr. Gatti spielt insbesondere das Thema Customer Centricity eine Rolle: Laut Gatti ist eine zukunftsorientierte und nachhaltige Unternehmensgestaltung nur dann gewährleistet, wenn die Patientenfürsorge im Mittelpunkt aller Handlungen steht. Dr. Jens Effenberger, Exportleiter bei VW Nutzfahrzeuge, kündigt an, die Trennung zwischen Sales und Aftersales langfristig aufheben zu wollen. Dr. Hugo

Blaum von GEA Refrigeration Technologies erwähnt in diesem Zusammenhang, dass der Service im Kerngeschäft integriert sein muss. Ausgelagerte Serviceeinheiten bringen nicht den gewünschten Nutzen. Zudem gilt: Services sind nur dann sinnvoll, wenn der Kunde auch bereit ist, dafür zu zahlen.

In einigen Managementdialogen wird außerdem auf den Aspekt Markenbildung und -führung eingegangen. Insbesondere Bayer 04 Leverkusen, BMW Motorrad und VW Nutzfahrzeuge sehen diesen Faktor als enorm wichtig an.

8. **Auftragsabwicklung: Die vernetzte Produktion (Industrie 4.0) ist ein zentraler Erfolgsfaktor der Zukunft.**

Das Thema „vernetzte Produktion" wird in den Managementdialogen relativ selten konkret angesprochen – was jedoch an der Komplexität des Themas und dem begrenzten Zeitrahmen der Managementdialoge liegen kann. Nur die Automotive-Unternehmen BMW Motorrad und VW Nutzfahrzeuge gehen darauf ein. So erklärt Heiner Faust von BMW Motorrad, dass man mit flexiblen Produktionsprozessen bei kurzfristigen Richtungsänderungen in die Produktion eingreifen könne. Kundenänderungswünsche noch näher an der Produktion umzusetzen, ist auch das Ziel von VW Nutzfahrzeuge, so Dr. Jens Effenberger. Die Durchgängigkeit von Prozessen – im Sinne einer effizienten Auftragsabwicklung – wird jedoch in vielen Managementdialogen thematisiert. So gehören laut Hannes Schwaderer eine kontinuierliche Prozessoptimierung und ein hoher Integrationsgrad der IT-Landschaft zum Erfolgsrezept von Intel. Auch Bayer 04 Leverkusen setzt – beispielsweise beim Stadionkonzept – auf durchgängige und durch IT unterstützte Prozesse.

9. **Corporate Management: Zukunftsorientierte Unternehmen setzen verstärkt auf Lean Administration, um die Effizienz in ihren Verwaltungs- und Supporteinheiten zu steigern.**

In einigen Managementdialogen wird deutlich, dass Lean Administration bereits als wichtiges Instrument zur Effizienzsteigerung erkannt wurde. So erläutert Prof. Dr. Gunther Olesch, dass bei Phoenix Contact jährlich die Prozesse in allen Unternehmensbereichen messbar rationalisiert werden. Dies gilt beispielsweise auch für den HR-Bereich.

Dennoch wird beim Stichwort „Lean" meist über Optimierungen in der Produktion geredet. Bei der Optimierung von Verwaltungs- und Supporteinheiten stehen insbesondere Organisationen wie GEA oder Volvo CE vor großen Herausforderungen, da sie durch Zusammenschlüsse und Zukäufe vieler kleiner Unternehmen schnell gewachsen sind. Hier gilt es in erster Linie die Prozesse zu harmonisieren.

10. **Internationalisierung: Die Ausgestaltung des Global Footprint ist für Unternehmen aller Branchen und Größen ein wichtiges strategisches Instrument.**
Nicht überraschend ist, dass in einem Großteil der Dialoge das Thema Asien zur Sprache kommt. Fast alle Befragten haben Asien als wichtigen Zukunftsmarkt auf der Agenda. Peter Vanacker, CEO der Treofan Group, erklärt: *„Die Risiken, die mit einer Expansion nach Asien einhergehen, muss man managen. Sie dürfen einen nicht dazu verleiten, nicht zu investieren und außen vor zu bleiben."* Dennoch wird deutlich, dass es je nach Branche unterschiedliche Einschätzungen bezüglich der Erschließung asiatischer Märkte gibt. So bezeichnet Dr. Emanuele Gatti von Fresenius Medical Care Asien aufgrund der demografischen Entwicklung als interessanten Zukunftsmarkt, sieht aber die USA als wirtschaftlich lukrativer an, da hier die Wertschöpfung pro Kunde größer ist.
Neben Asien spielt auch Südamerika eine große Rolle in der strategischen Ausrichtung vieler Unternehmen – beispielsweise von VW Nutzfahrzeuge, das neben einer starken Verankerung in Europa vor allem die Märkte in Südamerika sukzessive erschlossen hat. Ebenso erklärt Heiner Faust von BMW Motorrad, dass das Unternehmen vom wachsenden Markt in Brasilien profitiert. Dies gilt auch für SRH: Das Unternehmen hat sich im Bereich Bildung für eine Expansion nach Lateinamerika entschieden, da hier die Einstiegshürden geringer sind als in Asien. Die geführten Gespräche zeigen deutlich: Alle Unternehmen setzen sich mit der internationalen Wettbewerbsarena auseinander und prüfen Chancen wie auch Risiken eines internationalen Engagements gründlich.

Die wiedergegebenen Aussagen der Managementdialoge bestätigen unsere Thesen: Es wird deutlich, dass alle befragten Führungskräfte an der Bewältigung der aus den Thesen resultierenden Herausforderungen arbeiten. Um den Erfolg ihres Unternehmens langfristig zu sichern, greifen sie auf Methoden der zukunftsorientierten Unternehmensgestaltung zurück. Sie ziehen die richtigen Schlüsse aus einer systematischen Vorausschau und beherrschen die Transformation intelligenter Strategien in operative Exzellenz.

Fokusthema Energiewende
Ein Thema, das nicht durch unsere Thesen abgedeckt ist, kommt in den Dialogen auffallend oft zur Sprache: Die Energiewende beschäftigt Unternehmen ganz unterschiedlicher Branchen. Der Wandel in der Energiebranche bietet insbesondere bisher branchenfremden Unternehmen große Chancen. So fokussiert beispiels-

weise Vodafone Global Enterprise die Branche und unterstützt sie mit Telekommunikationstechnologie. Auch Intel sieht in der Digitalisierung des Stromnetzes einen zentralen Zukunftsmarkt, weist aber auch auf die geringe Innovationsgeschwindigkeit in der Energiebranche hin. Gerade die klassischen Energieunternehmen sind angesichts des tiefgreifenden Wandels innerhalb der Branche gezwungen, die vorhandene Prozesskomplexität durch konsequentes Prozessmanagement zu reduzieren und Innovationen aktiv voranzutreiben – auch in Form von neuen Geschäftsmodellen.

Fokusthema Elektromobilität
Neben der Energiewende spielt das Thema Elektromobilität eine wichtige Rolle in zahlreichen Dialogen. So erwartet BMW Motorrad eine wachsende Bedeutung des elektrischen Antriebs in seiner Branche, und auch VW Nutzfahrzeuge geht von einer zunehmenden Elektrifizierung des innerstädtischen Lieferverkehrs aus. Elektromobilität bietet darüber hinaus Elektronikherstellern wie Phoenix Contact neue Marktchancen, beispielsweise durch die Herstellung von Tankstutzen und Ladesäulen für E-Fahrzeuge.

Die Belege der aufgestellten Thesen sowie die identifizierten Fokusthemen zeigen deutlich:

Erfolgreiche Führungspersönlichkeiten suchen Chancen, finden Chancen und nutzen sie konsequent.

Mitwirkende

Thilo Böhm ist Geschäftsfeldleiter und Prokurist bei UNITY und verantwortlich für das Großkundengeschäft. Zu seinen Kunden zählen u. a. Konzerne der chemischen Industrie und der Energiewirtschaft. Thematisch verantwortet er schwerpunktmäßig Projekte zu Prozess- und Transformationsmanagement, Operational Excellence, Servicemanagement und Customer Centricity.

Dr. Ulrich Deppe, Partner bei UNITY, verantwortet als Leiter des Competence Centers „Innovation und Produktentstehung" Themen wie F&E-Strategie und -Management, Produktstrukturierung, Prozessmanagement und Organisationsentwicklung. Dr. Deppe studierte Chemieingenieurwesen an der Universität Paderborn und Total Quality Management an der Universität Kaiserslautern. Er promovierte an der Fakultät für Naturwissenschaften der Universität Paderborn.

Meik Eusterholz ist Geschäftsfeldleiter mit Beratungsschwerpunkt Gesundheitswirtschaft bei UNITY. Seit 2005 hat er in über 30 Projekten insbesondere Prozesse im und um den OP gestaltet, Neu- oder Umbauten digital aus Prozessen heraus geplant und IT-Einführungen durchgeführt. Mehrere seiner Projekte sind mit nationalen Preisen ausgezeichnet worden. Vor seiner Zeit bei UNITY hat Eusterholz im Bereich Automotive sowie im Maschinen- und Anlagenbau Prozesse nach Lean Management konzipiert und eingeführt.

Dr. Michael Herbst ist Prokurist bei UNITY und als Geschäftsfeldleiter im Bereich Großkunden tätig. Seit 2006 berät er internationale Unternehmen in Fragen zu Strategie, Innovation und Customer Centricity. Gemeinsam mit Entscheidern aus den Branchen Informationstechnologie, Telekommunikation, Konsumgüter, Handel, Hausgeräte-Hersteller, Pharma und Chemie steigert er die Innovationskraft und die Veränderungsfähigkeit von Organisationen.

Prof. Dr. Hans H. Jung ist Senior Manager bei UNITY. Zu seinen Kunden zählen Unternehmen aus den Branchen Automotive, Konsumgüter, Chemie, Energie, Maschinen- und Anlagenbau. Er berät Unternehmen insbesondere zur Entwicklung und erfolgreichen Vermarktung von Geschäftsmodellen für Produkte und Dienstleistungen. Vor seinem Eintritt bei UNITY 2011 war er viele Jahre als Manager und Berater für die Daimler AG und die BMW Group im In- und Ausland tätig. Prof. Dr. Hans H. Jung lehrt außerdem „Internationales Marketing" an der Munich Business School.

Mitwirkende

Philipp Wibbing, Partner bei UNITY, verantwortet als Senior Geschäftsfeldleiter Projekte im Bereich IT-Management für die Automobilbranche – bei Konzernkunden und im gehobenen Mittelstand. Seine Beratungsschwerpunkte liegen in den Themen IT-Strategie, IT-Einführung, IT-Organisation sowie Informationssicherheit. Wibbing wechselte 2005 als Berater zu UNITY. Hier übernahm er zunächst die Verantwortung für das Competence Center IT-Management und wechselte 2012 in die Geschäftsfeldverantwortung. Wibbing ist Co-Autor des Buches „Chefsache IT".

Judith Mühr Besonders danken wir an dieser Stelle Judith Mühr, der Projektmanagerin und Autorin dieses Buches. Sie hat sowohl bei der Organisation des Projekts als auch bei der Texterstellung auf Basis der geführten Interviews hervorragende Arbeit geleistet. Von 2010 bis 2012 hat sie ihr PR-Volontariat bei UNITY absolviert. Seit 2012 ist sie als Referentin für Marketing und Kommunikation bei der Managementberatung tätig.

	MIX
FSC	Papier aus verantwortungsvollen Quellen
www.fsc.org	Paper from responsible sources
	FSC® C105338

If you have any concerns about our products,
you can contact us on
ProductSafety@springernature.com

In case Publisher is established outside the EU,
the EU authorized representative is:
**Springer Nature Customer Service Center GmbH
Europaplatz 3, 69115 Heidelberg, Germany**

Printed by Libri Plureos GmbH
in Hamburg, Germany